以故事手法叩开阅读佛经的方便法门

全彩典藏图本

佛经密码

◎卢阿蛮／著·摄影

重庆出版集团
重庆出版社

图书在版编目（CIP）数据

佛经密码/卢阿蛮著.—重庆：重庆出版社，2010.1
ISBN 978-7-229-01633-3

Ⅰ.佛…　Ⅱ.卢…　Ⅲ.佛教史—中国　Ⅳ.B949.2

中国版本图书馆CIP数据核字（2009）第229326号

佛 经 密 码
FOJINGMIMA

卢阿蛮　著·摄影

出 版 人：罗小卫
策　　划：张万文
责任编辑：刘　翼
责任校对：何建云
装帧设计：彭　茂

重庆出版集团　重庆出版社
重庆长江二路205号　邮政编码：400016　http://www.cqph.com
重庆市伟业印刷有限公司印刷

开本：787mm×1 092mm　1/16　印张：14　字数：314千字
2010年1月第1版　　2010年1月第1次印刷
ISBN 978-7-229-01633-3
定价：42.00元

如有印装质量问题，请向本集团图书发行有限公司调换。

版权所有，侵权必究

序

说起佛经，当代的人们或许首先想到的就是那些诘屈聱牙的古代文字，和那些词义反复，难以开门见山获得要领的低沉音韵。其实每一部佛经都既有自己的思想主张，也有独特的人物与传说。譬如被称为"小乘佛经"的古代印度原始佛经，其中关于佛教创立者释迦牟尼生平的描述，就有很多精彩的故事。被中国佛教学界称为最具理论深度的法相宗经典《瑜伽师地论》，其产生过程（相传由无著在修行和讲法时分身升至兜率天宫，听弥勒菩萨讲法，回来后再对弟子复述而成），以及玄奘法师留学求取的曲折经历，也有与历史传奇相当的故事。再譬如中国佛教华严宗所奉经典《华严经》，一般人也读着头疼，以至当年武则天在听讲时也昏昏欲睡。而当法藏大师指着宫殿前的一对金狮子说出比喻，武则天却一下来了精神，很快明白了《华严经》的要义。这就是中国佛教史上著名的法藏撰述《华严金狮子章》的故事。

总之，佛经有很多种读法。在寺庙里守着青灯敲着木鱼，心中想着佛与菩萨的庄严威仪念念有词，是一种读法；在大学课堂或寺庙讲坛听演讲，是一种读法；一个人独处一隅，捧一册自己喜欢的经典细细咀嚼，也是一种读法。多种读法，各有各的妙处。不过，面对两千多年以来在印度和中国大地不断产生的佛教经藏、律藏、论藏等经典，当代读者难免有浩如烟海，难以入门，甚至如堕五里云雾之感。能否找到一种既快速便捷，又抓住要领的方法，窥一斑而见全豹，在阅读中充分享受与古代圣哲对话的快乐呢？

本书从中国佛教历史发展脉络的梳理出发，概要性地介绍了佛教在中国的传播过程中，对国人产生过深远影响的主要佛教经典，从而达到帮助读者搜寻适合自己的佛经来阅读的目的。本书的分章亦以此为目标，将中国佛教历史、宗派、人物与具体的佛经内容相结合，分别介绍了佛经的产生与分类、小乘佛经与大乘佛经之别、中国八大佛教宗派所奉经典的各自优长、佛经对中国传统文化的影响等等。

本书作者是一位小说作家兼文化研究学者，讲故事是其所长。许多佛经都结合着其产生与传播过程的人物故事进行讲述，力求把原本枯燥的佛经义理与历史大势有机糅合，从而产生引人入胜的效果。

不过，这毕竟是一部以讲说佛经为主题的作品，而不是小说。作者并没有将其演义化，更拒绝所谓"戏说"。本书对佛经的解说也力图把历史与现实结合起来，以当代人的视角来观照和体会古代经典，从而与读者一道，沿着人类探索真理的艰难脚步继续前行，并从中寻找灵感，获得启发。这在当代社会转型期的中国和经济文化全球化时代的世界都是必要的。

本书所涉及的数十部佛经，作者也把它们当作人类思想宝库中相当重要的一……真的态度加以研究。至于是否恰当，读者自可加以鉴别。

卢阿蛮，2008年于重庆

目录

佛教的流派

「中国佛教」的兴起 \ 48
毗昙学与毗昙师 \ 49
俱舍论与俱舍师 \ 50
成实学与成实师 \ 52
地论学与地论师 \ 54
摄论学与摄论师 \ 55
涅槃学与涅槃师 \ 56
楞伽学与楞伽师 \ 58

慧远的「阿弥陀佛」

慧远创立的净土宗 \ 62
净土学依据的佛经及译经师 \ 63
佛光浸染的净土——东林寺 \ 66
中国第一个佛教宗派——莲社 \ 68
禅林净土 \ 71
「三经一论」\ 74
净土信仰《观无量寿佛经》\ 76

「万法皆空因缘而生」的《中论》\ 108
《百论》十品 \ 110
《十二门论》管窥 \ 112

道宣弘化《四分律》

以律藏立宗的律宗 \ 116
南山律学的兴盛 \ 117
道宣在终南山的「神迹」\ 120
道宣的立宗创举 \ 123
律宗的传承 \ 125
《四分律》与大乘思想的融通 \ 128

伟大的佛经翻译家——玄奘

「万法唯识」的法相宗 \ 132
早期的佛学活动 \ 133
西行求法 \ 136
致力佛经翻译 \ 139
法相宗的传承 \ 141
弥勒菩萨讲《瑜伽师地论》\ 144

金刚智创立金刚界密宗 \ 171
密宗的传承 \ 173
「教法之王」《金刚顶经》\ 175

破解《金刚经》之谜的惠能

禅宗的创立 \ 180
从菩提达摩到弘忍的禅学 \ 182
听《金刚经》开悟的惠能 \ 185
「一花五叶」灯灯相传 \ 187
《六祖坛经》——禅宗立宗之本 \ 190
解密《金刚经》\ 192

汉译佛经对中国文化的影响

佛经与中国文学 \ 199
佛经与中国艺术 \ 201
佛经与汉语词汇 \ 206
佛经与传统哲学思想 \ 208
附录：佛经术语速查索引 \ 213
主要参考书目 \ 218

目录

佛·经·密·码

用神秘佛经救度众生的佛祖

小乘佛经的瑰宝——《阿含经》\2
右胁出生的神奇之子\4
菩提树下的佛光\6
普度众生创立神秘佛教\11
佛的大般涅槃\16
佛经的真谛\20

中国佛教的崛起

汉明帝建白马寺\26
经师们解密玄妙佛经\30
从「沙门义学」到大肆灭佛和云冈造佛\35
玄奘与「十大德」高僧\39
「寺院经济」与佛经总汇\43

信仰观音的天台宗

以「经」立宗\82
传灯化物承嗣不断\83
「说法第一」的智𫖮大师\86
「佛国仙山」——天台山\89
智𫖮之后的天台宗\91
天台宗的经典\93
观音信仰\95

吉藏讲经布道

以「论」立宗的三论宗\100
三论学的缘起\101
久住世间传法弘道的吉藏\104
吉藏之后的三论宗\107

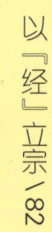

法藏弘传《华严经》

《心经》的般若智慧\147
法藏法师创立华严宗\150
华严学的缘起\151
武则天的御用经师：法藏\153
华严宗的弘传\155
《华严经》及《金狮子章》\157
普贤菩萨讲《普贤行愿品》\160

金刚智的瑜伽修行

密宗的创立\164
中国密教的缘起\166
善无畏创立胎藏密宗\169

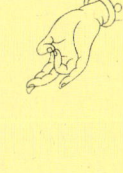

用神秘佛经救度众生的佛祖

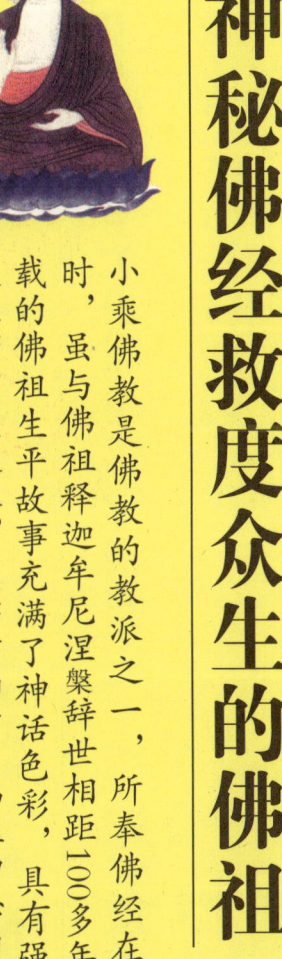

小乘佛教是佛教的教派之一,所奉佛经在初次结集时,虽与佛祖释迦牟尼涅槃辞世相距100多年,但其记载的佛祖生平故事充满了神话色彩,具有强烈的传奇效果和审美趣味,为读者揭示了佛祖神秘的一生。

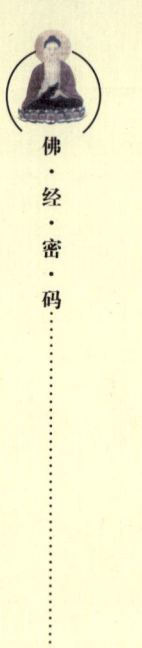

天上天下唯我为尊，要度众生生老病死。

——《阿含经》释迦牟尼降生宣言

小乘佛经的瑰宝
——《阿含经》

佛教是当今世界三大宗教之一，也是影响中国传统文化和民族性格、民族风俗形成的重要思想源流之一。研读佛教经典，既是与古代伟大哲人的直接对话，也是对人类历史与文化的有趣追踪。中国历史上很多大德高僧，在对这些宝藏的发掘与探索过程中，都获得过远比阿里巴巴发现40大盗的秘密宝库更多的乐趣，更强烈的精神享受。

现在流传于世的佛教经典文献，在印度和斯里兰卡有梵文和巴利文佛经，在中国则有汉文和藏文古本。这些佛经都不是佛祖释迦牟尼在世时写就的，而是在他逝世以后，由其弟子及后代佛教徒根据回忆、传说和研究所得逐渐撰写而成的。这在

卷帙浩繁的汉译佛经是中华民族和全人类的珍贵文化遗产。

世界文化史上是一种普遍现象。在东方，中国先哲孔子的《论语》等儒家经典就是这样形成的。在西方，古希腊哲学家苏格拉底的言论，也是由其后来学者柏拉图等人通过自己的撰述（例如《理想国》、《对话》等）才得以存世的。

"佛经"原指佛祖释迦牟尼的言论，本来并没有大乘和小乘的分别。这两个概念是在佛教传播过程中，因不同的教派对自己所奉佛教经典的不同取舍而产生的。公元1世纪前后，一些主要信奉《大般若经》、《大涅槃经》（二者皆是该类佛经的总名，相当于类书或汇集）和《华严经》及《十地经论》、《瑜伽师地论》等经典的教徒以大乘派自称，而把早前形成的部派佛教——上座部和大众部贬称为小乘派。意思是说小乘派的修行只是为了自己获得觉悟，而没有普度众生的担当，中国南北朝时期把这样的修行者称为"自了汉"。但部派佛教信众并不接受这样的分类，至今在南亚和东南亚地区如斯里兰卡、泰国、缅甸、柬埔寨等国的佛教信众仍自称为上座部佛教。

中国南北朝时期流传的佛典《大乘起信论》（"论"为佛教经、律、论三藏之一）对"大乘"作了解释："所言法者，谓众生心，是心则摄一切世间出世间法。依于此心，显示摩诃衍义……一切诸佛，本所乘故，一切菩萨，皆乘此法到如来地故。"意思是说，佛法（也称佛心）是宇宙世界一切现象及其发展变化规律的根本依据，当然也是每个佛教信众修行的根本依据，所以称为"摩诃衍"（梵语义为大或大乘）。乘就是依据和凭借，就像人们渡河需要凭借竹筏或舟船一样。诸佛、菩萨就是凭借佛法这个舟船到达佛境彼岸，也指导众生到达佛境彼岸。简言之，大乘就是普度众生。

照这个说法，其实小乘佛教的根本出发点也是普度众生。因为小乘佛教所依据的佛经，即释迦牟尼在世时的所有传教行为和言论，都是为信众指出觉悟成佛之路。本书在这里提到的大乘和小乘只是对佛教历史的一种叙述，也不含任何褒贬之意。

释迦牟尼佛像，公元6世纪作品，现藏印度国家博物馆。

在中国历史上流传较广的小乘佛经，主要有《方广游戏经》（另译名《神通游戏》）、《佛本行经》（另译名《佛所行赞》）、《涅槃经》、《阿含经》等。其中《涅槃经》具体记载了佛祖释迦牟尼涅槃时的情景。后世学者据此推断释迦牟尼辞世于公元前544年，其在世卒年为公元前624年至公元前544年，世间享年80岁。印度曾于1956年举行全国纪念活动，纪念释迦牟尼涅槃2 500周年（另据斯里兰卡公元五世纪文献《岛史》和中国隋朝费长房《历代三宝记》，佛陀生卒年为公元前566年至公元前486年）。

《阿含经》则是在中国最为流行的小乘佛经，最先由僧伽提婆在东晋安帝隆

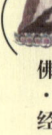

和二年（公元398年）翻译。这是一部内容十分丰富的作品，根据不同的译者从不同角度介绍的情况，这部经典又分为《长阿含经》、《中阿含经》、《杂阿含经》、《增一阿含经》等多种。

小乘佛经一个共同的特点，即是对佛祖释迦牟尼生平事迹的记载，和对其弘扬佛法百折不挠精神的热情讴歌，因而到现在也具有不可取代的特殊价值。

右胁出生的神奇之子

在《阿含经·大本经第一》中，佛祖释迦牟尼以向诸弟子讲述前世佛毗婆尸菩萨故事的方式，叙述自己出生时的情景。释迦牟尼反复告诉弟子毗婆尸菩萨诞生的故事，是所有佛和菩萨都相同的，并一再强调"此是常法"。所以在讲述时，有时只称菩萨，有时则只以太子称之。其情景如下：

"尔时，世尊告诸比丘，吾今欲以宿命智说过去佛事。当知诸佛常法。毗婆尸菩萨从兜率天降神母胎，从右胁入。"

此说释迦牟尼投胎方式与众不同。兜率天，即佛与菩萨所处的没有人世烦恼苦难的天宫，也称佛境、西天，在很多佛经中都被反复提及。

这部佛经中描写的释迦牟尼出生时的天象十分异常：大地发生了强烈震动，天空大放光明，普照世界，连平时太阳和月亮照不到的角落也被光明所照耀，人间和神界"普蒙大明"。这样的描述表面上看是极力夸张释迦牟尼降生对世界产生的影响，实际是对佛教影响人类宗教生活与思想史的一个形象比喻。

佛经继续写道：这时，释迦牟尼的生母反观自己的身体，看见胎内婴儿肢体健全，没有一点瑕疵和秽迹，就像眼睛清明的人看见洁净透亮的玻璃瓶中的物品一样，内外清澈，没有任何障碍。与释迦牟尼投胎方式一样，他的降生也是从母体右胁处出来的。那时他母亲"手攀树枝，不坐不卧"。这样站着生孩子，或许是当时印度妇女十分普通的分娩方式，也是某种真实情形的写照。

当然，佛祖的降生毕竟与普通人家生孩子不同。佛经说，佛母分娩时，有

重庆华岩佛学院觉初图书馆所藏佛经

"四天子手奉香水，于母前立"，安慰她不要害怕，因为她生下的是一个伟大的圣人。伟人的降生总会伴随着奇异的天象。四天子还"执戈矛侍护其人，人与非人（动物、天神、魔鬼）不得侵扰"。

四天子即四位天神，在中国的佛教寺庙里也称做四大金刚或四大天王。他们受命对释迦牟尼母亲生产时进行特别关照。"天母"、"圣子"都是晋代对神明的尊称，从这部汉译佛经的用词，也可看出时代的明显印记。

最精彩的当数小乘佛经对释迦牟尼降生后情景的记述："菩萨当其生时，其身清净，不为秽恶之所污染。犹如有目之士，以净明珠投白绢上，两不相污。菩萨当其生时，坠地行七步，无人扶持，遍观四方，举手而言：天上天下唯我为尊，要度众生生老病死。"

婴儿出生时身上不沾血污，已经是奇迹了，更神奇的却是生下来就能说话，而且每句话都可以震惊世界。释迦牟尼的降世宣言实际上也是佛教核心教义的宣示，就是"普度众生"。具体到为人解脱"生、老、病、死"之苦，即已概括了佛教教义中的"苦谛"。苦谛是佛教基本理论"四谛说"的前提和基础。

释迦牟尼降生后的表现也与众不同："菩萨生时，其目不眩，其声清澈，柔软和雅，如迦罗频伽鸟声。菩萨生时，眼能澈视，见一由旬（晋朝时约50里）。"概括起来就是耳聪目明，嗓音清晰优雅。

而在巴利语佛经《神通游戏》中，还有佛陀转生之前的情景：佛陀在兜率天，众神鼓励他下凡救世："世界上燃烧着痛苦之火，英雄啊，请你像乌云覆盖，降下甘露之雨，平息致人于死的苦难吧！"

佛陀决定下凡，选定地域为赡部洲，即印度，选定投生的家庭为刹帝利种姓，选定父亲为释迦族的净饭王，母亲为摩耶王后。佛陀转世前最后一次为众天神说法，指定弥勒菩萨接替他在天上的位置，以后再成佛，弥勒菩萨因此被称作未来佛。众天神还商量决定，佛陀应该化身为一头长着六颗长牙的白象投胎。就这样，摩耶王后守戒七夜，梦见一头雪白的六牙大象进入自己腹中。

关于释迦牟尼诞生时的情景，《方广游戏经》描写得更具体些：佛陀生下后，先后朝东、南、西、北、上、下六个方向各迈出7步，边迈步边说话："我将成为一切善根之法的先驱；我将接受众神和众人供奉；在这世上唯我最老，唯我最优秀，我将灭寂生、老、病、死；我在一切众生中至高无上；我将摧毁摩罗（印度神话中指魔鬼）和他的军队，我将用伟大的法雨扑灭一切地狱之火，让众生获得幸福；我

吠舍离城猕猴捧蜜献佛像，公元9世纪作品，现藏印度佛陀伽耶考古博物馆

将受到一切众生的仰望。"随着佛陀（当时只是个婴儿）的脚步所至，每个方向的地面上即神奇地长出七枝莲花。这就是著名的"七步莲花"故事。汉语成语中形容人脚步轻盈，尤其在舞台上身姿优美，叫做"步步莲花"，即是借用的这个佛经典故。

上述两部佛经对释迦牟尼降生情景的描绘在主要情节上是一致的，而其细节的不同则表明佛经在结集时，不同作者对民间传说的不同选择。

从小乘佛教经典中还可以读到，关于佛教创始人释迦牟尼的家庭及当时印度社会的基本信息，概括起来，可以知道，佛祖名叫悉达多·乔达摩。乔达摩是父姓，属于释迦族，牟尼则是古代印度语对圣人的尊称。释迦牟尼合起来就是"释迦族的圣人"的意思。

释迦牟尼的家乡在古印度境内的迦毗罗卫国，根据20世纪的考古发现，迦毗罗卫城在今天的尼泊尔王国境内，与其相邻的印度巴斯底地区的比普拉瓦也有迦毗罗卫城的遗迹。公元七世纪，中国唐朝高僧玄奘在《大唐西域记》里记载了他到迦毗罗卫城实地考察的情景，证明佛经对于释迦牟尼出生地的记述是真实可信的。

释迦牟尼是迦毗罗卫国净饭王和摩耶王后的儿子。他出生时，可能有种种异象，但由6牙白象化身，从母亲右肋进入身体，生下就能走路并向世人宣告"天上天下唯我独尊"；且有"七步莲花"相伴，身上放出光明；同时天上香风四散，花雨缤纷，地上涌出二泉，一冷一暖香冽清净为其洗浴，以及仙乐和奏，诸天神人齐声赞颂等等，则是后世佛教信徒对佛祖身世神圣性的渲染。这也是古代印度以神话传说代替历史记录的一贯传统。

值得更多注意的倒是有关佛祖降生凡世的动机，即《方广游戏经》记述的那一段——佛陀应众天神的请求毅然决定下凡救世，并指定弥勒菩萨接替他在天上的位置为未来佛。这正点明了佛教的宗旨，就是要度化众生，脱离人生苦难和六道轮回，往生天国，表现了对现实的强烈批判精神。而释迦牟尼本人则是奉行舍身济世原则的圣人，他的伟大正在于此。

事实上，包括《大般涅槃经》、《方广游戏经》、《佛所行赞》和《阿含经》在内的小乘佛经对于释迦牟尼生平的记述，其重点也在他悟道、证道、传道及创立佛教理论、教规及帮助信众证悟的事迹上。

佛母与众天神——杭州飞来峰摩崖造像，此像始建于宋朝。

菩提树下的佛光

佛祖释迦牟尼出生后第七天，他的母亲摩耶王后就死了。《神通游戏》解释说，摩耶王后的死和过去那些菩萨的母亲之死是相同的，都是在生下菩萨后第七天死去的。这是上天的安排，因为菩萨长大后必然要出家传道普度众生，如果那时母亲看到菩萨出家苦行，她的心就会破碎。现在看来，实际上摩耶王后可能是死于难产或产后中风。原始佛经里反复提到过去世，那么多菩萨母亲之死都是这样的，这在古代印度应该是一种常见病（其实在古代中国和其他国家也是这样，因为医疗条件所限，妇女生育死亡率高是困扰人类的主要问题之一）。而释迦牟尼稍长之后，知道母亲的死因，从而感知了生的艰难。

接着，释迦牟尼走出王宫巡游，得以见到真实的人生社会，观察到人类生、老、病、死等痛苦的不可避免，致使其思想观念发生巨大变化。开始感悟人生无常，向往超越现世。这些在《阿含经·游行经第二》都有记载：

"于时，太子即乘宝车诣彼园观。于其中路见一老人，头白齿落，面皱身偻，拄杖羸步，喘息而行。释迦太子于是回头问自己的侍从：'那人是什么人？'侍从回答说：'他是一个老年人。'释迦太子又问：'怎么为叫老？'回答说：'人的生命历程就是从小到大再到老。人到老年的时候，因为寿命将尽，一切生命体征都会走向衰朽，所以会出现这位老人一样的状态。这就是老的含义。'"

释迦太子感到很震惊，对侍从问道，那么，我以后也会像他那样吗？侍从回答说，是的，人有生必有老，在这一点上，任何人都是一样的，没有贫富贵贱之分。佛经于是记载道："太子怅然不悦，即告侍者回驾还宫，静默思惟，念此老苦，吾亦当有。"

在遇见那位衰弱的老年人之后，释迦太子接着又在几次驾车出游时，先后碰到了一个更加令他感到震惊的病人和一队送葬的人。病人的状况十分不堪，"身羸腹大，面目黧黑，独卧粪涂，无人瞻视，病甚苦毒，口不能言。"在与侍从的问答中，释迦太子进而知道："生则有病，无有贵贱"的世间通则，于是又怅然不悦，即告御者回车还宫。

而送葬队伍给他的印象则更进一步，释迦太子由此知道："死者尽也，风先火次，诸根坏败，存亡异趣，室家离别，故谓之死。"并且"生必有死，无有贵贱"。

看多了人类生老病死的痛苦，释迦牟尼对现实世界的合理性产生了怀疑，开始寻找解脱这种痛苦的方法。《阿含经·游行经》紧接着又记载了这样一个故事：

又有一次，释迦太子命令宫中御用马夫驾车与他一道出游。他们在路上

骑白象的佛母，杭州飞来峰造像，建于宋朝。

看见一个人。那人穿着出家人的衣服，手持一只乞食用的瓦钵，仔细地看着地面走路。释迦太子即问马夫那是什么人。马夫回答说："那是个出家人。" 释迦太子又问："出家人是怎样的人呢？"马夫回答说："出家人就是舍弃了凡世间普通人的恩爱，尊奉修行悟道，不染身外欲念，对世间众生怀有一颗慈悲心，对任何生命都无所伤害的人。这样的人遇到旁人看来很痛苦和危难的事，自己却一点都不惧怕；遇到旁人看来很快乐和欢欣的事，自己也不过分高兴，就像大地一样能够承载一切，所以叫做出家人。" 释迦太子说："那太好了，这才真正是永绝凡尘世俗痛苦之累的修行之道啊。" 释迦太子于是立即打消了远游的主意，让马夫把车赶到那出家人身边去。

救度佛母，杭州飞来峰造像，建于宋朝。

释迦太子下车后向那出家人问道："你这样剃除须发，穿着那么简单的衣服，只拿一只乞食钵到处走，你追求的究竟是什么啊？"出家人回答说："凡是出家的人，都是为了调整心态，永离凡世尘垢，同时对众生怀着一颗慈悲心，对自然生命的成长无所侵扰，而自己则可以保持一种虚心，得到一种心性的宁静，这就是我们追求的大道啊。" 释迦太子立即明白了，高兴地自言自语说："这真是好啊。"

释迦太子于是脱下身上穿的华丽衣服交给马夫，让他把车赶回王城去，向国王报告，就说太子决定不回去了，而且已经剃除了须发，穿上出家人的衣服，出家修行去了。释迦太子还对马夫说："我之所以做这个决定，也是要调整心态，永离凡世尘垢，清净自居，以追求真理。"

于是，马夫便把那辆专供太子乘坐的宝车赶回宫去，把他的衣服还给净饭王。释迦太子就这样剃除了须发，穿上出家人的衣服，正式出家修行去了。

另有一种传说是：释迦太子打算出家后，把自己的决定告诉了父亲净饭王，净饭王不同意，下令将其禁锢在宫中。释迦太子趁夜晚天黑，悄悄告别了妻子和儿子，翻越宫墙出家。

无论哪种方式，释迦牟尼出家的原因都是一致的，即"看破红尘"后，以出家修行求得解脱之道。对此，释迦牟尼后来在为众弟子讲说佛法时做了这样的解释："太子见老人、病人，知世苦恼，又见死人，恋世情灭，及见沙门，廓然大悟。下宝车时，步步之中，间离远缚，是真出家，是真远离。"

释迦牟尼降世时众多天神前来祝福，此为天神中的吉祥天女立像，公元十一世纪，现藏印度朱拉霍考古博物馆。

《阿含经·大本经第一》还记载：迦毗罗卫国的人听说释迦太子剃除了须发，穿上袈裟，出家修道的事后，都感叹说，释迦太子所追求的修行之道一定是真理之道。因为只有真理之道才可能让这样一个富国的太子，舍弃受人尊敬的地位和王位继承权。于是，国内一下就有8万4000人找到释迦牟尼，要求跟随他出家修道。

释迦牟尼出家时已经29岁。作为迦毗罗卫国的太子，他也曾经结婚生子。佛经记载，释迦牟尼的妻子名叫耶输陀罗，儿子名叫罗睺罗，后来也出家成为佛陀的弟子并证悟成为阿罗汉。

然而出家只是悟道的初始，释迦牟尼的修行悟道也经历了曲折漫长的过程。据《阿含经·圣求记》记载，他跟随的第一个老师名叫阿罗逻·迦罗摩，主要修持印度梵行和沙门戒律。接着又拜郁头迦·罗摩弗为师。但这两位老师的修行方法和学说都不能满足释迦牟尼对真理的渴求，不久就先后离开两师，继续自己的追求。

释迦牟尼开始单独修行，到各处乞食并漫游各国，到森林里辟谷打坐，最极端的时候甚至以绝食的方法求证悟道。

汉译小乘佛经《中阿含经》记载：释迦牟尼绝食苦修的时候，身体消瘦，四肢变得像枯藤，臀部像牛蹄；脊柱突出，仿佛出家人佩戴的念珠；肋骨突出，仿佛房屋的一根根椽子；眼珠深陷，仿佛两口枯井；身体皮肤皱缩，仿佛风干的浆果；肚皮贴着脊背，勉强站立撒尿时也会摔倒；用手按摩身体，汗毛就连根脱落。他的皮肤早已失去了光泽，以至于有人说沙门乔答摩是个黑人，另一些人则

吉祥天女立像，公元十五世纪，现藏印度国家博物馆。

说他是褐色的人，也有人说他的皮肤是土黄色的。

做这样的修行时，释迦牟尼在冥想中看见无数天神前来探望。众天神都纷纷猜测他是不是已经死亡，最后则齐声劝说他放弃绝食。天神们说："如果你继续绝食，我们就把天国的食物输入你的毛孔，让你维持生命。"释迦牟尼于是明白，绝食苦行并不能达到证悟真理的目的。因为如果他继续绝食，天神们把天国食物注入他的毛孔而使其维持生命，那他就成了一个说谎者。释迦牟尼通过自己的实践，否定了苦行方法，决定另寻解脱之道。

释迦牟尼最后找到一种修行方法，就是禅定。释迦牟尼曾经向弟子们讲述过自己修禅时的状态和具体感受："我进食后，体力恢复。但我远离欲乐，远离不善法，因远离欲乐和不善法而产生喜乐，进入初禅。初禅虽然有喜乐，但并不会对心产生束缚，我内心平静，定于一点，又因这样的入定而产生新的喜乐，进入第二禅。然后我住于舍、念、智，进入第三禅。当我进入第四禅的时候，我已经摒除了从前的喜忧，得到一种清净和快乐。而那样的快乐也只是单纯的快乐，不会对我的心产生束缚。"

释迦牟尼是在一条名叫尼连禅河的河边进入禅定的。河边有一棵菩提树。释迦牟尼盘坐在菩提树下，面向东方，发誓说："我坐在这里，身体可以枯萎，皮肉骨骼可以毁坏，但我决不起座，除非我获取真理，证得菩提。"

关于这棵菩提树，一千多年后，中国唐朝高僧玄奘曾经亲自踏访过，并记下了真实的情景："金刚座上菩提树者，即毕钵罗之树也。昔佛在世，高数百尺，屡经残伐，犹高四五丈。佛坐其下成正等觉，因而谓之菩提树焉。茎干黄白，树叶青翠，冬夏不凋，光鲜无变。每至如来涅槃之日，叶皆凋落，顷之复故。"（《大唐西域记》卷八）

据玄奘说，这棵树在印度摩揭陀国境内，树种的天竺语名称叫"毕钵罗"。后世学者考证就是印度次大陆特有的榕树之一种。因为释迦牟尼在那树下觉悟成佛，所以叫菩提树。菩提，就是梵语"觉悟"的音译。

佛经记载的传说是：释迦牟尼在菩提树下入禅定时，两眉之间发出光芒，照亮了四面八方，引来天神向其致敬。又致使魔宫震动，魔王摩罗和他的儿女都感到害怕，于是集合魔军向释迦牟尼发动了进攻。但摩罗所有的进攻，都在已经获得初禅至四禅的释迦太子面前失去了效力。他们向他掷出的武器都变成了花雨悬在空中。摩罗的三个女儿接连上阵，施出种种法术诱惑太子，也无法使他动摇。

释迦牟尼在菩提树下因禅定获得证悟,觉悟成佛,其标志是对轮回转生说、业报说、苦集灭道四谛说、诸法缘起说、五蕴说的通晓。在《阿含经·圣求记》中,佛祖释迦牟尼阐述了他所证悟的这五种佛理,亦即后世称为佛教五种基本教义所指向的根本法门:

"当我知道我自身及其他人都难免受到生、老、病、死、忧愁、污秽的束缚的时候,我就产生了追求无上解脱之道的想法,并获得了无上解脱之道,这就是脱离轮回,进入涅槃。我由此产生知和见,我已获得解脱,不再变动。这是我在世间最后的生,我不会再有另外的世间的生。"

在四谛说中涉及到的涅槃,是佛教基本教义中最根本的一个概念。简单说来就是指通过禁欲修行,达到超脱生死轮回,不受暂时的生命现象束缚,从而获得与天地自然永恒同在的那样一种境界。涅槃既可以指现实世界中个体生命的死亡,也可以指觉悟真理后的某种精神境界。我们现在可以将其理解为生命的自由境界或美的境界。佛教信众对此有一个更加浪漫的说法——永生于西方极乐世界,并通过《观无量寿佛经》等诸多佛经对其进行了具体的描述(见本书第四章《慧远的"阿弥陀佛"》)。

普度众生创立神秘佛教

释迦牟尼出家修行前后七年,到35岁时证悟成佛(在梵语中,"佛"或"佛陀"意为觉悟者。)这时他面临两种选择:一是安于自我解脱,使自己一个人永生涅槃;二是把自己的觉悟之道告诉其他人,让众生也获得觉悟,从而解除世间的苦难。《阿含经·圣求记》真实记录了释迦牟尼面临选择时的思想斗争:"我获得的这种证悟,深刻而不易理解,微妙而不可思议,精密而难以洞悉。但世间众生却喜好贪欲,热衷享乐,要他们依从我的证悟,根除一切贪欲,放弃世间享乐,到达寂灭和涅槃的境界,恐怕是十分困难的。我如果向众生宣示我的证悟之法,而他们并不理解,我岂不是枉费精力,徒添麻烦吗?"

释迦牟尼的这种想法被众天神知晓后,众天神委托大梵天前来劝请释迦牟尼为众生说法,为人们打开解脱生死烦恼之门。大梵天的说辞

吹笛天女像,公元十一世纪,现藏印度朱拉霍考古博物馆。

是：现在这个世界的普通人沾染的恶习还不算多，他们多数人对神都有恭敬心，对做坏事的后果有罪恶感，因而比较容易被开化，人心能够向善；如果你今世不为众生讲说佛法，世间就会变得更加污浊，人性的堕落将无可救药。

佛经记载，大梵天这样对释迦牟尼劝请说法前后三次。但释迦牟尼并没有当即答应，而是"即以佛眼观视世界，众生垢有厚薄，根有利钝，教有难易"。他决定选择容易被说服的人，为他们讲说佛法。因为这些人有慧根，就像池塘里的莲花，有的刚从塘底的污泥里冒出来，有的刚冒出水面，有的挑出水面还没有开花，因而都没有被尘世间污染，可以教化从善。于是释迦牟尼对大梵天说："吾悯汝等，今当开演甘露法门。是法深妙，难可解知，今为信受乐听者说，不为触扰无益者说。"（《阿含经·游行经第二》）

这样的记载说明，释迦牟尼怜悯众生，决定为众生说法，其对象不仅包括普通人，也包括众天神。但他为众生说法仍是有选择的，即只为有悟性者说法，而"不为触扰无益者说"，即不为那些完全没有慧根，说了也无益的人白费工夫。按中国人的说法就是，对与佛无缘的人讲说佛法，犹如对牛弹琴。

一旦做出决定，释迦牟尼就以一种一往无前的精神，百折不挠地进行下去。他先在波罗奈城鹿野苑这个地方，为曾经跟随他修过苦行的五个比丘（梵语指信奉佛教的出家人，汉译为和尚）说法。汉译《杂阿含经》和《方广游戏经》记下了佛祖这五个最初信徒的名字——憍陈如、婆颇、跋提、阿说示、摩诃那摩。五位比丘听了释迦牟尼的说法，完全信服，获得无上欢喜，从此摆脱烦恼，成就阿罗汉果位。果位指佛教修行所获成果的阶次，佛、菩萨、阿罗汉是修行阶次最高的觉悟者。

在释迦牟尼创立佛教，弘传佛法的历程中，鹿野苑是一个十分重要的场所，很多部佛经都提到这个地点。一千年后，中国唐朝高僧玄奘也曾亲临印度，特地找到了这个地方，礼拜佛迹。在《大唐大慈恩寺三藏法师传》一书中，具体描述了公元七世纪时鹿野苑的情景：

鹿野伽蓝（汉语意译寺

释经故事之九龙浴太子造像，大足石刻，建于宋朝。

庙），台观连云，长廊四合，僧徒一千五百人，学小乘正量部。大院内有精舍，高百余尺，石阶砖龛层级百数……室中有石佛像，量等如来身，作转法轮状。精舍东南有石窣堵波（汉语意译佛塔），无忧王（通译阿育王）所建，高百余尺。前有石柱，高七十余尺，是佛初转法轮处。其侧有弥勒菩萨受记处。次西有窣堵波，是佛昔为护明菩萨、迦叶波佛所受记处。南有过去四佛经行处，长五十余步高七尺，以青石积成，上有四佛经行之像。伽蓝西有如来澡浴池，又有涤器池，又有浣衣池，并神龙守护，无人秽触……又度憍陈如等五人处。

释迦牟尼在鹿野苑所度化的众弟子中，耶舍和他的父亲的故事很能说明佛教初传时的情景。耶舍是波罗奈城一位富商的儿子，他的早年生活与释迦牟尼为迦毗罗卫国太子时的情形相似，生活奢华，有三座宫殿。在雨季的日子里，耶舍从不下殿，生活起居皆由侍女照顾。一天，他半夜醒来，看见侍女们还在熟睡，但都披头散发，面目污秽，有

佛陀释迦牟尼足迹石雕，足迹装饰有法轮印、宝瓶、吉祥鱼、吉祥志、佛塔、狮子等。公元三世纪，现藏印度阿鲁纳恰尔邦朱纳康达考古博物馆。

的在说梦话，有的还流着口水。耶舍突然觉得这一切看上去十分丑陋，立即生出厌恶感，于是独自一人走出家门，最后来到鹿野苑，听释迦牟尼说法。当释迦牟尼讲到世间生、老、病、死诸苦，进而讲解苦、集、灭、道四圣谛之后，耶舍感到佛祖的说法与自己的感受完全一致，于是立即领悟，皈依佛法，出家跟随释迦牟尼传教。

耶舍的父亲在发现儿子离家出走后，沿着足迹一直追寻到鹿野苑。其时耶舍正在听释迦牟尼说法，但父亲却看不见他。佛祖让耶舍的父亲也坐下听讲，并答应帮他找到儿子。不料耶舍的父亲听着听着便入了迷，对佛祖的说法心悦诚服，并表示自己也要皈依佛陀、佛法和僧伽（意为团体，即佛僧的组织），但他并没有出家，而是在家修行。这样，耶舍的父亲便成为了第一个三皈依的优婆塞（汉语意译居士）。佛陀、佛法、僧伽，以后即在佛教的词汇里简称为"佛、法、僧三宝"。

随后，释迦牟尼让耶舍的父亲看见了座中的儿子，但耶舍的父亲却打消了让儿子回家的初衷，由他跟着佛祖学习悟道。佛经记载，耶舍是释迦牟尼的第六个弟子，而耶舍的母亲最终也受到佛祖宣说佛理的感动，皈依佛法，成为了第一个三皈依的优婆夷（汉语意译女居士）。

耶舍作为富商之家出身的学佛弟子，后来影响了一批人。佛经记载，先后有波罗奈城的4个富商和乡村的50个村民，与耶舍一样剃除须发，穿上袈裟，追随释迦牟尼成为比丘僧，最后都悟得正道，成就阿罗汉果位。

其后，释迦牟尼又先后为迦叶三兄弟、30醉心欢娱人、500苦行者等说法使其皈依。到摩揭陀国王舍城时，已有1000比丘跟随，成为一个声势浩大的佛教僧团。

释迦牟尼在王舍城又以自己的学说，收服了250名外道出家人为弟子，其中舍利弗和目犍连二人，在佛学造诣上十分出众，后来成为释迦牟尼的得力助手，为弘扬佛法发挥了重要作用。今天十分著名的《心经》，就是当初释迦牟尼专为舍利弗传授的佛教经典。

至此，释迦牟尼立教已成，其1250僧众成为佛教创始时的基本教徒。在以后的众多佛经中，都反复提到这1250僧众。

然而，释迦牟尼以佛理吸引大量信徒出家，也引起了世间的非议。摩揭陀国的人们发出抱怨，说："沙门乔答摩是在为我们制造

如来降伏魔军图，中国清代绘画，广东凤凰山壁画摹写。

孤儿寡母，灭绝种族啊！"为此，释迦牟尼以偈颂回答人们的讦难："佛陀依法引导，堪称大雄完人，有何理由忌恨。"七天以后抱怨就平息了。

接着，释迦牟尼回到故乡迦毗罗卫城，去见父亲净饭王和在俗世时的妻子和儿子。儿子罗睺罗一见父亲，就被已成为佛陀的父亲吸引了，要求跟着他出家。释迦牟尼于是吩咐弟子舍利弗为罗睺罗剃度出家。

在此之前，释迦牟尼姨妈的儿子难陀也出家学佛去了。为此，父亲净饭王对释迦牟尼发出抱怨，说："当年你离尘出家，我就陷入了深深的痛苦，后来难陀走了，你姨妈和我都很痛苦。现在你又让你的儿子罗睺罗出家，你知道父母对儿女的爱从来都是刻骨铭心的，孩子出家必然给父母带来痛苦，应该征得父母同意才对啊。"释迦牟尼深感父亲说得有道理，于是告诫自己的弟子，以后接收年轻的信徒出家，必须征得他父母的同意。

罗睺罗出家是由自己的佛性所决定的。《阿含经》记载了释迦牟尼开导罗睺罗的故事：

有一天，罗睺罗跟随释迦牟尼去舍卫国王城乞食。释迦牟尼对他说："对待一切色（物质世界），无论过去、现在和将来，无论内外、远近、粗细、优劣，都应该运用超越凡俗的智慧去看待，须知这不是我的，这不是我，这也不是我的自我。"罗睺罗又问："只是对于色，应该这样看吗？"释迦牟尼回答说："还有受、想、行、识。"（《阿含经·安般品第十七》）

之后，释迦牟尼又向罗睺罗讲解如何修行佛法。释迦牟尼说："要像看待

色、受、想、行、识一样，运用超越凡俗的智慧，去看待组成自己的身体和其他物质形态的地、水、火、风和空，这不是我的，这不是我，这也不是我的自我……这样，无论愉快或不愉快的接触，都不会进入你的心，盘踞你的心。你还要修习慈悲、喜舍，摒弃嗔、害、恨、怨；修习不净观，摒弃贪爱；修习无常观，摒弃我慢。这样修习入出息念，修习到一定程度，就能获得大功果。"罗睺罗很快领悟，以后也成为了佛学造诣很高的弟子，获得阿罗汉果位。

释迦牟尼立教初期，并没有一个固定的讲坛，也没有自己的寺庙和正规的居所，游走之间，佛祖和弟子都住树林、丛林、草堆、山洞、峡谷、空地等处。直到乔萨罗国王舍城一位富商给孤独长者皈依佛法后，才有了改变。给孤独长者曾经前往释迦牟尼住的树林拜见。他向释迦牟尼致问候，说："世尊，你在这里睡得好吗？"

大梵天说佛图，凤凰山壁画。

他听到的回答是："婆罗门涅槃，永远睡得香；不沾染欲念，无余而清凉；执著既断除，心中无忧惧；内心既安宁，一定睡得香。"给孤独长者一下悟到了世间万物有生必有灭的道理，于是请求佛祖接受自己的皈依，并表示将拿出自己的财产盖房子，作为释迦牟尼和众僧人的居所。

后来，给孤独长者在舍卫国祇园建成了一幢设施完备的精舍。这里还有一个充满传奇色彩的插曲：给孤独长者为释迦牟尼选中祇园建舍，但该园林却属于舍卫国的祇陀王子所有。祇陀王子在与邻国的战争中打了胜仗之后建了这座园林，当地人便叫做胜园，也称祇园。给孤独长者面见祇陀王子时，请求王子把祇园转让给他，以作供养佛祖之用。祇陀王子却提出了一个十分苛刻的条件，要给孤独长者用十万金币铺满这座园林。给孤独长者派人用车拉来十万金币铺地，但还差一块门边的地没有铺到。他正要派人再去取金币的时候，祇陀王子已被他礼佛的诚心感动，决定不再要金币，而把那块门边地作为布施，送给了佛祖和他的弟子们。

这段给孤独长者与祇陀王子供佛的佳话，被完整地记录在《阿含经·爱生经》里。后来人们即将祇园精舍称作"给孤独园"。一千年后，玄奘大师到达印度，特地找到过去的舍卫城祇园礼拜佛迹，并记下了给孤独园的现状：舍卫国"周六千余里，伽蓝数百，僧徒数千，并学正量部，佛在时波斯匿王所居都也。城内有王殿故基。城南五六里有逝多林，即给孤独园也，昔为伽蓝，今已颓毁……独一砖室在，中有金像"。（《大唐大慈恩寺三藏法师传》卷三）

释迦牟尼立教弘法，当然也遭遇了各种抵制和攻击。佛教史上最有名的一个敌人名叫提婆达多。传说提婆达多曾经也是一个具有神通的佛教修行者，他直接向释迦牟尼提出要求，由自己接管佛教僧团，遭到拒绝。于是提婆达多怂恿摩揭陀国的阿阇世王子派人行刺释迦牟尼。但刺客们去后听到了释迦牟尼说法，结果全都皈依了佛祖。

提婆达多一计不成又生一计，他趁释迦牟尼到灵鹫山散步之机，从山上推下巨石砸下来。但灵鹫山的两座石峰突然合拢，像一双手一样接住了巨石。其后，提婆达多还唆使训象师放出疯象袭击佛祖，疯象也被释迦牟尼驯服。提婆达多在僧团中制造分裂，鼓动来自吠舍离的500僧人离开佛祖，到伽耶山顶听他的说教。释迦牟尼坚决予以反击，派弟子舍利弗和目犍连去与提婆达多辩论，最终说服500名僧人返回了释迦牟尼身边。

佛的大般涅槃

释迦牟尼自29岁出家，35岁立教，一生多数时间都在弘扬佛法，为众生解脱苦难，到80岁时走到了世间生命的终点。

《大般涅槃经》记载了释迦牟尼几次重病的情景。一次是在吠舍离城外贝卢婆村度过雨季期间，释迦牟尼周身剧痛，濒临死亡。释迦牟尼想到如果不告诉弟子，不告别僧团就进入涅槃，那样不合适，于是他靠意志力克服病痛，延长生命，使病痛得到痊愈。另一次是在波婆城芒果林，释迦牟尼吃了铁匠之子纯陀供养的软猪肉（佛教初创时出家人并不忌荤），即发赤痢，剧痛濒死。他保持清醒，守住意念，克服病痛，而后前往拘尸那揭罗国与众比丘见面。

这时，一个名叫布古沙的外道弟子请求皈依佛法。释迦牟尼接受了他的皈依并为他说

佛经里描述的优钵罗花。

法。布古沙满心欢喜，告别时向佛祖赠送了两件金色袈裟。释迦牟尼的大弟子阿难把两件衣服都披在佛祖身上，但两件衣裳却立即失去了光泽。阿难好奇地问："真奇怪，世尊，因为您的肤色太光洁了，致使两件金色衣服都失去了光泽，这是为什么呢？"释迦牟尼告诉阿难，只有在两种情况下，自己的肤色才会出现异常的光泽，一是悟道获得无上正等正觉的时候，二是将要进入涅槃的时候。释迦牟尼以这种方式预言自己即将进入涅槃。

佛经里描述的拘摩头花。

在此之前三个月，释迦牟尼也向阿难预言了自己进入涅槃的时间。那时魔王摩罗前来提醒他："世尊梵行已成，佛法已广为流布，现在是世尊进入涅槃时候了。"释迦牟尼便回答说，自己将在三个月后进入涅槃。话刚说完，顿时大地震动，世间一片骇然。阿难感到奇怪，向佛祖询问原由，释迦牟尼便把自己与摩罗的对话讲给他听，并说自己之所以没有立即答应进入涅槃，是还想为弟子们再说说佛法。其后，释迦牟尼分别在吠舍离城大林重阁、般茶村和薄伽城阎浮村向众弟子再次讲解除了四谛、五戒、八正道等佛教基本教义，告诫众比丘精进努力，持戒修行。

释迦牟尼最后进入涅槃的地点，是在拘尸那揭罗国，尼连禅河边的娑罗林里。那片娑罗林属于末罗族所有。城中的末罗族民众得知佛祖将在此夜进入涅槃，便结队前来向他顶礼致敬。他们看到释迦牟尼的大弟子阿难在娑罗林双树下为佛祖铺了坐，佛祖头朝北方，身子向右侧躺下，呈狮子睡眠状，左腿搁在右腿之上，但看上去很清醒。他们还惊奇地看到，虽然不是花季，但娑罗林中的娑罗双树却在那时鲜花竞开，纷纷落在佛祖身上。同时天空中也撒下了曼陀罗花和檀香粉，还响起了音乐，仿佛有无数天神在歌唱。

释迦牟尼涅槃当晚还发生了一件事：有个名叫须跋的末罗族行脚僧，也来到娑罗林。据《阿含经》记载，须跋"年百二十，耆旧多智"，是一个年高聪慧的外道修行者。须跋恭敬诚恳却又十分固执地要见佛祖，阿难阻止不住。释迦牟尼看重这最后的缘分，向须跋讲说佛法，强调八正道是一切修行法和戒律的根本。释迦牟尼还为须跋念了一首偈颂，对自己的人生和立教作了一个简短的总结：

> 我年二十九，出家求善道；
> 须跋我成佛，今已五十载；
> 戒定智慧行，独处而思惟；
> 今说法之要，此外无沙门。

释迦说法图,凤凰山壁画。

须跋听后,连说妙极了,妙极了。世尊的说法,就像扶正摔倒的东西,揭示隐蔽的真理,在黑暗中举灯,为迷路者指向,让无眼人也能看见东西。

须跋还恳求佛祖为他授具足戒。释迦牟尼接受了他的请求,让阿难为他剃度,"于是,须跋即于其夜出家受戒,净修梵行。于现法中,自身作证,生死已尽,梵行已立,所作已办,得如实智,更不受有。时夜未久,即成罗汉,是为如来最后弟子。便先灭度而佛后焉。"(《阿含经·游行经第二》)

这即是说,这个年龄比释迦牟尼还大40岁的最后的弟子,悟道后当夜就圆寂了,其后才是佛祖进入涅槃。

《大般涅槃经》记载,释迦牟尼的涅槃有一定的程序:"于时,世尊从灭想定起,入有想无想定;从有想无想定起,入不用定;从不用定起,入识处定;从识处定起,入空处定……从第一禅起,入第二禅;从二禅起,入第三禅;从三禅起,入第四禅;从四禅起,佛般涅槃。"

《大般涅槃经》还记载:释迦牟尼涅槃的时候,天空突然放出大光明,原本连太阳和月亮都照不到的角落"皆蒙大明"。天上人间所有的天神和凡人都惊慌恐惧。人们奔走相告,相互打听出了什么事。直到得知是佛祖释迦牟尼进入涅槃,才明白天地变化的原因。又互相转告说:"正是因为佛祖生于此世,涅槃于此地,他的光辉普照天下,才盖过了自然的光亮啊。"

这时,忉利天王也从天空中撒下文陀罗花、优钵罗花、波头摩花、拘摩头花、分陀利花等等,撒在释迦牟尼身上,也撒到佛祖的弟子和瞻仰佛祖的百姓身上。

梵天王则在天空中传下偈颂,称赞释迦牟尼的功德:

一切昏萌类，皆当舍诸蕴；
佛为无上尊，世间无等伦；
如来大圣雄，有无畏神力；
世尊应久住，而今般涅槃。

偈颂中称赞释迦牟尼为"大圣雄"，这在印度语中是一个最伟大的赞词。中国佛教寺庙中供奉释迦牟尼佛像的殿宇一般通称"大雄宝殿"，即源于此。

释迦牟尼涅槃后，弟子们悲痛欲绝，自投于地，宛转号啕，不能自已。来到娑罗林礼佛的末罗族人也悲痛欲绝，自投于地，宛转号啕，不能自已。佛祖弟子中有一位名叫阿那律的长老，看到这种状况，站出来劝止众人，不要过于悲伤，天神在上，我们都应该明白自己的责任。又对阿难说，你现在应该进拘尸那揭罗城去，告诉末罗族的人，佛祖已经灭度，让他们把自己想要做的布施，现在为佛祖做出来。于是，阿难向释迦牟尼的遗体敬礼之后，带着一个比丘，边哭边走进城去，把佛祖已经灭度的消息告诉聚在一起的末罗族人。

末罗族人尊敬释迦牟尼，互相转告，置办了香花及众伎乐，都到娑罗林双花树供养佛身。一天以后，他们把释迦牟尼的遗体放到一张床上，打算抬到城里去祭祀，但无论多少人都抬不起那张床来。阿那律见状，便对末罗族人说，你们暂且放下，不必白费力气，现在只有天神能够抬起这张床，我知道众天神今天一定会来为佛祖抬床。到了晚上，阿那律再让末罗族人找来四个少年，各占一角抬床，果然就抬起来了。

末罗族人知道那是天神的力量，于是顺从天意，让四个少年抬床，其余的人则擎持幡盖，烧香散花，吹奏乐曲，供奉佛祖肉身从东门入城，走遍大街小巷，使城内民众都可以向佛祖献出供养，表达崇敬。然后出西城门，把佛祖放置到一座高台上，以香花礼乐供奉7天。然后又礼敬佛祖，分别出入城里的东南西北各门，渡过尼连禅河，到城外的天冠寺供奉。

举行佛祖葬礼那天，由拘尸揭罗国大臣路夷带着末罗族人以香花、香油、白绢、海贝等装饰檀香木做的棺椁，又用净香水洗浴佛身，用500幅白绢缠身，为其举行火葬。而此时，奇怪的事情再次发生，大臣路夷手执大火炬点火，却怎么也点不燃佛棺和柴堆。换其他大臣来，也点不燃。还是佛祖弟子阿那律长老站出来说明了缘由：因为佛弟子迦叶此时正带着五百比丘从波婆国赶来，他们不赶到，佛祖不可能火化。果然，直到迦叶与五百比丘赶到，向佛祖致敬完毕

释迦牟尼涅槃像，公元八世纪，印度萨尔纳特邦出土。

用神秘佛经救度众生的佛祖

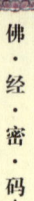

佛·经·密·码

释迦牟尼涅槃像之三,大足石刻,建于宋朝。

后,装敛佛身的棺椁和用作柴薪的香木才不烧自燃。

释迦牟尼涅槃后,遗下佛骨舍利,先后有拘尸那揭罗国、遮罗颇国、罗摩伽国、毗留提国、迦毗罗卫国、吠舍离国、吠特岛国、摩揭陀国等建塔供奉。其中摩揭陀国王阿闍世最晚得到消息,引起一场争执。阿闍世当太子时不信佛法,还囚禁过父王和王后,并曾派人行刺释迦牟尼,后来皈依佛法。阿闍世王为求得佛舍利,亲自带领国中象兵、马兵、车兵、步兵,渡过恒河与拘尸那揭罗国交涉,最后如愿以偿,分得一份佛舍利由摩揭陀国供养,才罢兵回国。

一千年后,中国唐朝高僧玄奘实地踏访了释迦牟尼涅槃处,并作了如下描写:

拘尸那揭罗国,城郭颓毁,邑里萧条。故城砖基,周十余里。居人稀旷,闾巷荒芜。城内东北隅有窣堵波,无忧王(阿育王)所建,纯陀之故宅也。宅中有井,将营献供,方乃凿焉。岁月虽淹,水犹清美。

城西北三四里,渡尼连禅河。西岸不远,至娑罗林。其树类槲,而皮青白,叶甚光润。双树特高,如来寂灭之所也。其大砖精舍中作如来涅槃之像,北首而卧。傍有窣堵波,无忧王所建,基虽倾陷,尚高二百余尺。前建石柱,以记如来寂灭之事。虽有文记,不书日月。闻诸先记曰,佛以生年八十,吠佉月后半十五日入般涅槃,当此三月十五日也。(《大唐西域记》卷六)

佛经的真谛

如果从释迦牟尼在世时最关注的问题,即他向众信徒讲解的主要道理来看,早期佛教的基本教义,主要包括四谛、五蕴、八正道、十二因缘、业报、轮回、涅槃等学说。其中最根本的就是四谛说。而八正道是对四谛中的道谛的阐述。五蕴则是对四谛中的苦谛所作的成分分析。十二因缘是对四谛中集谛所作的原因分析。业报轮回和涅槃说则是佛教对人生问题的通俗解说。

四圣谛——苦集灭道。

释迦牟尼觉悟成佛后,立教传道的对象主要并不是统治阶级和知识分子,而是普通民众,针对的问题自然是普通民众最关心的生命存在本身,以及由此带来的痛苦烦恼诸问题。释迦牟尼关于生命的本质的认识和怎样解脱痛苦烦恼，概括起来就是四谛说，亦即有关人生问题的四条真理。

四谛也称四圣谛，即苦、集、灭、道。前二者说明人生的本质（苦）及其形成的原因；后二者指明解脱人生痛苦烦恼的目标和解脱的路径。

小乘经典《中阿含经·分别圣谛经第十一》记载了释迦牟尼对四圣谛的解释：

"云何为四？谓苦圣谛，谓苦集圣谛、苦灭圣谛、苦灭道圣谛。

"云何为苦圣谛？谓生苦、老苦、病苦、死苦、忧悲恼苦、怨憎会苦、爱别离苦、所求不得苦，略五盛蕴苦。是谓名为苦谛。

佛教从根本上把人生解释为受苦受难的过程，人的生、老、病、死是苦，忧愁烦恼是苦，不得不与自己并不喜欢的人在一起（怨憎会）是苦，不得不与自己所爱的人离别（爱别离）是苦，自己想要得到的总也得不到当然也是苦。这种种实际的苦带给人的感受，即"色、受、想、行、识"五蕴也不外乎苦。

"苦谛"是全部佛教教义的出发点，带有普遍性。如果从这些苦的现象出发，追根溯源，探究到这些苦之所以发生的原因，就叫做"集"。释迦牟尼认为，因为人有"爱内六处"，即由自己身体各部分——眼、耳、鼻、舌、身（躯干四肢）、意（头脑）的存在而必然产生的疼惜、亲近、污染、执著而自恋。也就是说，人总是有贪欲的，这就是人们之所以无法根本解脱苦的原因。

明白了人生是苦，以及人生之所以苦的原因后，释迦牟尼便为大众指出了应对的方法，就是要设法解脱或者消灭这些苦因，这就是"灭"。

"灭谛"的根本目标是解脱由眼、耳、鼻、舌、身、意等"爱内六处"造成的人生的执著或执迷不悟。释迦牟尼劝导弟子和信众，如果能做到戒除贪欲，使身心不受污染，也不执著于自己所有的一切，那么也就能解脱苦了。灭谛的最高目标或最高境界，是涅槃。

"道谛"是释迦牟尼为众生指出的通向解脱之路，总结起来就是八正道，即八种正确的修行路径——正见，正志（也叫正思），正语，正业，正命，正方便（也叫正精进），正念，正定。八正道从身、口、意三个方面规范佛教信众的日常思想行为，后来又归纳为戒、定、慧"三学"。

"戒"就是戒律，解脱修行者必须以戒律来约束日常言

中国古代绘画中的舍利宝塔，凤凰山壁画。

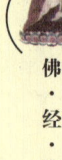

行。"定"也叫禅定,是一种集中思维和注意力,以摒除杂念达到离欲和修得大智慧的方法。"慧"就是"智慧",佛教特指考察人生和宇宙诸现象,求得和证悟佛性的一种特殊的思维方法。

业报——六道轮回。

业报轮回说是释迦牟尼立教时宣传的主要思想之一。佛教认为,人的一生以及前世和后世都是因果相连的,叫做三世二重因果。人的所有行为都是"业",或"造业"。过去一生的"业",决定今世一生的命运;今世一生的"业",决定来世一生的命运,这就是因果报应,简称果报。所谓善有福报,恶有罪报,是其主要内容。报有迟早,有"现世报",也有"它世报"。报是必然的,不可逆转的。

按照善恶果报法则,所有的生命(佛教专用术语叫做"有情")在未获得觉悟和解脱之前,都必然在六种状态中轮回流转。这六种生命状态分别是:

天(神)、人、畜牲、地狱、饿鬼、阿修罗。

作恶业的来世将堕于畜牲、地狱、饿鬼、阿修罗等"恶道"。作善业的来世将生于天、人二善道。在古印度神话中,阿修罗是专与天神战斗的恶魔。而在佛教看来,即使行了很大的善道而使来世成为天神,也并没有成就了"正道",因为他仍然在那六种生命状态里流转。只有彻底解脱了六道轮回,才算修成正果,达到涅槃境界。

浙江瑞安县慧光塔出土的宋朝佛舍利瓶,现藏浙江省博物馆。

行善或作恶也有程度之分,因而造成即使生在同一"道"中,也千差万别的现实。比如同样生在"人道",人的贫富贵贱和长寿短命也有很大分别。这样的现实差别也是由前世的业造成的今世的报应。

业报与六道轮回学说在释迦牟尼立教传道的时代,具有挑战婆罗门教种姓制度的积极意义。古代印度的种姓制度把人分为由高贵到低贱的四类种姓——婆罗门、刹帝利、吠舍和首陀罗等,此外还有"不可接触者"即所谓贱民。种姓制度至今仍然残留在当代印度社会,造成了根深蒂固的社会不平等现象。佛教虽然也承认出身和环境对人的行为有不同的影响,但不承认种姓高低自然决定人性的优劣。四种姓"名虽不同,体无贵贱"。因此,即使是地位高贵的婆罗门,做了恶业也没有不受恶报的特权。佛教更强调每个人在当世间善恶行为的果报,主张业报面前人人平等,一切行为的责任和后果都应该由个人承担。

涅槃——脱离轮回之苦。

在释迦牟尼创立的佛教学说中,一个核心概念就是涅槃。涅槃(也叫般涅槃),是梵语音译词,原有多重含义,既指修行者的"圆寂"、"灭度",即死亡,也指火的熄灭或风的消散。佛教则以涅槃指称灭除了一切烦恼,从而超越时空、超越生死,超越轮回,与现实世界和人生苦难对立的一种境界。

佛经中的六道轮回摩崖浮雕,大足石刻,建于宋朝。

在佛教信徒的生命实践中,尽管涅槃多数时候与圆寂和灭度具有同一性,即差不多总是在描述一种死亡状态,但又与一般生命的死亡根本不同。因为一般生命的死亡总是与再生相联系的,没有脱离六道轮回。而佛、菩萨和阿罗汉等"觉悟者"的离世,虽然也具有死亡的表象,但却是超越了生死轮回的。这就是佛教所说涅槃,与一般生命死亡的根本区别所在。

一方面,涅槃是对世间的否定,甚至也是对婆罗门等外道宣扬的"天国"的否定。因为所谓"天国"也在六道之间,也要参与轮回,也没有根本"离苦",其实质也是生命存在的一种形式。另一方面,佛教追求的涅槃既可以指对生命的否定,是寂灭;也可以指修行所达到的果位,即生命存在时的一种精神境界。对此,佛教用"有余涅槃"和"无余涅槃"来加以区分。

《增一阿含经·火灭品卷七》解释说:"比丘五下分结,不还来世,是谓名

《增一阿含经》敦煌书法卷,大约书写于公元六世纪。

为有余涅槃……自身作证而自游戏,生死已尽,梵行已立,更不受有,如实如之,是谓为无余涅槃。"又说,"灭诸烦恼,名为涅槃。"

在释迦牟尼的生命实践中,他于80岁时圆寂离世被称为涅槃,而他35岁时在菩提树下觉悟成佛,也被称为涅槃,或获得涅槃。可见,此时的涅槃概念,实际上就是指修行达到的一种境界,是一种"无上解脱"或"根本解脱",与肉身是否存在无关,所以是"无余涅槃"。它只是对解脱了尘世烦恼,追求到安稳宁静的精神境界的描述。

中国佛教的崛起

佛教最早在公元一世纪中叶传入中国。此后,历经了佛教的中国化和中国佛教两个阶段,虽屡遭打击,却星火燎原,不断发展,出现了大量具有较高价值的佛学著作,其学术成就远远超过印度而居世界领先地位。

佛言：夫为道者，譬如一人与万人战……沙门学道，应当坚持其心，精进勇锐，不畏前境，破灭众魔，而得道果。

——《佛说四十二章经》

汉明帝建白马寺

公元前三世纪，随着阿育王以强大的武力征服印度全境，建立起孔雀王朝，佛教取得了国家主流意识形态的地位，并开始向四周扩散传播。根据历代史籍所记，佛教传入中国的起始年代有各种不同说法，分别有战国时代、秦始皇时代、汉武帝时代、汉成帝哀帝时代及汉明帝时代等。自汉唐以来比较通行的说法是，东汉明帝时代，即公元一世纪中叶。

阿育王时代的释迦牟尼佛，莲花宝座与孔雀造型相得益彰，清代绘画，广东凤凰山壁画。

中国佛教的崛起

东汉牟融所作《理惑论》第20章有这样的记载："昔孝明皇帝梦见神人，身有日光飞在殿前。欣然悦之。明日博问群臣，此为何神？有通人傅毅曰，臣闻天竺有得道者，号之曰佛，飞行虚空，身有日光，殆将其神也。"

这是说，汉明帝刘庄（公元58-76年在位）曾经做了一个梦，梦中看见一个全身散发着太阳一样光辉的神仙，从天而降飞到明帝居住的宫殿前。明帝认为这是一个吉祥的预兆，于是便在第二天召集众朝臣求解梦兆。太史博士傅毅为皇帝解梦，说那就是印度佛教教主，传说他具有在天空中飞行的神通，佛祖腾飞时身上还会散发出太阳一样的光辉，就跟中国的神仙差不多。

其他史籍（分别见隋《历代三宝记》、唐《古今译经图纪》、《高僧传》等）记载此事时把年代记得更具体，为汉明帝永平七年（公元64年）。

汉明帝于是派遣中郎将蔡愔、秦景、博士王遵等18人去西域访求佛道。永平十年（公元67年），蔡愔、秦景、王遵等汉使在西域大月氏国遇到天竺（今印度）僧人迦叶摩腾、竺法兰两人，并得佛像、经卷若干，用白马驮着共还汉都洛阳。汉明帝诏令建立精舍，供天竺僧居住，并敕令命名为白马寺。于是迦叶摩腾和竺法兰便在白马寺里翻译带来的佛经，流传后世者有《四十二章经》。

释迦牟尼佛立像，公元十世纪，现藏印度那烂陀博物馆。

迦叶摩腾，唐代《高僧传》译作摄摩腾，中天竺人。传说有一次他在天竺一个小国讲《金光明经》，恰逢敌国军队入侵。他所在的小国兵力薄弱，国王和百姓都对亡国灭种的危险表示担忧。迦叶摩腾却说，佛祖曾经说过，能让此《金光明经》的，就会被地神保佑，他所在的地方也会得到安宁。现在敌国入侵，正是验证这部佛经所具神通的时候啊。于是带领国中大臣去访问敌军统帅，向其说法劝和。果然使得敌军退兵，两国交好。迦叶摩腾以自己的信念验证了佛经的法力，也以同样的信念，"誓志弘通，不惮疲苦，冒涉流沙"，来到洛阳。因此备受尊崇，"后少时卒于洛阳"。（《高僧传》卷一）

竺法兰也是中天竺人，侨居中国到60岁时卒于洛阳。他比迦叶摩腾更具优势之处，在于他"少时便善汉言"。相传他与迦叶摩腾在洛阳白马寺除了翻译《四十二章经》外，还翻译了《十地断结佛本生法海藏》等五部经。后因战乱和首都迁移，四部已译成汉文的佛经都遗失了，只有《四十二章经》留了下来，约

杭州飞来峰的宋代摩崖造像,再现了佛教初传入中国时的白马驮经情景。

2000余字。《高僧传》还记载,关于世界劫灰的说法,最初也是由竺法兰带来中国的。当年汉武帝(公元前140-前86年在位)于长安挖掘昆明池,看见池底有大量黑灰,就问东方朔是怎么回事。一向以知识渊博知名的东方朔也说不知道,要皇帝问西域人。后来竺法兰来到洛阳,人们想起旧事,就向他征询。竺法兰便拿佛经上的说法来解释:"世界终尽劫火洞烧,此灰是也。"(《高僧传》卷一)意思是说,世界过一定时间就会遭遇毁灭,所有的东西都将变成灰烬,叫做劫灰,昆明池底的黑灰就是上一次世界毁灭时留下的。

关于东汉佛教初传的史实,还可以从《后汉书》关于楚王刘英的传记得到印证。刘英是汉明帝刘庄的同父(光武帝刘秀)异母兄弟,封为楚王。《后汉书》记:"英少时好游侠,交通宾客。晚节更喜黄老,学为浮屠斋戒祭祀。"记中"浮屠"一词即佛陀的另一种音译,说明刘英晚年时以斋戒祭祀等形式信奉佛教。

这就是佛教学界通行的汉明求法为中国佛教起始之说,同时以汉译《四十二章经》为中国佛教著作最初的译本。无论怎么说,可以基本确定的是,佛教在中国的传扬当在公元一世纪前后,即中国西汉与东汉世代交替的时期。其从印度传来的途径,则是得益于中国内地与西域的长期交往。

恰恰也是这个汉明帝刘庄,当政前期遣使求佛并建立中国第一座佛教寺庙白马寺,之后却因国内政治原因,如对诸王谋反的镇压,而于后期对佛教采取了封杀政策。《后汉书》记载,永平八年,刘庄诏令天下,凡犯死罪者,可以用优质的细纱丝绢赎罪。刘英因为在封地楚国设置官职太多,自成一体有搞独立王国之嫌，自觉心虚，便派人送30匹丝绢到朝廷赎罪。刘庄下诏认为刘英"诵黄老之微言，尚浮屠之仁词"，并没有什么罪。仅仅过了五年，到永平十三年（公元70年），刘英却因类似的行为被人告发，汉明帝刘庄认为他"招聚奸猾，造作图谶，擅相官秩，大逆不道"，本应"诛之"，而"以亲亲不忍，乃废之，徙丹阳泾县"，即以流放代替死罪。第二年，刘英在丹阳自杀身亡。

在汉明帝为刘英所列的罪名中，"造作图谶"是一桩重罪。在与刘英案同时及前后被告发治罪的渔阳王刘平、济南王刘康、阜陵王刘延、广陵王刘荆等人的罪状里，也有这一条。史家分析，所谓造作图谶，其实就是以"黄老之微言，浮屠之仁词"等道家和佛教的学说，与朝廷奉为正统的儒家思想唱对台戏，而宣扬不利于朝廷的另一种意识形态，当然也有以谶讳迷信为地方封国夺取中央政权制造舆论的意思。自汉明帝以后的一百年里，史籍不再有关于佛教在中国传播的记载，显然与这次事件有关。

佛教传入中国到了汉末桓灵二帝时代（公元147-189年）才重又兴盛，史籍也有了较翔实的记载。那时西域及印度的多位佛教学者相继来到汉地，翻译佛经，传扬佛教。其中以安世高、支娄迦谶和汉僧严佛调的贡献最为显著。

安世高，也叫安清，是安息（今伊朗）国王的太子。相传安世高少年时学习过各国典籍，会中国的五行医术，还会辨识鸟兽之声。父王去世后，安世高本当继承王位，但他已经参悟佛教四谛，"遂让国与叔，出家修道"，并在汉桓帝初年（公元147年）到了中国，先后到过洛阳、广州、庐山、会稽等地，最后在会稽一个街市上遇到骚乱，被相互斗殴者误伤，头被打破而死。安世高在汉地20年间翻译的佛经有《安般守意经》、《阴持入经》、《大十二门经》、《小十二门经》、《百六十品经》等一百多部，其译文"义理明晰，文字允正，辩而不华，质而不野"。安世高还是将佛教由中国北方传到江南的第一人。（《高僧传》卷一）

支娄迦谶，省译支谶，西域大月氏人，于汉灵帝时来到洛阳，传译梵文佛经。相传他翻译了《般若道行经》、《般舟三昧经》、《首楞严三昧经》等十多部，皆为佛教菩萨乘派的典籍。支谶翻译佛经方式为口头将梵文翻成汉语，由河南洛阳人孟福和张莲用笔记录下来。这种方式后来比较通行。安息国商人居士安玄在洛阳翻译佛经也是口授，由沙门严佛调

山西五台山显通寺，始建于公元一世纪汉明帝永平十一年，为中国佛教初传时的代表性寺庙之一。

五台山显通寺大门。

用汉文记录。严佛调的汉文功夫深厚，所记佛经"理得、音正、尽经微旨"。严佛调是中国汉人中第一个著名的佛经翻译家，在佛教史上与安世高、支娄迦谶齐名。

但东汉时期的佛教无论在朝廷还是在民间，都没有取得独立的意识形态地位，而是当时中国本土宗教思想黄老之学的附属品和补充物。东汉末年，牟融所著《理惑论》对释迦牟尼所作的介绍便可说明这一点：

"佛者，谥号也，犹名三皇神、五帝圣也。佛乃道德之元祖，神明之宗绪。佛之言，觉也，恍惚变化，分身散体，或存或亡，能小能大，能圆能方，能老能少，能隐能彰。蹈火不烧，履刃不伤，在污不染，在祸无殃，欲行则飞，坐则扬光，故号为佛也。"

这基本上就是中国传统宗教中神仙的形象。

《四十二章经》作为佛经在中国最早的传译本，其形式和内容都与释迦牟尼创立佛教时的经籍相距甚远，与后来成熟的汉译佛经也有很大差别。其中对于阿罗汉的描述也可以看到中国道教传统中神仙崇拜的影子："佛言：阿罗汉者，能飞行变化，旷劫寿命，住动天地。"著名学者任继愈曾指出：《四十二章经》与《太易》、《老》、《庄》相表里，"这部书不是汉人伪造的，但编译者用当时黄老之学和道术的理论去理解它，因此它不可避免地涂上了汉代道术思想的黄老思想的色彩。"（任继愈《汉唐佛教思想论集》）

即使是其中的因果报应之说，也不符合古代印度佛教的本来意义。

经师们解密玄妙佛经

这一时期是佛教在中国得到更多弘传并逐渐中国化的重要时期。

东汉末年，经过两次党锢之祸和震撼全国的黄巾起义，中央政权受到极大削弱。以董卓之乱为起点的军阀混战，更把社会推到了民不聊生的境地。儒家的纲常礼教陷于崩溃，道教的出世思想和佛教的离苦观念逐渐深入人心，佛教于是得以广泛弘传。

三国时，魏都洛阳的文化承后汉余绪，不仅佛经翻译众多，而且魏明帝曹睿

浙江绍兴会稽山，安世高最早将佛教带到中国南方，后在此离世。

本人奉佛，曾下令大造佛寺。陈王曹植也喜欢读佛经，还模仿创作了梵文诗歌。孙权据东吴，曾拜大月氏族僧人支谦为博士，令其与韦昭一起当太子的老师。孙权的孙子孙皓即位之初曾打算废除佛教，毁坏佛寺，佛教法师康僧会于大难之际为其说法。孙皓受到感化，最终放弃了灭佛政策，自己还皈依佛教，受了菩萨戒。蜀汉虽地处西南，也有《首楞严经》和《普曜经》等佛经流传。说明佛教在三国时已经形成了全国性的宗教思潮。

　　三国时期佛教在中国传播，除了继续翻译佛经外，有两个重要事件被载入了史册。一是佛教戒律得到传习。在此之前，中国僧人只剪除头发却不受戒律约束。魏嘉平二年（公元250年），中天竺梵僧昙柯迦罗来到洛阳，主张所有出家人都必须遵守佛制接受戒律。昙柯迦罗主持翻译了《僧祇戒心》一卷，并开始传戒。此为中国佛僧有戒律受戒之始，所以后世把昙柯迦罗奉为中国律宗的始祖。

　　第二个重要事件是，东吴僧人朱士行在吴甘露五年（公元260年），从雍州（今陕西西安）出发西行求法，到于阗抄录梵本《大品般若经》等90卷60余万言，于晋太康三年（公元282年）派弟子弗如檀送回洛阳，由竺叔兰译成汉文，名《放光般若经》。朱士行是中国僧人中有记载的西行求法第一人，但他到西域后没有再回到故乡，80岁时在于阗圆寂。

　　西晋时期佛教继续弘传，史籍记载洛阳和长安两地有寺院180所，僧尼3 700余人，以至道教信众对佛教的兴盛感到不安，制造出《老子化佛经》来与佛教相抗衡。《老子化佛经》编造了一个中西结合的神话，说是当年老子西出函谷关后没有再回中国，而是到了西域和印度，以自己的学说建立起新的教义，就被印度人称做佛教。

　　佛教在东晋和十六国时期得到了空前的发展。此时期由于西晋政权崩溃，晋朝廷南迁偏安东南，北方为匈奴、鲜卑、氐、羌等少数民族建立的十六国政权所据有，佛教的传播于是形成南北两个区域的不同形态。北方佛教盛于南方，逐渐形成了全民普遍信仰的局面。南方则开始出现佛教僧团和以著名道场为中心的教派活动。

　　北方各民族区域佛教的发展，以一批著名高僧的活动造成持续不断的思想影

响为标志。首先是佛图澄在后赵的传教。佛图澄，史籍记载他为西域人，少年即出家学佛法，诵经数百万言，在西域时就已有声名。晋永嘉四年（公元310年）来到洛阳。传说佛图澄具有神通，"以麻油杂胭脂涂掌，千里外事皆彻见掌中如对面焉。"（《高僧传》卷九）

其时，后赵石勒军队占据着葛陂（今河南新蔡），专以杀戮来壮大声威，杀害了很多百姓和出家人。佛图澄独自一人拄根拐杖到石勒军前，通过信奉佛法的大将军郭黑略见到石勒并向其说法。石勒开始并不相信，问："佛道有何灵验？"佛图澄用符咒使一盆清水生出莲花，光色耀目。石勒很惊奇。佛图澄趁机劝谏他不要杀害无辜的人。石勒从此有所改变，不再嗜杀。石勒的养子石虎继位后也尊重佛图澄，并有一些开明政策治理国家。人民有感于佛图澄的教化之功，纷纷信奉佛教，大量兴建寺庙，佛教于此在中国北方地区开始盛行。佛图澄于晋永和四年（公元348年）圆寂于后赵国都邺城的宫寺中。《高僧传》说他"春秋一百一十七矣"，即在世117岁。

继佛图澄之后，道安成为中国北方（前秦）的又一位佛教重要人物。道安是佛图澄的佛学弟子，后来在长安五重寺主持讲经，并组织翻译佛典。道安在这里主持翻译的《中阿含经》、《增一阿含经》等在中国佛教史上影响巨大，道安还为所译《增一阿含经》写了序。五重寺是当时中国北方最具影响的佛教寺庙，有僧众数千人，其中包括道安的大弟子、著名高僧慧远。道安在中国佛教史上的重要地位，还在于他为僧尼制定了赴请、礼忏等行为的仪式规范，并确定了出家人以"释"为姓。这一传统至今仍为中国寺庙的僧尼所遵守。

鸠摩罗什是十六国时期（后秦）在中国北方弘扬佛教的另一位重要代表人物，他对中国佛教传播的主要贡献是翻译了大量佛经，成为当时首屈一指的佛经翻译家。

鸠摩罗什的语言天赋受到他父母的多重影响，也可以说是遗传。鸠摩罗什的父亲是天竺人，母亲是西域龟兹国公主，鸠摩罗什出生在龟兹。传说他的母亲怀孕期间"忽自通天竺语"，但生下鸠摩罗什后又把天竺语忘干净了。鸠摩罗什七岁出家，九岁在罽宾国遇大德法师槃头达多，学习佛教各部经典，又学习辩论术，在罽宾和龟兹多次与外道论师辩论，每"乘隙而

西行求法先行者朱士行取经像，杭州飞来峰石刻，建于宋朝。

挫之"，从此在西域佛教界名声大振。公元401年，后秦皇帝姚兴派军队攻打凉州，迎请鸠摩罗什来到长安，"待以国师之礼"，请入西明阁及逍遥园，提供各种便利，让他组织翻译佛经，又在长安大寺讲经。

鸠摩罗什翻译讲解大乘佛教各种经论凡三百余卷，其中《大品般若经》、《金刚经》、《维摩经》、《大智度论》等影响深远。《高僧传》记载，"于时四方义士万里毕集"，3 000多僧众都来跟从鸠摩罗什学习佛法。其中著名者包括道生、慧远、僧睿、僧肇等。鸠摩罗什对自己所翻译的佛经十分自信，曾于圆寂前向弟子发誓说："若所传无谬者，当使焚身之后舌不焦烂。"后秦弘始十一年（公元409年），鸠摩罗什病逝于长安，按天竺葬俗火化，果然如其所言，柴火烧尽后，他的遗体变成灰烬，"唯舌不灰"。后有天竺高僧来到长安，读过鸠摩罗什译本后说，他的翻译也有不太准确的地方，但错处"十不出一"，仍给予很高评价。

接着鸠摩罗什在中国北方从事佛经翻译并弘传佛教的是僧肇。

僧肇是东晋京兆人，史籍记载，他因"家贫以佣书为业"。佣书，按现在的职业划分就是为出版商当抄写工。他因抄写各种书籍而历观经史，却在读过老子《道德经》后感叹说，此书"美则美矣，然期神冥累之方，犹未尽善也"，即感到老子并没有把最幽深的道理说透。后读到《维摩经》，顿时"欢喜顶受，披寻玩味，乃言始知所归矣"，于是出家学佛。鸠摩罗什从西域到姑臧（今甘肃武威），僧肇闻讯从远处找去拜师跟从，后又随鸠摩罗什到长安帮助翻译佛经。僧肇除了翻译佛经外，还撰写了《般若无知论》、《不真空论》、《物不迁论》等阐述佛理的论文多篇，后集成《肇论》流传于世，僧肇也成为中国阐述佛教理论卓有成就的第一人。可惜僧肇只在世31年就在长安圆寂了。

与此同时，在中国南方东晋地区，以庐山的东林寺和建康的道场寺为中心展开了具有南方特征的佛教活动。

东林寺的住持是慧远。慧远俗姓贾，本为北方雁门（今山西北部）人，青年时候师从道安学法，因聪慧颖悟受到道安称赞，说："今后要使佛教在中国进一步弘扬，就看慧远这样的人啊！"后来道安因战乱不得已解散了自己的说法道场，慧远于是与弟子数十人到了南方，先后在

弥勒菩萨讲说放光般若经，凤凰山壁画。

荆州、罗浮山、浔阳等地驻留，最后到庐山龙泉寺住持讲学。其时东晋地区佛教经籍很少，律藏尤其残缺，慧远于是令弟子法净、法领等远到西域去寻找佛经，数年后弟子返回，才获得梵本进行传译。之后慧远又与北方来的高僧僧伽提婆等人重译《阿毗昙经》和《三法度论》等，还去信鸠摩罗什，请他南来弘法，并将自己撰写的《法性论》与其交流，深得鸠摩罗什赞赏。慧远还有《沙门不敬王者论》阐述佛理与世俗礼仪不同，要求权贵人物尊重佛教僧众。慧远在庐山传教，"三十余年影不出山，迹不入俗"，83岁卒于山中。

与慧远相似，佛陀跋陀罗和法显等人也在东晋都城建康建立起以道场寺为中心的佛教团体。佛陀跋陀罗是印度迦毗罗卫人，即佛祖释迦牟尼的同乡，先后在西域罽宾和葱岭以东六国游历，还到过交趾、青州等地，后到长安跟从鸠摩罗什共析法相经论，受到鸠摩罗什赞赏。佛陀跋陀罗后应慧远之请到庐山翻译《达摩多罗禅经》等，最后转到建康，在道场寺主持翻译佛经，直到71岁去世。佛陀跋陀罗弟子众多，所译13部117卷佛经在中国南方影响甚广，建康道场寺也成为当时的佛教中心之一。

东晋时代在中国佛教史上还有一个重要事件，就是兴起了以法显为代表的西行求法运动。

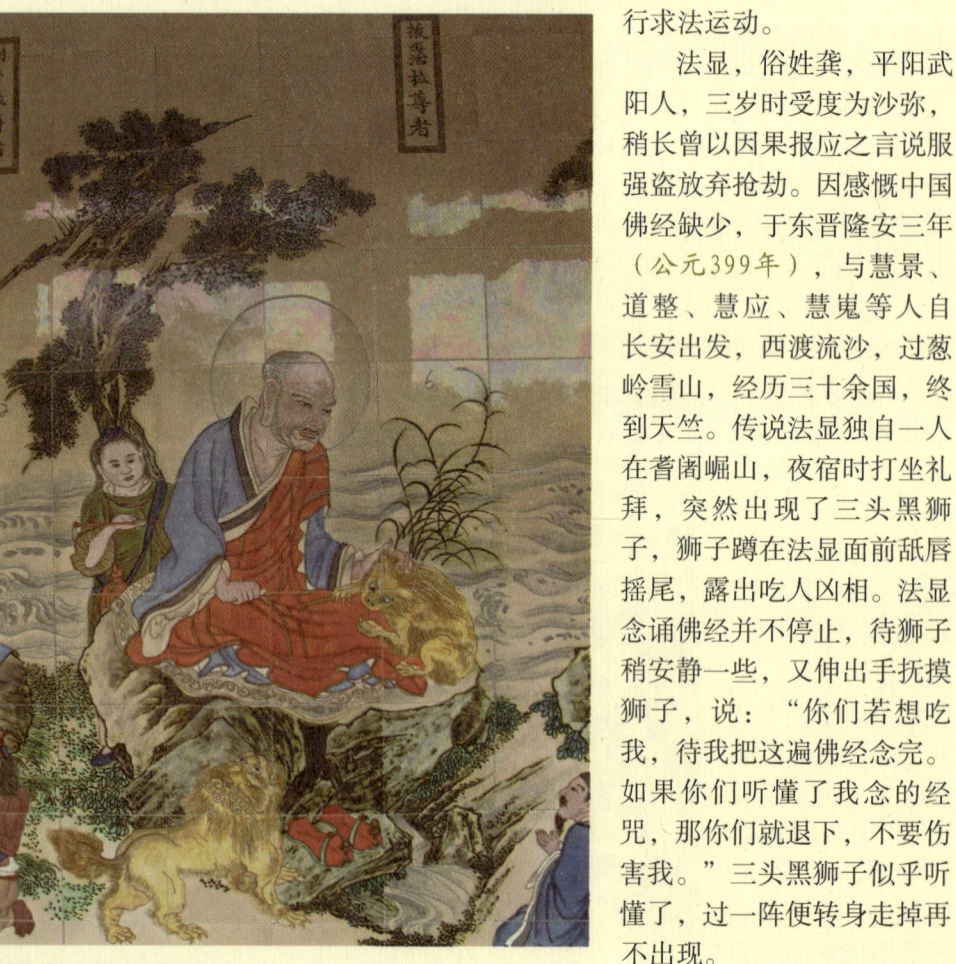

法显，俗姓龚，平阳武阳人，三岁时受度为沙弥，稍长曾以因果报应之言说服强盗放弃抢劫。因感慨中国佛经缺少，于东晋隆安三年（公元399年），与慧景、道整、慧应、慧嵬等人自长安出发，西渡流沙，过葱岭雪山，经历三十余国，终到天竺。传说法显独自一人在耆阇崛山，夜宿时打坐礼拜，突然出现了三头黑狮子，狮子蹲在法显面前舐唇摇尾，露出吃人凶相。法显念诵佛经并不停止，待狮子稍安静一些，又伸出手抚摸狮子，说："你们若想吃我，待我把这遍佛经念完。如果你们听懂了我念的经咒，那你们就退下，不要伤害我。"三头黑狮子似乎听懂了，过一阵便转身走掉再不出现。

法显在中天竺摩竭提

法显抚摸狮子图，凤凰山壁画。

邑、波连弗等地和狮子国（今斯里兰卡）获得了梵文佛经《方等般泥洹经》、《摩诃僧祇律》、《长阿含经》、《杂阿含经》等，然后从海路回国。最后来到建康道场寺，与佛陀跋陀罗一道翻译佛经，86岁时卒于荆州。法显在西域和天竺等地游历长达11年，并完成了所定目标，是西行求法又回到东土的第一位高僧，其所撰《佛游天竺记》也是中国第一部关于古代印度的地理著作。

法显之后，中国佛教造像增加了训狮的情节，杭州飞来峰造像，元代。

继法显之后，东晋和十六国时期西行求取佛法的，还有智严、宝云、智猛等人，回国后也留下翻译和著述。作为先行者，东晋僧人的西行求法运动，为后来以玄奘为代表的"西天取经"及佛教弘传打下了基础。

从"沙门义学"到大肆灭佛和云冈造佛

佛教在公元五至六世纪（420-589年）的中国南北朝时期继续传播，并在佛教中国化改造上取得极大进展，使佛教逐渐压倒道教成为中国本土最主要的宗教信仰。其标志是，不论在中国南方还是北方，都有很多皇帝成为佛教信徒并将其奉为国教。

南朝宋文帝刘义隆、孝武帝刘骏；齐武帝萧赜；梁武帝萧衍、简文帝萧纲、元帝萧绎；陈武帝陈霸先、文帝陈倩、宣帝陈顼、后主陈叔宝等人都信奉佛教，并以国家政策和法律形式提倡和弘传佛教。

史籍记载，宋孝武帝刘骏（454-464年在位）敕令建造了药王寺和新安寺，并亲到新安寺听讲。刘骏还让自己信任的僧人慧琳参与朝政，人称"黑衣宰相"。

齐武帝萧赜时代（486-493年在位）皇帝和皇室诸王都崇信佛法，皇子萧子良还自己著述讲解佛理。

梁武帝萧衍（502-549年在位）曾亲率2万僧人在宫殿里发愿崇佛，并大建佛寺。萧衍本人还四次舍身到同泰寺为寺奴，相当于现在的寺庙义工，最后由群臣以一亿万钱赎回来继续当皇帝。此举开了后世皇帝与皇室成员"舍身伺佛"的先例。

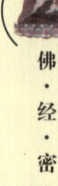

中国南北朝时期最伟大的佛教艺术遗产，山西大同云冈石窟。

陈武帝陈霸先（557-559年在位）紧接着也到大庄严寺舍身，后由群臣上表奏请还宫。其后嗣位的文帝陈倩、后主陈叔宝也有到寺庙舍身之举。由于朝廷政策提倡佛教，南朝时代全国寺院遍布，僧尼众多。最多时（梁代）有寺院2 846所，僧尼82 700余人。

南朝四代佛教兴盛还表现在中外僧人交流大增，大量佛经重新获得翻译流传。先后自天竺和西域诸国来华的佛教高僧有佛陀什、求那跋摩、求那跋陀罗、昙摩伽陀耶舍、僧伽跋陀罗、僧伽提婆、真谛等人。其来华路径也从过去的西域一线扩展到陆路和海路多条通道。中国南方的广州成为天竺佛僧海路来华的重要口岸。整个南朝四代共翻译佛教经、律、论等多达563部1 084卷，佛教经、律、论三藏各部学说的主要典籍基本齐备。

特别值得一提的是，根据《出三藏记集》记载，齐永明七年（489年），僧伽跋陀罗在广州翻译完《善见律毗婆沙》十八卷之后，在七月十五"僧自恣日"按照从前佛教律藏历代法师的传统成法，在律藏上加记一点以记载佛祖释迦牟尼涅槃的年数。按僧伽跋陀罗当年所记已有975点，即距释迦牟尼涅槃已经过去975年。以后中国历史学界就是根据这个记载，推算出了释迦牟尼生卒年为公元前566年至公元前486年。这也成为佛教学界至今所依的佛诞和佛涅槃的准确纪年。

南朝佛教开始以山门和宗师为根据形成许多"沙门义学"，这在中国佛教发展史上被认为具有里程碑一样的意义。所谓沙门义学，就是各山门根据对不同经论的理解和阐释形成了各自的学系。南朝沙门义学主要有研究阐释《杂阿毗昙心论》即毗昙学派的"毗昙师"，研究《成实论》的"成实师"，研究《中论》、《百论》、《十二门论》的"三论师"，研究《摄大乘论》的"摄论师"，研究《十诵》之学的"十诵律师"，研究《大般涅槃经》的"涅槃师"等六种。南朝时代的佛学论师已经具备了佛教学派的性质，为隋唐佛教宗派的形成发展和佛教理论的大阐扬打下了基础。

与此同时，中国北方地区在结束了十六国时期的混乱后，开始出现逐渐走向统一的趋势。与南朝四代相对应，北朝的北魏、东魏、北齐、西魏、北周等五个由北方游牧民族建立的帝国也相继形成稳定的社会生活局面，佛教获得了更大的发展。与南朝相仿，北朝五代的皇帝也与佛教结下了不解之缘。

北魏道武帝拓跋珪、孝文帝元宏、宣武帝元恪、东魏孝静帝元善见、北齐文宣帝高洋、西魏文帝元宝炬、北周明帝宇文毓等都崇信佛法，提倡佛教。

中国佛教的崛起

北魏道武帝拓跋圭（386-409年在位）从最初喜好黄老之学转向崇奉佛教之后，专门设置了一个朝廷官职——沙门统，任命僧人法果为统管佛教事宜的大臣。孝文帝元宏（拓跋氏由鲜卑族姓改从汉姓为元，471-500年在位）专为天竺僧佛陀扇多在嵩山建立了少林寺，为鸠摩罗什在长安曾经居住过的旧屋原址建了三级佛塔，并访求其后人给予朝廷供养。据史籍《释老志》和《洛阳伽蓝记》所记，孝文帝太和元年（477年），平城（今山西大同）有佛寺100所、僧尼2 000余人，全国各地有佛寺6 478所、僧尼77 258人。

北齐文宣帝高洋（550-560年在位）也设置了管理全国佛教事务的朝廷官职——大统。文宣帝晚年更喜好学佛，干脆把国家政务交给大臣，自己远至辽阳甘露寺隐居学习禅法，开创了皇帝弃政习禅的先例。

北周明帝宇文毓（557-561年在位）敕令以国库资金建立大陟岵寺和陟屺寺，每年举行大规模的斋度僧尼活动，还邀请各地名僧到宫廷讲学。

但是，北朝皇帝与佛教所结的不仅有善缘，也有恶缘。在中国佛教史上，恰恰是这个时期这个地区，两度发生了皇帝下令毁灭佛法，驱散僧尼的事件。史籍记载，公元438年（北魏太延元年），太武帝拓跋焘（424-452年在位）因为"锐志武功"，即崇奉以武力征伐求取政绩，受到道士寇谦之、司徒崔浩等人的鼓动，下令凡年在50岁以下的和尚，必须还俗服兵役。444年，拓跋焘又颁布诏令，禁止官员和百姓私养沙门，亦即取消了民众在家里供佛的自由。446年，拓跋焘发兵平息内乱，在长安一寺院查到该寺院收藏的兵器、酿酒器具以及老百姓寄存在寺内的财物。司徒崔浩认定该寺院与叛贼有勾结，上奏要求捣毁长安城的所有寺庙，杀死长安及各地所有和尚。拓跋焘批准了崔浩的奏章，下令灭佛。只因为诏令被具有佛教信仰的太子拓跋晃有意拖延执行，使得长安城内僧众闻风而逃，多数躲过了杀身之祸。但长安及各地寺庙和佛塔全部被捣毁，直到7年以后，文成帝拓跋睿继承皇位，改变太武帝的国策，明令重兴佛教，允许平民出家，各地佛寺才逐渐恢复。这次太武帝灭佛，就是中国佛教史上第一次大灾难。

公元574年，佛教在北朝遭遇到第二次沉重打击，这次下令灭佛的也是一位以"武"著称的皇帝，即北周武帝宇文邕（386-409年在位）。在此之前，宇文邕曾7次召集众臣廷议儒、道、释三教之优劣。但因他本人

云冈9号窟的精美造像真实反映了南北朝时期中国北方的社会生活场景。

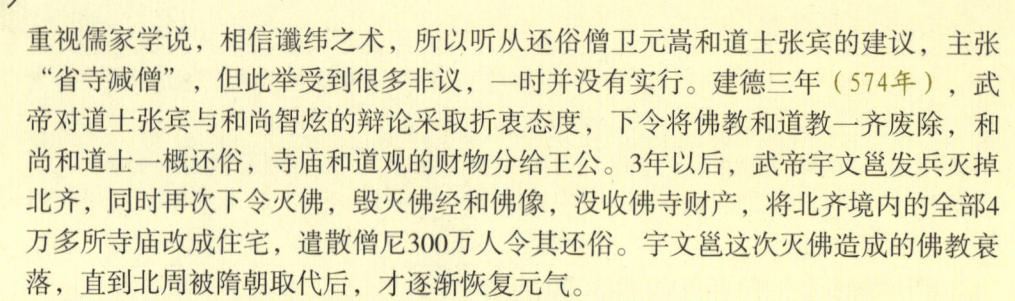

重视儒家学说，相信谶纬之术，所以听从还俗僧卫元嵩和道士张宾的建议，主张"省寺减僧"，但此举受到很多非议，一时并没有实行。建德三年（574年），武帝对道士张宾与和尚智炫的辩论采取折衷态度，下令将佛教和道教一齐废除，和尚和道士一概还俗，寺庙和道观的财物分给王公。3年以后，武帝宇文邕发兵灭掉北齐，同时再次下令灭佛，毁灭佛经和佛像，没收佛寺财产，将北齐境内的全部4万多所寺庙改成住宅，遣散僧尼300万人令其还俗。宇文邕这次灭佛造成的佛教衰落，直到北周被隋朝取代后，才逐渐恢复元气。

与南朝相似，北朝时期佛教学说也出现了宗派分化，并且比南朝分化得更多些。除了南朝已有的毗昙师、成实师、三论师、摄论师、十诵律师和涅槃师外，还出现了专门研习《十地经论》的地论师，弘传弥陀净土法门的净土师，以及以四卷《楞伽经》为其心要，阐述禅法的楞伽师等。其中楞伽师在天竺僧菩提达摩及弟子的努力下，尤其获得很大的弘扬，成为唐代禅宗的先驱。

佛教在北朝，除了对朝廷和国家的意识形态政策产生深刻影响外，还在一定程度上使普通民众的经济和社会生活发生改变。北朝各代都有大量人群进入寺院成为僧尼，有时多达数百万众，寺院经济成为国家经济的重要组成部分，以至于有时候皇室也要依赖寺院的经济支持。魏、齐两代武宗灭佛事件，在很大程度上也与寺院经济的过度扩张，致使朝廷税收不足和军队供应紧张有关。毁佛灭法与驱散僧尼的举动，实质上也有向佛教寺院掠取财产和争夺国家经济控制权的考虑。这样的故事后来还在中国历史上多次重演。

此外，从北魏时代起，一些以村庄和宗族

云冈3号窟之弥勒佛坐像，此时期佛像西域特征明显。

第20窟露天大佛成为云冈石窟的标志。

为基本单位组成的"义邑"也开始出现在民众的社会生活之中。所谓"义邑",其实是一种宗教组织,主要由僧尼和在家的佛教信徒发起组成,原本是民间百姓为村庄塑造佛像的集资行为,后来逐渐发展成修建寺庙,举行斋会、诵经、发愿、求吉利等集体性宗教仪式。这样的仪式成为地方定期的宗教活动后,便自然而然地产生了固定的组织,义邑的首领称为邑主,成员称为邑子或邑徒,义邑聘请来的讲经高僧称做邑师。

北朝佛教传播对中国文化影响最大的,还要算当时蓬勃兴起的凿石造像活动。云冈石窟和龙门石窟最先就开凿于北魏时代。文成帝拓跋濬于兴安二年(452年)应佛僧昙曜请求,派人在平城(今大同)西边的武州山开凿了五个石窟,建立了灵岩佛寺。其后献文帝拓跋弘和孝文帝元宏继续营造云冈石窟。接着又有宣武帝元恪(500-516年在位)于景明元年(500年)在洛阳以南,俯临伊河的龙门山断崖开凿石窟,以为先帝和皇太后造纪念佛像。其后孝明帝元诩(516-528年在位)也依前法为宣武帝造窟一所。北魏时代开凿龙门石窟的工程前后持续23年,动员人工80多万个。北魏时代开凿的著名佛教石窟还有甘肃麦积山和河北响堂山石窟等。这些佛教石窟,和早先于前秦建元二年(366年)即开始开凿的敦煌千佛洞石窟,都以其宏大的规模和精湛的艺术对后世产生了深远的影响。

总起来说,南北朝时期既是中国民族文化发展的一个十分辉煌的时期,也是佛教在中国传播弘扬的一个极其重要的时期。佛教思想和理论在这个时期获得了从外国原生地向中国本土转化的积极成果。此时期的佛经翻译成就卓著,主要经典有毗昙学派的《杂阿毗昙心论》,成实学派推崇的《成实论》,三论师研究的《中论》、《百论》、《十二门论》,摄论师研究的《摄大乘论》,十诵律师研究的《十诵》,涅槃师研究的《大般涅槃经》,地论师研习的《十地经论》,以及弘传弥陀净土法门的《楞伽经》等。可以说中国佛教各派选择的佛教经籍在这个时期都有翻译著作传世。

玄奘与"十大德"高僧

隋、唐二朝,佛教在中国的传播和发展达到了顶点。佛教信仰不仅得到国家政策的支持,而且深入民间,成为普通民众最主要的宗教信仰。在理论学说方面,佛教也在此时期从根本上实现了"中国化",得到了远比其发生国印度本土更清晰、更丰富的阐发。

隋朝从立国到覆亡只有短短37年时间,其社会意识形态和人民精神信仰尚未真正建立起来,但佛教承续北朝时期的原有发展势头迅速占据了社会思想的主流位置。隋文帝杨坚(581-605年在位)开国伊始就下令修复被前朝北周武帝毁掉的佛教寺院,允许人们自由出家。又颁令百姓家庭每户出钱营造佛像,刻写佛经。杨坚以此把佛教作为巩固政权的国策之一。《隋书》记载,隋文帝时代由于政府提倡,天下风从,民间刻写的佛经比儒家经典还多出无数倍。

隋文帝还仿照北齐制度,在朝廷设置了管理佛教事务的官职,称为昭玄大统、昭玄统、昭玄都、大沙门统。昭玄大统和大沙门统都具有"国师"一般的地

位。此外在地方也设了僧正、统都、沙门都等僧官职位。这些措施使佛教信仰在全国得到迅速恢复,也对社会安定起到了积极促进作用。

继承皇位的隋炀帝杨广(605-617年在位)在治国方面的能力乏善可陈,其残忍暴虐的人品也臭名昭著,但却对佛教采取宽容和提倡的政策。杨广本人好佛,曾请著名高僧、天台宗创立者智顗为其授菩萨戒。在他为皇帝期间,全国大建佛寺,广度僧尼。相传仅由杨广本人授度的僧尼就有16 000多人。

不过,隋朝对待佛教的政策前后不一,对南方和北方采取不同的标准。隋文帝杨坚曾下令将南朝都城建康的佛寺与其他宫室建筑一律烧毁荡平垦田。炀帝杨广也于大业五年(609年)下令限制僧尼数量,拆毁多余的寺院。他还下令收缴僧肇的《沙门不敬王者论》,要求所有僧尼必须向王室致敬,借以强化王权。

佛教在隋朝发展的一个标志是,在南北朝各学派论师基础上形成的佛教宗派开始成型。以智顗和吉藏为代表的天台宗、三论宗公开打出了自己的旗帜,并被佛教学界所认可。他们对佛教学理的研究也更加深入、精细,研究方法和阐说方式也各有特色,初步形成了比较完备的体系。

此外,隋代的佛僧还开始走出寺院,以参与社会生活的形式影响民众。僧人释僧渊观察到乘船渡锦江不安全,很多人落水而死,就发起并主持在江上架设飞桥。僧人法纯发愿为百姓做好事,常常脱下僧衣,换上俗服到大街小巷清除垃圾粪便,维修道路,帮助病弱者做体力活,或在寺庙里为他人洗衣服,抢着劈柴挑水等。僧人慧达自己设立了一个药房,贫苦病人需要时就为其免费提供药品。这些僧人把参与社会生活作为行持修忏的路径之一,成为佛教中国化的一个显著特征。

李唐王朝是佛教在中国传播发展史上最辉煌的时代。唐朝佛教不仅在佛经翻译和阐释方面达到佛教东传以来的一个顶点。佛教宗派在中国本土完全成型,各派阐述佛理形成百花齐放的局面。一大批学识渊博的大德高僧成为时代精神的代言者。皇室和官方也把佛教奉为国家重要的统治思想来源之一。佛教教义、戒律和仪轨等等,广泛影响到民众的精神信仰和日常生活,逐渐成为中国本土宗教民俗一部分并流传后世。

始建于公元七世纪的西安慈恩寺大雁塔,玄奘曾在此翻译佛经。

唐高祖李渊建政之初,鉴于武力夺取政权造成的社会动荡和思想混乱,急需以平和忍让的理论说教来影响民众,安定政局。而经过隋朝的提倡与弘扬,佛教已经有了很大发展,唐朝以此为基础借以统一社会思想,便成为自然而然的事。高祖武德二年(619年),李渊在京师聚集全国高僧，尊立"十大德"高僧指导一般僧尼奉教，管理主要寺院活动。

太宗李世民即位后，继续尊奉佛教，广兴佛经翻译事业，在旧战场各地建造寺院，并亲自主持度僧3 000多人。太宗借皇室权威提倡佛教，还以此影响国政和外交，促进汉地与周边地区的交往。贞观十五年（641年），太宗同意藏王松赞干布和亲的请求，令文成公主入藏，带去大量佛经、佛像，使汉地佛教深入藏地，加强了唐蕃佛教的交流互识。贞观十九年（645年），玄奘完成西行求法从印度归来，太宗为他提供极大的物质便利，让其组织翻译佛经。同时将佛教与原为李唐王朝宗教基础的道教（因老子也姓李，唐朝宗室尊奉老子为先祖并采道教学说为国家指导思想）共同奉为国教。太宗时代，佛教各学派在持续发展的基础上，最终完成了体系性质的宗派传法大统。净土、天台、三论、法相、华严、律宗、密宗、禅宗等宗派各有自己的弘法主寺和代表性高僧，并有大量论著发表。佛教学理中国化改造于此基本完成。

高宗李治和武后时代，佛教更加昌盛。高宗在当太子时就十分尊重国内高僧，曾为玄奘建造慈恩寺。即位后又把玄奘尊为国师，再为其建造玉华寺，还将玄奘请到宫中主持佛经翻译，为其提供一切便利。玄奘逝世后，高宗"为之罢朝"，并三次下诏为其安排葬仪等事，敕令"葬事所须并令官给"（《大慈恩寺三藏法师传》）。即由朝廷负责全部费用，等于给予了国葬待遇。此外，高宗还多次为全国各地重要寺庙撰写碑文和敕令，促进了佛教文化的发展。

唐代高宗朝的实际统治者和后周皇帝武则天是一位笃信佛教的皇帝，也是中国历史上唯一的女皇。武则天执政长达40余年，其间也热衷于度僧、造寺、塑像、写经，对《华严经》、《楞严经》和《金刚经》尤为崇奉。据说武则天曾在《大云经》中找到这样一段文字作为她当女皇的依据——"佛告净光天女言：汝舍是天形，即以女身当王国土，得转轮王所统领处四分之一。汝于尔时实为菩

宋朝时来华日本僧人空海，杭州灵隐寺塑像。

呼和浩特大召寺,始建于元代。

萨,为化众生,现受女身。"武则天据此把自己视为由弥勒佛授记,暂时到尘世当皇帝的女菩萨。后来,佛教学界证实,所谓《大云经》根本与佛教典籍无关,是武则天支使沙门怀义等人伪造的,目的完全在于为自己谋取皇帝名号寻求符谶支持(见中国佛教协会编《中国佛教》第一卷,知识出版社1980年版)。

但有关武则天的另一个传说则广为后世所接受,即现存世界文化遗产洛阳龙门石窟中最大的佛像——奉先寺卢舍那佛,就是依照武则天的相貌塑造的。

奉先寺石窟崖壁所刻之《大卢舍那像龛记》记载:卢舍那佛巨像为"大唐高宗天皇大帝之所建也,佛身通光,高85尺,二菩萨(迦叶、阿难)高70尺,金刚神王各高50尺"。实际建造年代约始于唐高宗永徽六年(655年,是年武则天被立为皇后),峻于高宗上元二年(675年,之前武则天已实际执政),共费时21年左右。其间武则天曾自己捐出妆奁钱二万贯赞助造像。现在人们看到的奉先寺石窟卢舍那佛像,为龙门石窟最大佛像,身高17.14米,头高4米,耳长1.9米,面目丰颐,嘴角微翘,呈微笑状,宛若一位睿智而慈祥的中年妇女,令人敬而无畏。"卢舍那"为梵语光明遍照之意,是释迦牟尼的报身佛。其在唐朝东都洛阳以这样的形象出现,也可看出当时佛教在中国皇室及民间的影响。

此外,武则天还打破太宗和高宗时代由玄奘一统译场的局面,支持包括印度和西域佛僧在内的各方僧尼广译佛经,还对华严宗、禅宗等佛教宗派在全国的发展提供了支持。

公元700年以后,由于佛教密宗传入汉地,有助于巩固皇权和社会安定,密宗导师金刚智得到唐玄宗李隆基的极大信任,佛教在此时代发展到极盛,全国寺院数量比太宗、高宗时代多出近一倍。

玄宗时代(712-756年在位)既是唐朝政治的转折点,也是中国佛教发展的转折点。安史之乱破坏了国家经济,也使佛教在中国北方受到摧残,只有禅宗在中国南方继续发展并逐渐在全国取得了主导地位。但初唐时期佛教各宗派"百花齐放、百家争鸣"的繁荣局面一去不复返。终于到唐武宗时代，发生了中国历史上又一次大规模毁灭佛教的事件。

唐武宗会昌二年（842年），武宗李炎以国家法令形式，动用军队摧毁佛教寺庙，勒令僧尼还俗。此国策执行三年，全国拆毁大寺4 600余所、小寺4万余所，还俗的僧尼26万余人，解放寺奴15万人，收回农田数千万公顷返还民间。佛教典籍大量散失，甚至湮灭。《法华经》、《华严经》等散失后无法还原，直接导致了天台、华严等佛教宗派的迅速衰落。

唐武宗灭佛的起因，固然与佛教在唐朝中后期过度发展，大兴寺院，扩充庄园，役使奴婢，占用大量农田和人力资源，造成国家税收流失，损害朝廷利益，造成寺院经济与国家经济的利益冲突有直接关系，但也与佛教与皇室争夺民心，致使朝廷权威受到损害，违背朝廷提倡的儒家意识形态有关。唐武宗在《废佛教书》里为自己的政策作出解释，说佛教"劳人力于出木之功，夺人力于金宝之饰，遗群亲于师资之际，违配偶于戒律之间。坏法害人，无愈此道！"（见《后唐书》）

对此，后代佛教学者也进行了反思，相传有后世禅师曾做诗总结："天生三武祸吾宗，释子回家塔寺空，应是昔年崇奉日，不能清俭守真风。"诗里所说的"三武"，即北魏太武帝、北周武帝、唐武宗，他们与后来五代时期的周世宗柴荣（954-959年在位）一道，都在中国佛教史上留下了毁灭佛法的记载，被称为"三武一宗灭佛"。而以唐武宗灭佛事件对佛教的打击最沉重。此后，佛教在中国宗教史上再没有取得国教的地位，更多地以佛教学理及戒律、仪轨等形式，继续对中国社会的宗教生活和风俗习惯产生影响。

隋唐时期的佛教理论建设，除了大量高水平的佛经翻译外，还有中国本土高僧的大量论著问世。新的佛经翻译以玄奘为代表，玄奘及其弟子义净、不空等在太宗、高宗两朝共译出佛经240部，1 729卷。大凡印度佛教之律典、密教、瑜伽、般若、毗昙等各部派的经籍都介绍完成，故在唐代能够将中国历代翻译的佛典编成"一切经"，作为寺院藏书。

此外，由于中国佛教各宗派在此时期完全成型，各派对自己所奉经典的解释和研究著作也有很多。天台宗有湛然专事授徒著述弘扬本宗法旨。三论宗有硕法师所著《中论疏》。法相宗有窥基的《成唯识论》和《因明入正理论》等阐发玄奘译传的佛理与主张。律宗道宣著有《四分律戒本疏》和《行事钞》等专论。华严宗智俨著有《华严经搜玄记》、《华严经孔目章》等对《华严经》进行新的诠释。尤其是禅宗对佛教禅学的中国化诠释贡献最为卓越，除了对《金刚经》、《楞伽经》等佛典进行自己的注释外，还有由法海集写的以慧能传法为中心，阐述禅宗要旨的《六祖坛经》问世，成为中国本土佛教新的经典。

"寺院经济"与佛经总汇

中国佛教在唐朝后期及五代时期因唐武宗和周世宗两次灭佛打击，一度陷入衰落之后，于宋朝又得到了一定程度的恢复。宋太祖赵匡胤（960-976年在位）建政后立即废止了前朝后周的毁佛政策，对佛教给予保护，重修寺庙，重行度僧。

大召寺之主佛殿，喇嘛教风格十分明显。

太宗赵炅（976-998年在位）即位当年即度僧17万人，又在朝廷设立译经院，恢复了自唐元和六年（811年）中断多年的佛经翻译事业，宋太宗还亲自为新翻译的佛经写成《新译三藏圣教序》。

宋徽宗（1101-1126年在位）因笃信道教，对佛教采取同化政策，一度下令将佛教与道教合并，佛寺改名为道观，佛教僧尼改服道袍。但这一明显荒谬的政策执行起来难度太大，不久就停止了，佛教很快恢复了原貌。

南宋诸朝对佛教的政策与北宋时期没有太多改变，既容许发展又给予一定限制。佛教与道教都处于国家主流意识形态儒家文化的附属和补充地位。这也导致了佛教在宋代出现由外放到内向的转变，僧尼多注重自我修持，少干预社会事务。由此也形成净土宗和禅宗的兴盛，而其他佛教宗派则持续走向衰落。

宋朝经济繁荣发展，印刷技术提高，尤其是活字印刷术的发明，使佛教经籍的传播更加方便，对民间信仰和社会文化的影响更大。许多佛经故事以话本和戏剧形式流传。同时，随着中外文化交流的加深，佛教也加快了向周边国家传播的势头。元丰年间（1078-1086年）有高丽僧义天来华，入汴京觉严寺和杭州祥符寺，从有严法师、净源法师等学习佛教经论，然后携带3 000经卷返回高丽，弘扬华严宗和天台宗的教义。日本也有僧人寂昭、成寻、觉阿、空海等到天台山、五台山、灵隐寺等地学佛后归国弘扬禅宗。宋僧兰溪道隆还循唐代高僧鉴真足迹，东渡日本传授禅法。

元朝时期，中国的佛教因为蒙古统治者为草原民族，本来受西域地区和藏传佛教影响，故致喇嘛教盛行。唐宋以来活跃的原中国本土佛教宗派进一步式微。此时期佛教便形成新的特点。

元世祖忽必烈（1260-1295年在位）邀请西藏名僧帕思巴入朝，奉为帝师，专设总制院掌管全国佛教事务，后又相继改为功德司、宣政院、广教总管府。此后元朝各代皇帝即位，均事先从帝师受戒，象征君权神授。帝师举行法会、修建寺庙、雕刻经版等，均由朝廷提供所需费用。元朝皇帝还为帝师和其他喇嘛僧拨给寺庙田地以充供养。

由于朝廷信奉和提倡佛教，元朝时期全国寺院广布，僧尼众多，据世祖至元二十八年（1291年）统计，全国有寺院24 000多所，僧尼21万多人。京城大都（今北京）内外建立的寺庙仁王寺、万安寺、殊林寺、翔集寺、觉海寺、弘法寺、元忠国寺、寿安山佛寺等都是著名的大寺。同时，元朝佛教寺庙拥有大量土地，还允许从事工商业经营。许多佛僧成为开煤矿、铁矿、银矿的老板。以至于五台山灵鹫寺还在寺内专门设置了铁冶提举司，负责经营管理铁矿开采活动（见

《元史·仁宗纪》）。寺院经济畸形发展，使得朝廷不得不于后期颁令，所有寺庙经营的工商服务业必须照章纳税。

元朝佛教以喇嘛教为最弘盛，首任帝师帕思巴（生卒年1239-1280）为著名佛教人物，曾于1269年受命为蒙古族制造文字，进号大法宝王并为太子师。除了讲经外，他还以口授方式著有《根本说一切有部出家授近圆羯磨仪轨》经论一卷。其弟子胆巴、沙巴罗、达益巴、迦鲁纳答思等都是成就很高的名僧，胆巴和达益巴还继为帝师。

元朝除了喇嘛教派盛行外，原有汉地佛教宗派唯一得到发展的是禅宗，此期间也出现了一批宗师，如北系禅宗的海云印简、刘秉忠，南系禅宗的雪岩祖钦、高峰原妙、元叟行端等。海云印简、刘秉忠曾为元世祖忽必烈讲经说法，受到朝廷器重。刘秉忠还随从忽必烈行军，参与决定军政大事，并为其登基起草朝仪和官制典章，实际成为元朝一代政治制度的设计师。雪岩祖钦著有《雪岩祖钦禅师语录》，阐述佛教与儒家思想相一致之处。高峰原妙、元叟行端也有语录行世，为禅宗的理论发展作出了贡献。

明朝建立伊始，立即纠正了喇嘛教干预国政和寺院经济畸形发展的弊端，支持原有汉地佛教各宗派发展，喇嘛教由此在中国内地逐渐衰落。但明朝政府对喇嘛僧，尤其是有影响的高僧仍给以礼遇。明太祖朱元璋（1368-1399年在位）对前元帝师喃迦巴藏和帕思巴后代藏巴藏卜尊以帝师之号。明成祖朱棣（1403-1425年在位）对西藏宗喀巴大师尊以大慈法王之号。明神宗朱翊钧（1573-1620年在位）于万历十六年（1588年）派人迎奉三世达赖喇嘛索南嘉措来北京，因索南嘉措在内蒙逝世而未成。

汉地佛教禅宗、净土宗和律宗、天台宗等在明朝得到恢复发展。明太祖朱元璋（1368-1399年在位）早年曾出家当过和尚，即位后便在南京天界寺设立善世院，任命佛僧慧昙管理全国佛教事务。同时将全国主要佛寺住持的任免权收归朝廷，对僧人规定每三年一次通过考试发给度牒，通不过佛教经籍考试的僧尼便被淘汰，实际以此对寺院事务进行整顿。

与此同时，佛教却在民间获得了大发展，许多在家居士对佛教的研究形成风气，一批文人学士如宋濂、李贽、袁宏道等都有佛学著述传世。其中宋濂撰写的39篇高僧塔铭《护法录》是佛教史传的重要资料。而李贽所著《文字禅》、《华严合论简要》、袁宏道所著宣

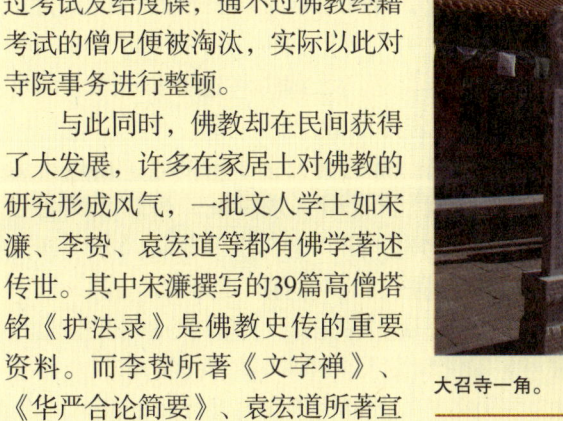

大召寺一角。

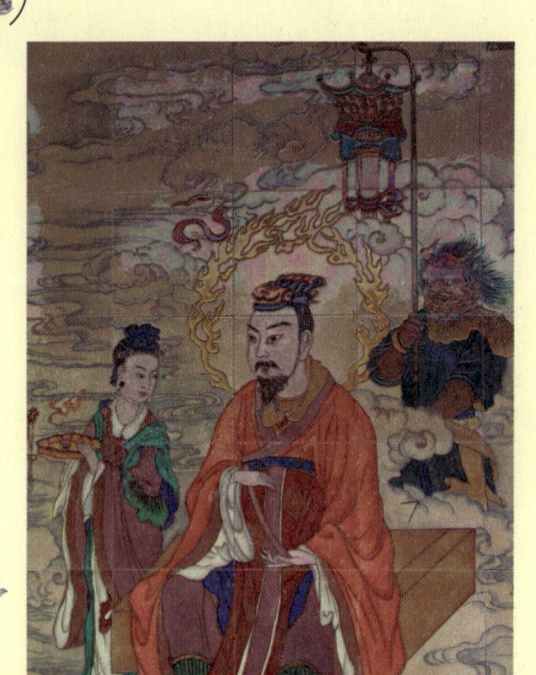

明清时期绘画中的佛教人物完全中国化了，凤凰山壁画。

扬净土法门的《西方合论》等，则是重要的佛学论著。

明朝时期佛教还充任了国家重要的外交使命，不少高僧奉命出使印度、僧伽罗（今斯里兰卡）、日本和西域等国，成为和平外交使者。洪武三年（1370年），慧昙为朱元璋使节率团出访僧伽罗国，在该国逝世未返。建文、洪武年间，禅僧祖阐、天台僧克勤、道彝、一庵等赴日本赠书讲学，受到礼遇。洪武十七年（1384年），佛僧智光出使尼泊尔，带回以前在中国没有出现过的《仁王护国经》和《大白伞盖经》等佛经翻译印行，填补了一项空白。

清朝对待佛教的政策与明朝相似，朝廷设有僧录司，僧官由礼部考核选拔，吏部委任。地方也有僧官。清朝对佛教寺庙和僧尼数量也实行与明朝相同的总量控制政策，由官方授给度牒，不许私度僧尼，以限制其过度扩张。

清朝佛教有满蒙藏系之喇嘛教与汉地佛教的分别。满族统治者最初接触的是喇嘛教。顺治九年（1652年），清世祖福临邀请西藏达赖五世进京接受册封，喇嘛教之仪轨更受到满族上层普遍接受。但顺治帝同时又喜好参禅，曾先后召京师憨璞性聪、杭州玉林通秀等法师登殿讲法，并尊玉林通秀为国师。圣祖康熙帝玄烨出京巡视期间，喜欢住在各地著名寺院，并为佛寺撰写碑文。世宗雍正帝也喜好禅学，常与禅师往来，并自号圆明居士，还把古代著名禅师的语录编辑成《御选语录》十九卷印行。其后各代皇帝及满清贵族愈加崇尚国学，汉地佛教逐渐超过喇嘛教，成为清朝一代主要的宗教信仰形式。

道光以后，随着清朝国势衰落，社会动乱，外来宗教渐行，佛教再振乏力，逐渐走向衰退。佛僧很难再参与国政，转而致力于佛经的校勘出版，却也有助于佛教的传播。各宗派的说法高僧圆寂后，常有弟子门人编辑其论著和语录刊印传扬，后来几成惯例。因此清朝一代佛教宗师论著较多。

此外，清朝一代的知识分子，无论在朝在野都有研究佛学的爱好，由居士弘传佛学渐成社会风气。清中期以后著名的佛教学者即有钱伊庵、裕恩、沈善登等，他们分别有禅学著作《宗范》、密宗学论著《药师七佛供养仪轨经》、净土学著作《报恩论》等行世，对近代佛教的弘传和民间信仰有一定影响。

清朝一代也是佛教翻译和论著的总结性时期。《龙藏》、《大清三藏圣教目录》、《西藏大藏经》、《蒙文大藏经》和《满文大藏经》等集大成的佛教典籍总汇，于康熙至乾隆时期相继完成，成为中国乃至世界极为珍贵的佛教文化遗产。

佛教的流派

佛教自传入中国后，随着不断发展，出现了很多的派别，成为影响世界的『中国佛教』。每一学派都有哪些代表人物，都有哪些主要的著述及其贡献呢？

一切众生皆有佛性，如来常住无有变易。

——《大般涅槃经》

"中国佛教"的兴起

佛教早在释迦牟尼涅槃后不久，就因其弟子们对其教义的不同理解而开始有大众部与上座部之分。公元一世纪前后，佛教大乘空宗（后来又出现大乘有宗一派）产生，而把从前只认释迦牟尼佛为唯一降世教主，不承认有另外的佛，主张通过自我修持达到个人超脱生死轮回，取得阿罗汉果的原始佛教称为小乘佛教。

大乘佛教认为，过去、现在、未来三世都有无数佛（觉悟者或世界终极真理领悟者）同时存在，释迦牟尼则是众佛中的一个。佛教信众通过修持菩萨行，不仅可以达到阿罗汉果，也可以达到菩萨果和佛果，即"众生皆可成佛"。而且大乘佛教还主张，学习佛法的目的不仅是为自己证悟成佛，更重要的是要有一颗大慈悲心，普度众生。释迦牟尼的立教传教实践本身就是榜样。他29岁出家，35岁悟道，之后则终身为大众讲说佛理，让无以数计的人领悟了佛理的真谛，从而解脱了人生苦难。大乘佛教把成佛救世，使众生能够安然渡过世间苦海，到达佛国净土视为宗教的根本目标，所以称为大乘。"乘"是梵文渡舟的意译（音译为"衍那"），比喻佛法能像过河船一样乘载众生由此岸到达彼岸。

佛教在公元一世纪传入中国后，很快也有大乘和小乘的分别，主要以不同的翻译经典作区分。小乘佛教的主要经典是"长、中、杂、增一"《阿含经》，大乘佛教则奉《华严经》、《法华经》、《般若经》、《涅槃经》及《大智度论》、《中论》、《瑜伽师地论》、《唯识三十论》等为主要经典。魏晋南北朝以后，中国的佛教基本上以大乘佛教为主，并且有创造性的发展，形成众多学派，出现无以数计的大师和宗师（如按大乘佛教的理解，也可称做菩萨或佛），也有大量佛学论著问世，使其逐渐成为影响世界，首先是东亚各国的"中国佛教"。

东晋时期的佛教义学以大乘空宗的般若性空学为中心，从事《般若经》翻译和研究的有五六十人之多，佛教学者经常举行诵读会、辩经会等，又以《大般若经》和《小品般若经》、《放光般若经》等进行对比研究，又因对于般若性空的解释，产生不同的说法，当时即有"六家七宗"之分。

南北朝时期的佛经翻译研究成果更加丰富，形成众多沙门义学，分别以研究和弘传经典的不同而形成自己的学系，具备了宗派的雏形。每个学系的顶级专家称为学师。南北朝时期主要有毗昙师、俱舍师、成实师、摄论师、十诵律师、涅槃师、地论师、楞伽师等等。

毗昙学与毗昙师

阿毗昙简译毗昙，是个梵文音译词，意译为大法，换成现代语言就是经典言论的意思。毗昙学就是解说和论证佛经义理的一种体裁，启发人们获得佛教智慧。例如对于现实存在的一切现象，人究竟有没有可能去把握和理解。佛教空宗的结论是否定的。他们认为，以人认识事物的有限性，不可能真正理解任何一种本性为空或无的现象，更不用说把握了。而毗昙学派则通过对佛教名词（名相）的穷根究底的解释，来证明还是有可能的。

《阿毗昙心论·界品》有这样一首偈颂："诸法离他性，各自住己性，故说一切法，自性之所摄。"意思是说，一切现象分析到最后，就再也不能分了。于是，去掉了各种并不实在的他性，剩下的只有自性。这个自性就是事物的本质，它是决定事物特征和发展规律的根据。因为毗昙师肯定事物有这个"自性"，所以毗昙学派又被称做崇有派或佛教有宗。

南朝梁代的毗昙学派以都城建康（今南京）招提寺为中心。该寺住持

南北朝时期的释迦牟尼佛像追求高大宏伟的效果，云冈石窟第5窟坐像高达17米。

慧集是南朝最著名的毗昙学家。

慧集俗姓钱，18岁出家，先在吴地会稽乐林山寺随慧基法师受业。青年时期的慧集，性情愨实，言语无华，但学业勤恳，经常是"昏晓未尝懈息"，即喜欢起早贪黑地研读佛经。后来慧集到建康招提寺留住研究佛学，还曾游历京师以外各地遍访高僧，接触各家学说。因为"融冶异说"，慧集在"三藏方等并皆综达，以相辩校"的基础上，对《大毗婆沙论》及《杂心论》、《犍度论》等有更加深刻的理解。这样下足了功夫之后，慧集终于在建康招提寺对信众开讲他所理解的佛教毗昙学说。史书记载，慧集的讲解是，"擅步当时，凡硕难坚疑并为披释，海内学宾无不毕至，每一开讲负帙千人。"（《高僧传》卷八）

意思是说，对当时佛教界普遍认为学理艰深并不好讲解的毗昙学，慧集法师已经按照自己的理解做出了令人信服的解释。每次讲座都有上千人前来听讲，包括远道而来的海内学宾，包括僧旻、法云等当时的名僧也"执卷请益"。甚至连皇帝也"深相赏接"，专门请到宫中求教。慧集活到60岁时病故，留下了十余万言的《毗昙大义疏》等重要论著。可惜后来也散佚了。

慧集以后，毗昙学即告衰落，毗昙学者转而研究俱舍学，成为俱舍师。故佛教毗昙学只在中国南北朝时期短暂流行。但毗昙师对佛教义学的贡献却不容抹煞，《毗昙》论对佛教基本概念的解释，及其对"名相"的解析，帮助高深的佛理从庙堂走入民间，让普通信众理解，也起到了不可替代的作用。

云冈16窟释迦牟尼立像，高13.5米，着褒衣博带式服装，反映了北魏太和改制后的服饰风格。

俱舍论与俱舍师

俱舍师因研究《俱舍论》而得名。《俱舍论》全称为《阿毗达摩俱舍论》，是公元五世纪中叶由北天竺佛教学者世亲创作的一部诠释释迦牟尼宗教思想的重要论著，属于印度部派佛教时代的经典之一。俱舍是梵文音译，意为藏有、持有。

《俱舍论》以《杂心论》为基础，其中心内容是讲释迦牟尼创教时的佛教基本教义——四谛、八正道。《俱舍论》是一部由小乘趋向大乘的论典，在古代印度佛教学界具有很高的地位，研究弘传《俱舍论》的学者被称为俱舍师。

《俱舍论》传到中国后也引起高度重视，各代都有高僧翻译该论著并作注疏，如南朝陈代的真谛及其后学弟子慧恺、道岳等。慧恺和道岳本来都是毗昙学者，受

云冈6号窟规模宏大的石刻造像多侧面描述了释迦牟尼生平故事。

真谛的影响转向俱舍学，是南北朝佛教毗昙学向俱舍学转向的代表性人物。但俱舍学在中国的开宗学者仍首推真谛。

真谛，本名拘那罗陀，西天竺优禅尼国人，于梁武帝太清二年（548年）到达建康，受到武帝器重，在宝云殿受供养，翻译佛经至梁末。到陈武帝和文帝年间，在扬都建元寺继续翻译《摄大乘论》。至陈文帝天嘉三年（562年）到广州，住制旨寺，与慧恺等人一齐翻译《广义法门经》及《唯识论》等并传讲经论。相传真谛在与众人讲经论道时，"神思幽通"，往往以分身术让自己的真身离开，把坐具铺开变成渡舟，浮过海面到达彼岸天国，听佛祖释迦牟尼讲法。回来时便以释迦牟尼所讲经义与众人论道，而身下的坐具一点不见被水沾湿的痕迹。有时他又乘一片荷叶浮在水面上渡过，往返天国人间。

这个传说载于《续高僧传》第一卷。《续高僧传》是唐朝道宣所撰。道宣曾与玄奘一起翻译佛经。而玄奘从印度带回来的《瑜伽师地论》也有一个类似的故事：无著菩萨撰写《瑜伽师地论》的时候，也经常分身，上到兜率天宫听弥勒菩萨讲法，回来后再对弟子和信众复述出来。印度和中国的两个版本都是为了强调同一个主张，即现实中的高深佛法来自于天，与宇宙的根本规律相一致。

真谛所讲解的俱舍论深受当时佛教学界的欢迎。他在陈天嘉五年（564年）对《俱舍论》的讲解，由弟子慧恺记录成《义疏》53卷、论文22卷、偈颂1卷。在天嘉七年至光大元年（566-567年）的讲论，再由弟子慧恺记录成《阿毗达摩俱舍释论》22卷，后者留传至今。

真谛于陈太建元年（569年）在广州圆寂，在世71年。真谛从梁武帝后期至陈宣帝即位，23年间共译出经论记传64部278卷，著作论书共100卷，对佛教俱舍学做出了卓越贡献。

中国俱舍学的中心教义是阐明一切色（物质）、心（精神）诸法（现象）都依凭因缘而生；诸法虽然实有，但既有生则有灭；生有原因，灭是必然。因此凡

夫俗子对世间万相的执著，尤其是对"我"的执著，就是愚昧和痴妄，应该破除。俱舍学在法有我无的基础上，进而建立起"有漏、无漏"两重因果论。有漏因果即世间因果，无漏因果则是出世间因果。前者由各种世间烦恼而生，后者则指通过修出世缘收获取得真理的智慧，进而脱离凡世的系累，达到阿罗汉境界。

俱舍学到唐代玄奘以后没有继续传承，也没有来得及建立起自己的宗派，便被净土、天台、法相等宗派分散了学流。俱舍师也在唐代成了一个历史名词。

成实学与成实师

成实学是因研习佛教《成实论》而兴起的佛教义学之一。其学者则被称为成实师。成实学派所弘传的《成实论》，是公元4世纪时由中印度学者诃梨跋摩撰写的一部佛教论著。最初由鸠摩罗什于北朝后秦弘始14年（412年）译成汉语，由其弟子昙晷、昙影笔受整理成20卷论书。

《成实论》通过讲解佛教概念的方式阐述佛理。其中心内容即是讲解释迦牟尼的"四谛"说，分别对苦谛、集谛、灭谛、道谛进行抽丝剥茧似的分析讲解。《成实论》全书概念明确、结构严谨、层次分明，对四谛说的讲解深入浅出，故而受到佛教学界和信众的欢迎，尤其在中国南北朝时期成为佛教显学。

成实论的"实"，指四谛的真实道理；"成"指立说。因此，成实就是指四谛说之所以成立的道理。四谛说本来由佛祖释迦牟尼讲解，但因后世学派分殊，各家理解与讲说难以统一，造成很多歧见。成实学派便自动站出来重新解说，以期回到释迦牟尼的本意。

例如《成实论》解说"集谛"，认为人生诸苦的根本原因是业，"诸所生法，皆以业为本；若无业本，云何能生？"而要消除诸业，最根本的是"灭三心"，即要灭除假名心、实法心、空心等。灭除了"三心"，就能使一切苦永得解脱，这就是"灭谛"。

成实学派在南北朝时期分为南系和北系两大学系，分别以僧导和僧嵩为开创者。

僧导，南朝宋代京兆人，10岁出家，少年聪慧，勤奋好学，没有灯烛"常采薪自照"，

云冈19窟释迦坐像，高16.8米，为云冈石窟第二大佛。面相方圆，两耳垂肩，衣着袒右肩袈裟，边饰环状条纹，保留了天竺僧服饰风格。

参加释迦说法大会的众菩萨，他们实际上是传世佛经的直接创作者，中国清代绘画，广东凤凰山壁画摹写。

很早就读通了《观音经》和《法华经》。到18岁时已经博览众经，气质俱佳而令其他僧人惊奇。相传有一次，当时的名僧僧睿问他，对于学习和弘扬佛法有什么期待。僧导回答说："且愿为法师作都讲。"意思是希望能达到为僧睿这样的著名学者讲堂课的水平。僧睿很欣赏他的学识和抱负，对他说："你完全能够为万人当老师，岂止为我讲堂课呢。"

僧导研习《成实论》是以鸠摩罗什为师开始的。当时鸠摩罗什在长安译出《成实论》，僧导即参与讨论。后来，他通过旁征其他典籍，写出《成实三论义疏》和《空有二谛论》，受到学界推崇。南朝宋高祖（孝武帝刘裕）西伐长安，慕名与僧导相见，又让儿子刘义真拜他为师。刘义真后来被赫连勃勃的军队追杀，僧导率弟子数百人站立路中阻拦追兵，竟使敌方放弃了追赶。史书记载说，"群寇骇其神气，遂回锋而反"。僧导因此受到南朝宋皇室格外尊重，被邀请到寿春（今安徽寿县）东山寺和京师中兴寺住持弘法，孝武帝还亲自到堂听讲并数次"哽咽良久"。僧导于96岁在寿春石涧圆寂。僧导所传学派称为寿春系，学系弟子在齐、梁、陈各代均称为成实师。

北系成实学由彭城（今徐州）人僧嵩领衔传承，佛教史上称为彭城系。僧嵩也是鸠摩罗什的学生。据《魏书》记载，僧嵩对《成实论》的研究讲解曾影响了一大批人，北魏孝文帝也受其影响研读《成实论》。传说僧嵩对成实学的弘传态度近于固执，还对成实学以外的学说进行攻击。如他批评毗昙师和涅槃师推崇的经典有误，说佛不应常住于世，结果导致他临终之日舌根先烂（见《高僧传》卷

七）。说明当时各派学者互相攻击，似乎是一种常见现象。

自南北朝僧导和僧渊以后，成实师很多转向地论学与涅槃学的研究，隋朝以后，吉藏的判教又把成实师判定为小乘佛教之学，成实学便愈加走向式微，成实师也逐渐消失，终未形成自己的宗派。

地论学与地论师

地论学是以研究、弘传《十地经论》而得名的一个佛教学派，中国南北朝时期的地论学者通称为地论师。

《十地经论》是印度佛教瑜伽学系的重要典籍。公元五世纪时由世亲撰写，以弘扬释迦牟尼《十地经》中的大乘教义。主要内容是对《十地经》中提出的"三界虚妄，但是一心作"的佛性论命题进行发挥，讲信徒在修行达到菩萨境界后，如何继续修行达到"佛境"的十个阶段，从而巩固瑜伽学说的理论基础。

佛教地论学在中国兴起，主要是在南北朝时期的中国北方。《十地经论》于公元508年（北魏永平元年）由勒那摩提、菩提流支两人合作，在洛阳译成，共12卷。相传在翻译过程中，勒那摩提和菩提流支因见解不同发生争执，结果由宣武帝裁定，二人分别率众翻译，朝廷派禁军守卫，相互不得交流。译毕校勘，发现两种译本只有一字之差，宣武帝大为惊奇，于是仍归于一本流行。但勒那摩提与菩提流支对地论的解说却发生了分歧。两人分别有自己的嫡传弟子，那时从洛阳到相州有南北两条道路，两派弟子各自在

参加释迦说法会的众菩萨，凤凰山壁画。

道路两边居住、传法，于是形成了南北两系。

地论师北道系宗师菩提流支，汉名道希，北天竺人。菩提流支于北魏永平初年来到洛阳，受宣武帝器重，住在永宁寺接受供养。到东魏时代，菩提流支迁住邺都，前后20余年，共翻译佛经39部127卷，当时即被称为"三藏法师"，后来的玄奘也承袭其名。

相传菩提流支不仅会多国语言，而且"兼工咒术"。遇到想喝水、洗澡而弟子恰又不在时，他就拿一根柳枝插到井里，念诵密咒，不一会儿泉水就涌出井栏，满足一切需要。寺里僧众知道后都很惊异，认为他一定是个大圣人。但菩提流支却对众人说："这只不过是一种法术而已，不必惊奇，更不能把这种雕虫小技看得很神圣，那就会惑乱心性，欺惘世人了，所以我从来都对此秘而不宣。"（《续高僧传》卷一）由此可见，菩提流支对佛教经义有很深的理解。

菩提流支弟子中弘传地论学最有成就的当数道宠。道宠，俗名张宾，青壮年时师从北魏大儒任安，很快即通儒学，有从学弟子一千余人。有一次张宾与弟子外出，走到赵州堰角寺，即进寺讨水喝。一个和尚拿瓢盛水给他时，问他"具几尘方可饮之"。和尚用的是佛学术语，张宾因为从来不涉佛学，一时竟无言以对。和尚看不起他，拿起水瓢向他迎面泼来。张宾当时十分难堪，冷静下来后却对弟子说："我的难堪并不是因为和尚浇水羞辱了我，是因为我对佛法根本不了解，这怎么行呢！从今天起我要学习佛教，你们各自散了自寻出路吧。"当天张宾就出家当了和尚，受法名为道宠。道宠后来追随菩提流支，学《十地经论》，并自己作疏，为众人讲解，成为邺都著名的地论师。

地论师南道系宗师勒那摩提，汉名宝意，中天竺人，于永平元年（508年）到洛阳翻译《十地经论》，后一直在魏境弘法，在民间和朝廷都享有很高声誉，皇帝也多次听他讲解经论。相传勒那摩提除了精通地论学外，还善讲《华严经》，其讲解的经论甚至打动了"天神"。某天，勒那摩提正在寺里高座讲经，忽见一个手持笏片的天庭官员降临，对众人说，他奉天帝之命前来，迎请法师上天去讲《华严经》。勒那摩提说，现在他正讲着此经，不能停止，必须把这番经文讲完了再走。因为那时候大德高僧讲经都有一套程序，讲坛有一班合作者，所以勒那摩提又向天帝使者提出要求说，天帝也应该把我的讲坛合作者一并请去，这样讲经才完整。使者答应了条件，等到讲经完毕，再次现身以天帝之命相请。勒那摩提"乃含笑熙怡告众辞诀，奄然卒于法座"。与他一道讲经的僧人也同时圆寂升天。（见《续高僧传》卷一）

涅槃学和摄论学在北方兴起后，地论学派逐渐被取代，无论南道还是北道地论师终未形成自己的宗派，最后趋于断绝。

摄论学与摄论师

摄论学源于印度大乘佛教瑜伽行派尊奉的《摄大乘论》，研究该经论的学者即称为摄论师。

《摄大乘论》于公元四世纪由中天竺佛教学者无著大师造论，世亲为其作注

摩利支菩萨，凤凰山壁画。

释。《摄大乘论》的主要主张是：以众生所具有的十种胜相（也叫识，或种子）为依据，分析第八"阿赖耶识"是不真实不纯净的妄识，为一切法（因执著而负累的诸现象）之所依。但在此妄识中又藏有一分真实纯净之识，可以分立出来成为第九"阿摩罗识"，即没有被污染的"无垢识"。无垢识是一种真如佛性，修行的人如果能够认识到"妄识"中藏有的这个"无垢识"并使其继续发展，从而克服妄识对真如佛性的遮蔽，就可以获得觉悟成佛。大乘佛教认为，释迦牟尼说过，一切众生皆有佛性。因此众生修习大乘佛法的根本途径，就是把隐藏着的佛性发扬出来。所谓摄，就是做这个修持、寻找和发扬的工夫。这既是修习佛法的出发点，也是其归宿。

《摄大乘论》传到中国曾先后被翻译过3次，形成不同的汉译本。第一个是北魏佛陀扇多译本，第二个是南朝陈真谛的译本，第三个是唐代玄奘的译本。因为佛陀扇多只翻译了无著所著本论，而没有把世亲的释论一并译出，故而在南北朝时期主要流行的是真谛的译本。因此一般也把真谛称为中国摄论师第一人。但真谛并不专究摄论学，而更专注于俱舍学的研究，是著名的俱舍师。对摄论学的弘传最得力的是真谛的弟子慧恺。

慧恺，亦名智恺，俗姓曹，住建业（今南京）阿育王寺。南朝陈天嘉年间（560-565年），慧恺到广州跟从真谛学习佛法。真谛译《摄大乘论》和《俱舍论》，均由慧恺笔录。慧恺尤其对《摄大乘论》的钻研十分用功，专门撰写了《摄论疏》25卷，并亲自进行讲解，传于后学。

摄论学在北方的弘传还有昙迁一系。昙迁撰有《摄论疏》十卷流传后世。昙迁之后，摄论师逐渐衰微。到唐代玄奘学派兴起，摄论学派终于绝传。玄奘代表的法相宗理论体系与《摄大乘论》都出自无著、世亲之学。因为玄奘的理论成果更加丰硕，致使摄论师的学术地位不再显著，摄论师终于走向了寂寞。

涅槃学与涅槃师

涅槃学也是兴起于中国南北朝时期的佛教诸学术之一，主要以研习、弘传《大般涅槃经》为根据。佛教涅槃学者被称为涅槃师。

《大般涅槃经》在中国很早就有翻译。东晋高僧法显在中印度华氏城抄得初分的梵本，回国后于晋安帝义熙十三年（417年）在建康（今南京）道场寺和佛陀跋陀罗共同译出，题为《大般泥洹经》六卷，世称"六卷泥洹"（泥洹是涅槃的早期音译）。同时，中印度昙无谶于义熙十年（414年），在北凉译出自己带来的《大涅槃经》初分十卷，继又传译在于阗寻得的中分、后分，到南朝宋永初二年（421年）完成全部翻译，前后共成40卷13品，世称"大本涅槃"。北凉译本传到江南后，宋文帝令名僧慧严、慧观及文学家谢灵运等参照"六卷泥洹"删订为36卷25品，世称"南本涅槃"。

《大般涅槃经》诸版本的流传过程曾经出现过一段公案。最先流传的"六卷泥洹"里有这样的经句："一切众生，皆有佛性。"但经中另一处又说："除一阐提，皆有佛性。"即把"一阐提"排除在外，认为这类人天生是不具备佛性的。

一阐提，是佛教名词的梵文音译，全译是一阐提迦，也可简译为阐提。意思是指没有信仰，断了佛根的人。鸠摩罗什的弟子、彭城人竺道生在建康读到这两段，便提出疑问说：没有信仰的人也是众生之一，既然一切众生皆有佛性，佛祖怎么可能唯独把这类人排除在外呢？道生认为翻译有错误。一些僧众认为道生的说法大逆不道，污辱了佛经，要革除他的僧籍。道生无法与众僧说理，便离开原来的寺庙，到吴中虎丘山龙光寺住下，聚石为徒，向石头讲解《涅槃经》。当他讲到"一阐提人皆有佛性"时，奇迹出现了，只见所有的石头都向他点起头来。（《佛祖统纪》卷二十六）

第二年"大本涅槃"传到建康，经中果然说"一阐提人皆有佛性"，和道生的说法相符，众人才服了。道生也异常欢喜，不久就在庐山精舍讲说此经。道生于是成为中国南方最初的涅槃师。此后，道生又根据《大般涅槃经》的要义，创立了"善不受报"、"顿悟成佛"之说。此说与慧观主张的"渐悟成佛"说并称。慧观也是鸠摩罗什的弟子，后来与道生并为涅槃师中两大学系。

因为有了这段公案，《大般涅槃经》关于"一切众生皆有佛性，如来常住无有变易"的教义深入人心，成为人们理解该经的一把钥匙。后来学者一般也把这段话当做《大般涅槃经》的中心教义。

南北朝时期还有众多涅槃师致力于研究涅槃学。隋统一后，把当时的佛教义学立为"五众"，给予五家佛教显学以特殊的地位。涅槃学居五众的第一位。唐代以后，新

维摩诘菩萨，凤凰山壁画。

兴的天台宗、三论宗和法相宗等在佛学界崛起，原先的涅槃学和涅槃师没有形成自己的宗派，逐渐退出了历史舞台。

楞伽学与楞伽师

顾名思义，所谓楞伽学即是以研习和弘传《楞伽经》而形成的一派佛教义学。在南北朝时期，人们即把楞伽学者称做楞伽师。在中国佛教发展史上，楞伽师属于后来成为中国影响最广的禅宗一派，或者叫做禅宗的前驱者。从菩提达摩开始，禅宗就形成了衣钵相传，代代承续的独特传统，其传承脉络十分清晰，与其他佛教宗派形成鲜明对比。而在魏晋南北朝时期，佛教在中国的发展尚未达到形成宗派的条件，菩提达摩一系即以楞伽师的名称活跃在佛学界，其弘传的主要佛典就是《楞伽经》。

《楞伽经》，全名叫《楞伽阿跋多罗宝经》或《入楞伽经》。楞伽，梵语音译，本为古印度南端的岛名，即今天的斯里兰卡，楞伽是该岛的古名。本经全名意为释迦牟尼在斯里兰卡岛上讲说的佛法。《楞伽经》最初于公元四世纪印度笈多王朝时期出现。其主要内容是阐述"三界唯心说"，即认为一切诸法（法相、现象）皆幻，都是"自心所现"；而心有八识，其中第八阿赖耶识是一切法相的"根本识"，是无始以来的本体，是如来藏；知道了诸法皆幻的道理，放下对幻象的执著，认识佛心本体，精进修持，即可证得菩提智慧，达于涅槃。

《楞迦经》在中国的最早译本是南朝宋文帝元嘉二十年（443年）求那跋陀罗翻译的《楞伽阿跋多罗宝经》4卷本。以后还有北魏菩提流支翻译的《入楞伽经》10卷本，实叉难陀翻译《大乘入楞伽经》7卷本。其中求那跋陀罗的译本流行最广。

求那跋陀罗，汉名功德贤，中天竺人，出身于婆罗门种姓，自幼学习大小乘经论。于南朝宋元嘉十二年（435年）从海路

人王般若菩萨，凤凰山壁画。

到广州，先后在京师祇洹寺、东安寺及丹阳郡、荆州辛寺等地主持翻译佛经，有徒众七百余人。相传求那跋陀罗在荆州时，丞相南谯王刘义宣很推崇他，请他为自己讲解《华严经》，但求那跋陀罗感到自己的中国话还不过关，怕讲经不畅，心有不安，便向观音菩萨礼忏请求帮助。于是梦见一个白衣菩萨，一手持利剑，一手提人头飘然而至，问他忧虑什么。求那跋陀罗把丞相要他讲经和自己不通汉语的忧虑告诉菩萨。白衣菩萨叫他不要忧虑，随即用剑割下他的头，把带来的那颗人头安在他颈上，又问他转头痛不痛。求那跋陀罗说不痛，便猛然醒来，顿时觉得心神怡悦。第二天再用中国话向丞相讲经，居然十分顺畅了。（见《高僧传》卷三）

地藏菩萨，凤凰山壁画。

求那跋陀罗于南朝宋太宗泰始四年（468年）75岁时圆寂。其所译《楞伽阿跋多罗宝经》成为中国楞伽学派最为推崇的经典。而楞伽学的真正繁荣，则是其后在中国北方随楞伽师的出现而兴起的。佛教史上的普遍说法认为，菩提达摩是中国第一代楞伽师。

关于菩提达摩，在中国佛教史上有很多传说和疑问，例如他的生年和师承。《续高僧传》说他"自言年一百五十余岁，游化为务，不测于终"。其他文献则各说不一。或说菩提达摩原是南天竺香玉王的第三子，其老师是印度禅宗第27代祖师般若多罗。般若多罗因赏识他的勤奋和才华，就把他的名字由原来的菩提多罗改为菩提达摩，意思是他已经获得通法。

有一则故事广为人知：菩提达摩于南朝梁武帝时代航海到广州，后到建业（今南京）与梁武帝见面。梁武帝曾为传播佛教做过建寺、度僧、造像等很多事，因而很自负地问菩提达摩："我做了这些事，该有多少功德？"菩提达摩却说他并无功德。梁武帝很生气，又问："何以无功德？"菩提达摩说："你做的都是有为之事，不是实在的功德。"

因为得罪了梁武帝，菩提达摩无法在南方呆下去，于是离开梁朝来到北魏。传说他是"一苇渡江"，即脚踏一根芦苇渡过了长江。到魏都洛阳后，他也与当时的佛僧争论，其所持禅学被人讥讽，于是独自到嵩山面壁9年，时人称为壁观婆罗门。东魏天平三年（536年）卒于洛水之滨，葬熊耳山。3年后，有人在葱岭遇

见菩提达摩手提一只靴子，向西方而行。

各种传说中，一般认为《续高僧传》最真实地记载了菩提达摩的学说和事迹。其中壁观修禅是菩提达摩最先提倡的修行方式，道育与慧可是他最先的楞伽学传人。该传记载："此二沙门，年虽在后而锐志高远……寻亲事之，经四五载，给供咨接。"菩提达摩"感其精诚，诲以真法"。（《续高僧传》卷十六）

相传他把在南朝所得求那跋陀罗翻译的《楞伽经》四卷授给了慧可，并对他说："我看《楞伽经》所说的佛理，最适合中国人的根器，如果你能依此而行，就可出离世间，达于涅槃境界。"同时传给慧可的还有自己使用多年的法衣和斋钵。从此，"衣钵传人"即成为中国佛教特别是禅宗传承佛法的最重要仪式。

菩提达摩的另一个弟子昙林也对弘传达摩的学说起了重要作用。昙林曾于北魏和东魏之际在洛阳和邺都参与佛经翻译，与菩提流支、佛陀扇多等都有交往。后来遭遇周武帝灭法，他与慧可一道保护佛经，被官兵砍掉一只手臂，人称"无臂林"。昙林曾把菩提达摩的言行启示写成《达摩论》一卷，遂使菩提达摩的事迹和学说得以广泛流传。

由菩提达摩开创的楞伽学在南北朝时期兴起后，很快发展，传承有序，直到隋唐两朝，楞伽学派也继续发展，最后形成中国最大的佛教宗派——禅宗。但禅宗后来在《楞伽经》外，更把《金刚经》奉为最重要经典。记录慧能法师言行的《坛经》出现后，又成为中国本土创作的第一部"佛经"，楞伽学便逐渐失去了原有地位，楞伽师也变成了一个不再显著的历史名词。

上图为尊者迦叶，下图为尊者阿难，凤凰山壁画。

慧远的「阿弥陀佛」

慧远，净土宗的初祖。他依据《无量寿经》、《观无量寿经》、《阿弥陀经》、《往生论》等经典，提倡观佛念佛，坐禅修定，往生西方极乐世界；认为以一句「阿弥陀佛」便可入法门，就可使广大修习者共赴极乐净土，因而受到广大善信的青睐，千百年来在中国社会的各阶层中广为流传。

佛告阿难及韦提希：谛听，谛听，善思念之！吾当为汝分别解说除烦恼法。

——《观无量寿佛经》

慧远创立的净土宗

从"义学九师"开始，到八大宗派确立，中国佛教由学派到宗派的发展过程经历了几个世纪。按照已故现代哲学家汤用彤先生《论中国佛教无"十宗"》一文的分析，宗派之"宗"有两个含义：一是指宗旨、宗义，即一个人所主张的学说；"宗"的第二个意义就是教派，它是有创始，有传授，有信徒，有教义，有教规的一个宗教集团。晋代虽然也有"六家七宗"之说，南北朝时期也出现了"义学九师"，但这个"宗、师"主要

禅林与净土——五台山菩萨顶。

是就义理而言的，因此并不是后来所说的教派或宗派。（见《汤用彤学术论文集·康复札记》）

不过，在中国佛教学界，一般仍将东晋慧远创立的莲社（后来称为净土宗），看做在中国出现的第一个佛教宗派。净土宗因专修往生西方极乐净土法门而得名。因其创始者、初祖慧远曾在庐山建立莲社提倡往生净土，所以又称做莲宗。根据近代印光法师所撰《莲宗十二祖赞》，自南北朝时期以来，以慧远、善导、承远、法照、少康、延寿、省常、袾宏、智旭、行策、实贤、际醒为莲宗十二祖。后来印光法师也被其门下推为第十三祖。而在慧远以前很久，就有专门阐扬净土法门的佛教学者，所以其实际传承脉络应该追溯到更远。

禅林与净土——五台山菩萨顶。净土宗为中国历史最悠久的佛教宗派。

佛教净土思想早在释迦牟尼创教时代即有宣扬。在小乘经典"长、中、杂、增一"《阿含经》中，就是关于天国和极乐净土的说法。后来的大乘佛教经典也多有对于佛国净土的描述，借以与充满污秽、烦恼和苦的尘世间进行对比，以鼓励信众通过修持佛法达到超越生死、脱离轮回之苦的目的。净土宗所尊奉的佛典《弥勒菩萨所问经》、《佛说弥勒下生经》，《大阿弥陀经》及《观无量寿佛经》等传到中国后，很快在信众中造成影响，形成中国的净土法门学说。净土观念至今存在于无数信众心中，信奉净土宗的佛教寺庙也遍及各地，与禅宗一道成为现代中国极具影响力的佛教宗派。

净土学依据的佛经及译经师

佛教净土学说最早于东汉时期就传入了中国。支娄迦谶于汉灵帝时（168-190年）来到中国，主要在洛阳翻译梵文佛经。他先后译出了《无量清净平等觉经》、《般舟三昧经》、《般若道行经》、《首楞严经》和《阿阇世王经》、《宝积经》等10余部。其中《无量清净平等觉经》、《般舟三昧经》是最早在中国流传的净土学佛经，支娄迦谶也成为最早弘传净土思想的佛僧。

接着支娄迦谶翻译净土学说佛经的是竺法护。竺法护译出《弥勒菩萨所问

经》、《佛说弥勒下生经》并为众人讲经，在当时产生了很大影响，"道被关中"，即他的学说覆盖了长安地区。相传当时长安有一个大户想跟从竺法护修习佛法，但不知竺法护为人如何，于是假装事急向竺法护借钱二十万。竺法护很奇怪，觉得一个大户人家向自己借钱有违常理，很久没有答应。他有个弟子叫竺法乘，只有13岁，抢着代

禅林与净土——五台山广化寺。

竺法护回答说："我师傅已经同意借钱了。"大户走后，竺法乘便笑着说，我看这个人的神情并不是真的想借钱，他是想试探老师人品如何，是不是把钱看得很重。竺法护也笑起来，预言那人会皈依佛法。第二天那个大户果然带着家族一百余人前来，拜诣竺法护，请求跟他修习弥勒净土学说，接受戒具。同时感谢他答应借钱。"于是师资名布遐迩。"（《高僧传》卷四）

三国时期，西域大月氏居士支谦在东吴所译《大阿弥陀经》，也是早期净土学的重要经典。支谦曾被吴主孙权拜为博士并为东宫太子的老师。支谦在吴地为之作注的《无量寿经》和《本生死经》等，也是净土学说的典籍。

南北朝时期，由畺良耶舍译出《观无量寿经》，则把佛教净土学推向了一个高峰。畺良耶舍本是西域人，于宋文帝元嘉（424-454年）之初来到宋都建康钟山道林寺，在此翻译了《药王经》和《观无量寿经》。当时人们即认为《药王经》是"转障之秘术"，而《观无量寿经》则是"净土之洪因"。净土学说于是在南朝得到广泛弘传。畺良耶舍于60岁时卒于江陵。

东晋十六国时期在中国北方活动的道安，是佛教净土宗历史上的一位重要人物，一般认为，在慧远之前，道安是净土宗前驱者的最后代表，正是他使弥勒净土学说真正成为了一种信仰，并使其盛行于中国北方。

道安，全名释道安，俗姓卫，后改姓释，亦名竺道安，常山扶柳人。出身于儒学世家，史书记载说他7岁时读书读两遍就能背诵。道安12岁出家，虽然神智聪敏，但因"形貌甚陋不为师之所重"，在寺庙的田舍当了3年杂役，但他劳而无怨。几年以后长大了，道安才向管理经书的大和尚求取佛经来读。大和尚随意给他一卷5 000字的经书。道安早上带着经书到田间劳动，只在休息时阅读，到晚上收工时就还回去，又请求再借一卷。大和尚要他把头天那卷读完了再借下一卷。道安说，那一卷我已经会背诵了。大和尚很惊讶，觉得难以置信，又把一卷近万字的经书借给他。道安仍然像头天一样把经卷带到田间，晚上归还时再背诵出来。大和尚拿着经卷对照，竟一字不差，于是更加惊异。

后来道安就凭着这样出众的悟性和能力，先后找到当时的名僧佛图澄、竺法

济、支昙等学习佛经。佛图澄很欣赏他，对那些因道生相貌不佳而看不起他的弟子说："此人的远见卓识不是你们所能比的。"

道安后来在太行山和恒山创立了寺塔，开讲净土学说，常有徒众数百听讲。但当时的中国北方多民族相争，战乱频仍，很多僧人被强征当兵，佛寺多被焚毁。道安带着弟子从北方到南方荆州一带避难，继续弘法，迅速在民众中间产生了影响。以致后来前秦苻坚（357-385年在位）攻下襄阳，立即派出军队四处搜寻道安。终于找到后，苻坚高兴地对周围大臣说："我以十万大军攻占襄阳，真正值得一提的收获，只有一个半人。"周围的人好奇地问他那一个人是谁，半个人又是谁。苻坚说："道安就是那一人，另外半个人则是习凿齿。"习凿齿也是当时才能出众的名士。

道安随苻坚到长安后，住五重寺主持弘法，为中国佛教做了3件大事：一是将各依师傅之姓而散乱的僧众给予了统一姓氏——释，以纪念佛祖释迦牟尼，这个传统保留至今；二是建立了当时中国最大的佛经翻译场，请来外国佛教学者僧伽提婆、昙摩难提、僧伽跋澄等，译出佛经百余万言，道安则与弟子法和一起为译本做校勘定音工作；三是向苻坚极力推荐迎请西域高僧鸠摩罗什来中国。鸠摩罗什在道安去世后来到中国，对佛教在中国的传播发挥了巨大作用。

道安对于佛教净土学的崇奉，与他长期处于战乱环境，看尽人间苦难的经历有关，其坚定的信念也获得了最终的成果。史籍记载："安每与弟子法遇等，于弥勒前立誓愿生兜率。"可见他对于佛国净土学说很熟悉，也是很向往的。道安年高时的一段奇事也被记载了下来：

秦建元二十一年（385年）正月二十七日，有一个形貌丑陋的游方和尚来到长安五重寺。寺里僧人看见他每次都从窗隙出入，很是奇怪，便报告道安。道安感觉来人不凡，即向他致礼，询问其来意。游方和尚回答说，他就是为道安而来

禅林与净土——五台山塔院寺。

的，目的是帮助道安度脱凡尘苦海，并教给他往生净土必须做的特殊的沐浴礼法。道安又问自己来生将往何处。却见游方和尚伸出手往西北天空虚拨几下，天上的云雾就自动向两边分开，现出从来没有看见过的异常洁净的天空和美丽奇妙的景致，佛经中描述过的西方极乐世界景象一一展开。游方和尚告诉道安那就是佛祖释迦牟尼所住的"兜率天"。此情景，不仅道安亲眼看见，而且寺里"大众数十人悉皆同见"。（《高僧传》卷一）

10天后，道安忽然对众弟子说："吾当去矣。"做完最后的斋课后就圆寂了，史籍记载道安是"无疾而卒"，在世72年。

道安有很多佛学造诣很深的弟子，其中慧远最为著名，也是继道安之后，中国佛教净土宗的真正创立者。

佛光浸染的净土——东林寺

慧远，俗姓贾，雁门楼烦（今山西崞县）人，生于东晋成帝咸和九年（334年），卒于安帝义熙十一年（416年）。慧远从小就喜好读书，少年时代曾随舅父游学于许昌、洛阳一带，博览儒学六经，尤其喜好道家学说，精通《老子》和《庄子》之学，当时的儒学名宿和道家精英都很佩服他。慧远21岁时听说道安在恒山建立寺庙弘扬佛法，就北上投到道安门下。在听了道安几次讲经之后，慧远豁然开悟，发出感叹说："现在才知道，此前我所崇奉的儒家和道家等等，都不过是糠秕而已。"从此，慧远把道安视为自己真正的老师，恭敬地跟从他研习佛法。

慧远开始钻研佛学就与众不同，不满足于一般地弄懂，而是要把握佛教的总体精神，以弘扬释迦牟尼创立的根本大法为己任。所以总是夜以继日地诵读经典，对于其中特别之处做到反复背诵。老师道安十分欣赏他这

禅林与净土——五台山显通寺。

种学习态度,对入门弟子说:"要想使西来的佛教在中国广泛传承,就必须靠慧远这样的信徒啊!"

在道安的鼓励下,慧远24岁就开始登上佛学讲堂,为僧众和居士讲解佛经,对于听众不理解的问题,慧远便拿老子、庄子的学说来做比较,尽可能通俗地加以说明,"于是惑者晓然"。慧远的讲课方法也启发了道安,特别允许他在佛经以外,也研读世俗之书。

禅林与净土——五台山罗睺寺。

当北方因前秦苻坚与前燕慕容氏激烈相争陷入战乱之后,道安带着弟子离开北方南游东晋的荆襄等地,慧远也跟着到了南方。前秦建元九年(373年),苻坚的大将苻丕攻打东晋的襄阳,道安的僧团无法再继续活动,不得已遣散徒众。道安让弟子们分几路离开战区,并分别对所指定的各路僧长给予了特别教诲和约言,让他们继续弘传自己的佛学主张,唯独没有对慧远说一个字。慧远心有不甘,离别前向道安下跪说:"老师给其他人说了那么多,对我就没有一句赠言吗?"道安回答说:"以我对你的了解,你今后继续弘扬正确的佛法是毫无问题的,所以我一点都不担忧,还需要说什么呢?"

慧远于是告别老师,自己带着数十名年轻的弟子离开襄阳再往南走。先到了荆州上明寺,后到浔阳(今江西九江)过庐山,看见庐山诸峰非常清静,很适合息心修炼,于是找一处空地搭棚住下来。但那块地在一个山坡上,距离取水的溪沟很远,弟子们都觉得不方便。慧远用手杖在地上敲击几下,发愿说:"若此地可以让我等栖居,就请庐山赐给我泉水。"刚说完,就看见一股清泉涌流而出,很快流成一条小溪。出泉之处则形成一个水池。众弟子都很惊奇,相信老师为他们找到了一块福地。

传说,其后不久,浔阳地界遭遇大旱,很多老百姓上山来请慧远为他们诵经求雨。慧远专门到泉水池边诵读《海龙王经》。诵读完毕,忽然看见一条大蛇从泉池窜出来,升到空中。于是天降甘霖,大地旱情立时解除,当年老百姓的庄稼终于获得丰收。于是众人便把慧远凿出的泉池称为龙泉,他们所住的寺庙也称为龙泉精舍,或称龙泉寺。

慧远法名远播,吸引了众多信徒跟从出家,龙泉精舍便显得狭小。于是有本地高僧慧永向浔阳刺史桓伊请求为慧远扩建寺庙。桓伊从善如流,为慧远的僧团修建了庐山东林寺。东林寺背靠香炉峰,傍依瀑布谷壑,环境十分优美。慧远又与僧众一起搬来石头垒起堡坎,栽上松树,引来清泉环阶、白云满室,又在寺内

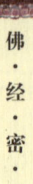

杭州灵隐寺药师殿供奉的药师佛。

辟出专供研习佛经的禅林。慧远还根据来访的西域僧人描述的北天竺仙人石室佛陀教化毒龙的故事，在背山临溪处建造了一个龛室，让画工把佛化毒龙故事画在龛室里，称做佛影龛。

传说，其时还发生了这样一件事：浔阳人陶侃自幼习武，尤其精通剑术，以武功获任广州太守，他听很多渔民说，经常在傍晚时分看见海面上发出奇异的光彩。陶侃搭上渔民的船前去察看，认出彩光之间是一张以崇佛著名的印度阿育王的像，便让渔船划过去，把阿育王像接下来带回，后送到武昌寒溪佛寺。不久寒溪寺遭遇火灾，寺庙建筑大部被火焚毁，唯有供奉阿育王像的那间屋保留下来。后来陶侃调回家乡任浔阳太守。因为知道阿育王也曾以武功征伐统一全国，建立起孔雀王朝，在印度历史上除了大力主张佛教信仰外，也以武功著名，陶侃于是决定再将阿育王像从武昌请回浔阳供奉。不料他派遣的数十名使者和士兵把阿育王像接到船上后，船又立刻倾覆，阿育王像掉进长江被冲走。使者害怕再生不测，只好空手回来复命。陶侃也没办法，只能自叹与阿育王无缘。当时的人认为陶侃只懂武功不信佛法，便编出歌谣讽刺他："陶惟剑雄，像以神标；可以诚致，难以力招。"

慧远听到这歌谣后便留了心，到东林寺建成后，便诚心祈祷，希望那幅充满神力的阿育王像能到庐山来由自己供奉。结果因为慧远心诚，阿育王像真的从长江里浮出来，又从空中飘到庐山慧远面前，证实了民谣所说的"可以诚致，难以力招"。阿育王像从此供奉在东林寺。

中国第一个佛教宗派——莲社

因为慧远的影响，庐山不仅成为普通信众奉佛的圣地，也吸引了很多名流雅士前来研习佛法。如当时的名流彭城人刘遗民、豫章人雷次宗、雁门人周续之、新蔡人毕颖之、南阳人宗炳、张莱民、张季硕等，都抛弃了世间的荣华富贵，心甘情愿地追随慧远，以清净绝尘的心境，共修佛法。慧远于是在龙泉精舍供奉的无量寿佛像前，与123位信众建起斋台共立誓愿，一道修持佛教净土法门，以期最终到达西方极乐世界。这就是净土宗形成中国式宗派的开始，也是佛教宗派中国化的起点。

这次斋台立誓还留下了一篇祷文，其在中国佛教史上的意义相当于发表了一个宣言。晋安帝元兴元年（402年），慧远令刘遗民撰成祷文述其志向："惟岁在摄提秋七月戊辰朔二十八日乙未，法师释慧远贞感幽奥，宿怀特发，乃延命同志息心贞信之士百有二十三人。集于庐山之阴般若台精舍阿弥陀像前。率以香华敬荐而誓焉……今幸以不谋而佥心西境……飘云衣于八极，泛香风以穷年；体忘安而弥穆，心超乐以自怡；临三涂而缅谢，傲天宫而长辞；绍众灵以继轨，指太息以为期。究兹道也，岂不弘哉。"（《高僧传》卷六）

上引祷文只是部分章句，但其宣示的志向已经十分明确，就是要通过共同修持佛法，快乐地到达西方佛境。祷文透露出一个极具中国化的信息，就是中国僧人的修持不是像印度佛教徒那样，以过程的"苦"来达到目的"乐"，而是把修持的过程也当成一种心灵的快乐。这是与中国文化中，包括儒家和道家都重视生命本身意义的传统相一致的。祷文中的"同志"二字也是净土宗为中国语言留下的一个意义深远的词汇。

庐山斋台立誓之后，慧远及其净土宗学说在晋朝民众中的影响更加广泛，包括当时的政治、军事、文化名流，如殷仲堪、桓玄、何无忌、谢灵运等也纷纷前往庐山拜访慧远，向其请教佛理。东晋宰相桓玄领军征战，途经庐山，便邀请慧远出山相见，遭到拒绝。桓玄感到有些难堪，他的左右将领也劝他不要对慧远表示出任何软弱与尊敬。但当桓玄上山见到慧远那不凡的气度后，却立即放下了好不容易端起的宰相架子，不觉间自然而然地向慧远致以敬意。桓玄向慧远询问，这样隐居高山，与世无争，研修佛法，宣扬净土学说，究竟想达到什么样的心愿。慧远说，他只是希望世间靠武力征伐谋取权位和财富的施主越少越好，最好别在自己面前出现，其他就没有什么可求的了。慧远的这句看上去十分平凡的话，却对桓玄产生了震撼。下山之后，桓玄对左右说："慧远这个人的见解是我从来没有想到过的。"后来桓玄又数次致书慧远，希望他能出山到朝廷做官，帮助他治理政事。而慧远"答辞坚正，确乎不拔，志逾丹石，终莫能回"，始终没有答理。几年以后，晋安帝司马德宗欲召见慧

净土宗崇拜的极乐世界教主阿弥陀佛，杭州飞来峰造像，建于元代。

远，慧远也以年老有疾婉拒，坚持不与朝廷合作。

关于佛教与王权的关系问题，在东晋历史上本来有一段公案：晋成帝时代（325-343年），庚冰任宰相，为限制佛教对儒家主流意识形态的冲击，维护帝王权威，曾打算以皇帝的名义颁布一道诏令，要求所有的出家人都必须向帝王致敬。但此令遭到尚书令何充和仆射褚昱、诸葛恢等人反对。一时朝廷上下争论不休，后来不了了之。桓玄在庐山慧远处屡次碰壁后，于是旧事重提，打算重新颁令限制佛教的影响，于是致信慧远，要求他对此表态。慧远回信据理力争，说："袈裟非朝宗之服，钵盂非廊庙之器，沙门乃尘外之人，不应致敬王者。"桓玄理屈，于是作罢。

有鉴于庐山教团活动屡与王权冲突的麻烦，慧远又撰写了专文《沙门不敬王者论》，提出"在家当奉法，出家即变俗，佛儒不兼礼，涅槃反其本，形尽神不灭"等五条理由，说明佛教教权与王权互不相涉的道理。慧远的《沙门不敬王者论》后来被历代佛教团体作为争取权利，尤其在战乱时代对抗王权的利器，在中国佛教史上影响深远。

慧远对王权的蔑视，在当时即引起了社会反响，一些恃才傲物的文人学士对慧远十分敬佩，纷纷前往庐山拜见。诗人谢灵运即是其中代表人物。史籍记载，谢灵运"负才傲俗，少所推崇"，即很少真正敬佩一个人。但他一见慧远，即"肃然心服"。为表达敬意，谢灵运在庐山东林寺开挖了两口池塘，种上白色莲花送给慧远，以其出淤泥而不染的特性，赞喻慧远不从流俗、藐视王权的高洁情操。后来慧远即与当时追随自己的有志之士，在东林寺莲池结社修行，史称十八

无量寿佛（阿弥陀佛之另名），杭州飞来峰造像，建于元代。

高贤结莲社。莲社以后也成为中国佛教净土宗的标志之一，并对以后各朝代产生了广泛影响。许多在乱世反抗封建压迫，追求建立理想社会的民间团体，如清朝后期的白莲教，都以慧远的莲社为宗，表达向往极乐净土之志。所以净土宗也称莲宗。

慧远对于佛教在中国的传播所作的贡献，还有对佛经翻译人才的引入，博得广大僧众的赞扬和崇敬。先后有罽宾沙门僧伽提婆于晋太元十六年（391年）到浔阳，应慧远之请重译《阿毗昙心经》及《三法度论》。"于是二学乃兴"。并派弟子与昙摩流支联系，请他将其与弗若多罗和鸠摩罗什共同翻译的佛典《十诵经》抄录到晋地流传。时人都称赞说，葱岭之外的最好的佛教经典能够齐集中国大地，全赖慧远之力。当时在长安及

道安初传净土学说之地——北岳恒山。

北方各地的外国僧众，也都认为慧远是中国最出色的大乘佛教弘传者，以至形成了一个习惯：每次烧香礼拜，都要往东边的庐山方向稽首，表达崇敬之情。

而慧远与鸠摩罗什的交往，也是东晋十六国时期中外佛僧友好交流，共同弘扬佛法的范例。晋安帝隆安五年（401年），慧远听说西域龟兹高僧鸠摩罗什到了长安，立即致信邀请鸠摩罗什到南方传法。鸠摩罗什因种种原因没有南下，但与慧远书信往来不断，一同探讨佛教义理，

在此之前，中国传统的儒家和道家学说中，都没有涅槃常住之说，只是就人生一世寿命长短及其意义进行探究。慧远在与鸠摩罗什的通信中对此进行了深入讨论，他把自己所著的《法性论》两卷赠予鸠摩罗什，其中提出"佛是至极，至极以不变为性，得性以体极为宗"的观点。鸠摩罗什读后十分感慨，说："中国南方的学者并没有读过这方面的佛经，但他说出的道理却自然与释迦牟尼的言论暗合，真是太奇妙了。"（见《高僧传》卷六）

虽然慧远和鸠摩罗什在世时遗憾地没有会面，但他们以互相欣赏的态度神交数年的故事，却已成为中国佛教传播史上的一段佳话。

慧远居庐山30余年，于晋义熙十二年（416年）辞世于庐山，在世83岁，留下论、序、铭、赞、诗、书等著作共10卷50余篇。

禅林净土

慧远去世后，以庐山东林寺和莲社为根据地的佛教净土学说继续弘传，到东

魏昙鸾形成一个高峰。

昙鸾,生于南北朝时期的北魏孝文帝承明元年(476年),是慧远的同乡,也是雁门人,家住五台山附近。昙鸾少年时代因喜欢探寻神迹灵怪,常进山与佛僧交往,听到佛祖的故事,"心神欢悦,便即出家"。昙鸾喜欢穷究佛理,曾因读不透一部《大集经》而生场大病。昙鸾外出求医,在汾川秦陵故墟城东门上仰望天空,忽然看见天门开启,释迦牟尼曾经描述过的六道轮回情景依阶位上下重复出现。昙鸾的疾病不治而愈,当即对佛理有所感悟。但又觉得以一个人如此短暂脆弱的生命要真正穷究佛理,是很困难的,于是决定到南方去,向当时的仙道家陶弘景寻求修仙之术,以期先延长生命,再钻研佛法。

昙鸾先后到南朝梁都、浙江等地求学仙术,如愿以偿地见到陶弘景并获赠《仙经》十卷。然后再回到北魏境内遍访名山,直到在洛下这个地方遇到当时名僧菩提流支,才改变了初衷。

昙鸾与菩提流支有一段在中国佛教史上颇具影响的对话。昙鸾问菩提流支:"佛教那么多经书中,有没有教人长生不老的方法,能够超过中国的仙术?"菩提流支听后,先往地上吐一口唾沫以示轻蔑,然后才回答说:"这是什么话!仙术怎么能跟佛法相比呢?即使再神奇的仙术,也不过是想解决怎样长寿的问题。但即使一个人获得了长寿,他最终仍然要死去,并且不能摆脱天上、人间、地狱三界轮回的磨难。"昙鸾听罢顿时醒悟,诚心向菩提流支请求给予开示。菩提流支把一部《观无量寿佛经》送给他,并说:"要说所谓仙方,这部佛经才是真正的大仙方。依此修行,能够获得解脱,超越生死轮回。"(见《续高僧传》卷六)

昙鸾顶礼受经,然后把所带的仙方全部烧掉,从此一心钻研佛法,弘传弥勒净土学说,很快成为北方佛教界的一流学者。他先后在并州大岩寺、汾州玄中寺讲净土宗学说,在北魏和东魏两朝都受到皇室尊重,号称神鸾。

昙鸾于东魏兴和四年(542年)圆寂于平遥山寺,在世67年。昙鸾所著《礼净土十二偈》(亦称《赞阿弥陀佛偈》)、《安乐集》(亦称《略论安乐净土义》)及《往生论注》(全名《无量寿经优婆提舍愿生偈注》)等,成为南北朝时期佛教净土宗最重要的理论著述。

昙鸾去世后20年(562年),道绰在并州汶水(今山西文水县)一个卫姓人家出生。道绰青年时代出家,先修涅槃学,后来在汶水石壁谷玄中寺,看到昙鸾法师所立石碑叙述传播净土宗的故事,受到启发,于是改修净土学说,认为在佛教诸学说中,只有净土一门是唯一的出离之路。之后昙鸾

各地僧人与信众的诵经法会,一个主要内容即是诵念净土宗佛经。

便终生以弘扬净土宗为志，曾为僧俗信众讲解《无量寿经》达200遍。史籍记载，信众都很喜欢听他讲经，认为他说理引喻都很明白。又跟着他唱念阿弥陀佛名号，"每时散席，响弥林谷"。（《续高僧传》卷二十）

道绰在北方弘传净土宗历经北周、隋朝和唐朝三代，到唐贞观十九年（645年），道绰84岁圆寂时，净土学说已经发展成为佛教第一宗派。

历史悠久的北岳恒山悬空寺为净土宗圣地之一。

道绰晚年劝人念阿弥陀佛名，教人用麻豆记数，每念一次阿弥陀佛，就丢一颗麻豆。道绰认为，以念诵佛名的方法表达往生极乐净土的诚心，久而久之就可以与佛结缘达到目的。因为这种"称名念佛"很方便，于是很快流行。直至今日，佛教信众仍然以念颂阿弥陀佛名号表达对佛国净土的向往，同时也成为中国汉地民间相互表达祝福的一种风俗。由此可见，道绰和净土宗对佛教和中国民间信仰的形成也有深远影响

汶水玄中寺道绰一系，有善导在唐朝成为弘传佛教净土宗的又一位大师。

善导，生于隋炀帝大业九年（613年），卒于唐高宗开耀元年（681年），唐代净土宗的最终确立者。善导年轻时曾周游各地访求高僧大德，但一直未确定所宗方向。后来在西河之地遇到道绰的弟子，便决定往玄中寺拜道绰为师。他在玄中寺听道绰讲过净土宗经典后，便认定了方向，从此也以弘传净土学说为自己的使命。善导后来到了京师长安，在光明寺和慈恩寺弘扬净土宗，他很执著，曾经亲手抄写《阿弥陀经》数万卷分发给男女信众。善导著有《观经四帖疏》（亦称《观无量寿佛经疏》）四卷、《转经行道愿往生净土法事赞》二卷、《观念阿弥陀佛相海三昧功德法门》、《往生礼赞偈》及《依观经等明般舟三昧行往生赞》等论述，使净土宗所宗奉的经论和行仪得以完备。后来的佛教学者据此把他视为净土宗的正式创立者。

善导说法也曾在中国佛教史上留下了一段公案。史籍记载，有一次善导在光明寺说法。听众中有一人固执地向他反复发问："我如果在今天念诵阿弥陀佛的名号，是不是肯定能够往生佛国净土？"善导回答说："念佛定生！"那个人便向他行礼拜别，一边口诵南无阿弥陀佛，一边向外走。走出光明寺大门后却爬上一棵柳树，"合掌西望，倒投身下，至地遂死。"（《续高僧传》卷二十九）

史书没有接着记载善导对此事的看法，但类似的偏执狂故事以后历代都有发

慧远的"阿弥陀佛"

生，不断考验着佛教传道者的智慧和定力。而历史事实是，这样的故事并没有影响善导继续弘传净土学说。在善导之后，净土宗确立了中国佛教第一宗派的地位，历代都有名师弘传。明清以后，净土宗逐渐与禅宗融合，成为最具中国特征的佛教宗派。至今中国的佛教寺庙，都是既叫禅林、禅寺，也称为净土，或者合称禅林净土。

"三经一论"

自东晋慧远在庐山立斋结社开始，至唐代善导确立宗派体系，净土宗依自己的教义选择了专门阐述净土主张的佛教经典，主要有《无量寿经》、《阿弥陀经》和《观无量寿佛经》，以及由印度五世纪佛学大师世亲所造的《往生论》等，合称为三经一论。慧远、昙鸾和善导所著论、疏、偈、赞等则为中国佛僧阐述净土学说的主要代表性作品。

《阿弥陀经》，全称为《佛说阿弥陀经》，在印度最早成书并流传的时代约为公元一至二世纪。在印度佛教诸部中属于流传较广的大乘佛典之一。东晋十六国时期由鸠摩罗什译成汉文，是后来通行的译本。《阿弥陀经》不长，全经共有18段经文，主要内容是记述佛祖释迦牟尼为舍利弗等弟子讲解西方极乐世界的美好境界，称颂阿弥陀佛的无量功德。主张众生发愿皈依佛法，以常念阿弥陀佛名号的方便法门，超脱世间诸苦和六道轮回，最终往生西方极乐净土。

为什么叫极乐世界？《阿弥陀经》这样解释："其国众生，无有众苦，但受诸乐，故名极乐。"它让人看到的情景则是：有七重金银宝物做成的栏杆，有七层金银宝物做成的罗网，有七重宝树在四周环绕。还有七宝池、八功德水充满其中。七宝池的池底是用纯金铺成的，四边的阶梯是用金、银、琉璃和玻璃合成的，上面建有用金、银、琉璃、玻璃、彩石、赤珠、玛瑙装饰的楼阁。七宝池中种有车轮一般大的莲花，青、黄、红、白各色都有并放出各色光彩。莲花散发出清香，并且十分纯净。整个极乐国土都是黄金铺地，下的雨是曼陀罗花，而那些奇妙

佛经描述的西方极乐世界情景，上部为西方三圣塑像，高8米，宽21.6米。大足石刻，建于宋代。

的花用衣裙盛上就足以供养十万亿佛和众生了。在这个国土里有各种各样的鸟，鸟的鸣叫都是雅音。

阿弥陀佛在佛教世界里，是掌管极乐世界的佛的汉语音译，意译为无量光，所以阿弥陀佛又称为无量光佛或无量寿佛。"彼佛光明无量，照十方国土无所障碍，故号为阿弥陀佛，"佛的弟子都是阿罗汉，功德庄严，不会被世间诸苦和六道轮回所累。

《无量寿经》的全称是《佛说大乘无量寿庄严经》，也称《大经》，最初的版本为东汉时期由支娄迦谶所译，当时译名为《无量清净平等觉经》。后来的通行本为宋代法贤所译，即《佛说大乘无量寿庄严经》。

《无量寿经》较长，共48章，主要内容为释迦牟尼在王舍城耆阇崛山中，为大比丘众12 000人说法。这次说法可谓群贤毕至，盛况空前，听众包括释迦牟尼最有成就的弟子憍陈如、舍利弗、目犍连、迦叶、阿难等，他们都被称为尊者，坐在上首位置。又有普贤菩萨、文殊师利菩萨、弥勒菩萨等众多已经觉悟获证者，以及贤护菩萨、善思惟菩萨等16人，他们被称作"十六正士"，也坐在上首位置。此外还有比丘尼500人，清信士7 000人，清信女500人，欲界天、色界天、诸天梵众等等，都是这次说法的听众。

释迦牟尼这次说法主要讲过去自在王佛在世的时候，有一个国王出家为僧，号法藏。他发了46大愿，称："十方众生，至心信乐，欲生我国，乃至十念，若不生者，不取正觉。"即是说，他决定只有在普天之下所有人都获得觉悟，向往佛国净土之后，自己才能成佛，否则他宁愿继续在世间受苦，"不取正觉"。这项"改造人心"的工程自然是十分浩大，需要经过漫长的岁月，积累无法计量的功德。但这位前国王以自己的定力做到了，终于成佛。因为他以自己的光明普照众生，所以获得尊号——无量寿佛，也叫无量光佛。

本经也描述了国王法藏成佛到达极乐净土的情形：这个国度因为有无量功德而显得十分庄严，国中有获得声闻乘和菩萨果位的无数得道者，以观世音菩萨和大势至菩萨为上首。国中仍然有各种讲堂、精舍、宫殿、楼观、宝树、宝池等等，都以金、银、琉璃、玻璃、彩石、赤珠、玛瑙等7种宝物装饰。国中有百味饮食随意而至，人们再不必为吃顿饱饭而操心。佛国的天空中自然演奏万种音乐，都是和谐有序的佛音，是真正的天籁之音。佛国净土的人都具有很高的智慧，相

极乐世界西方三圣之大势至菩萨，大足石刻。　　极乐世界之上品中生图，大足石刻，中国宋代。

貌都很端庄，绝无凡尘世间那些污秽猥琐的样子。因为这个国度所有的人都能趋向佛之正道，崇尚真理，所以只享受快乐而没有痛苦。当然，在这个极乐国度中也有很多"志愿者"，他们都志愿等待着往生凡世，期望以自己对佛教的理解去启发凡人的觉悟，让凡间众生都能放下对尘世的执著，脱离轮回，往生净土。这些"志愿者"中也有辈分，分别为上辈、中辈、下辈，依次序往生尘世执行崇高的使命。而佛国净土则为他们永久保留了居住地，使他们到尘世间完成教化众生的使命后，能够成佛回到极乐世界。

讲经的最后，释迦牟尼鼓励弥勒等菩萨、阿罗汉、众弟子及诸天人等，都努力修行，守护佛法，常念师恩，不要违背佛的教诲，而应遵行无误，"种修福善，求生净刹。"最终到达佛国净土。

净土信仰《观无量寿佛经》

在净土宗所尊奉的主要经典中，8 000字的《观无量寿佛经》具有特殊的地位，在中国受到历代高僧大德及广大信众的推崇。慧远、智恺、吉藏、善导等都有对本经的注疏。

《观无量寿佛经》，亦名《观无量寿经》，全称《佛说观无量寿佛经》，简称《观经》。该经最早于公元二世纪贵霜王朝时期在印度境内流传，相传是由龙树以释迦牟尼佛说法的名义编撰而成。早期的汉语译本曾有畺良耶舍、竺法护、菩提流支所译三种，流传至今的是南朝宋代西域三藏法师畺良耶舍译本。《观无量寿佛经》在东晋时代就被众多信众称为"净土之洪因"，而把与之对比的《药王经》（也是畺良耶舍所译）称为"转障之秘术"。

《观无量寿佛经》的主要内容分为三部分：

第一部分讲述发生在王舍城中一件国王父子相争，王子囚禁国王和王后，王后向佛祖释迦牟尼发愿求救，佛祖下到王宫为王后说法解除痛苦的故事。

故事的缘起是这样的：摩揭陀国的频毗娑罗王和夫人韦提希王后因为年迈无子，产生了焦虑。请相师卜算后得知他们命当有子，但现在并不能及时得到，因为他们这个儿子的前生是个出家人，此时还在深山里修行，必须等到死后才能投胎到王宫成为王子。频毗娑罗王求子心切，便派大臣到山里找到那个出家人，用断水绝食的办法让其死去。但那出家人死后并没有投胎成人，而是变为一只白兔藏身在国王的花园里。频毗娑罗王再从相师那里卜得此事，立即又派人在宫里搜寻到白兔并将其处死。不久，韦提希王后果然怀孕，频毗娑罗王终于得到一个儿子，取名阿阇世。阿阇世王子长大后，受到恶人教唆，拘禁了父王，又断水缺粮欲置之于死地。韦提希夫人知道后买通狱卒，把蜂蜜和炒面涂在自己身上，在缨珞中暗盛琼浆，借探望之机送给国王充饥。但不久事情败露，阿阇世王子盛怒之下，手持利剑要杀死母后。韦提希王后恐惧之中决定逃跑出宫，却被王子追赶。幸亏遇到月光和耆婆两位大臣赶来劝阻，对阿阇世王子说，自古以来杀害生母都是最大的恶行，韦提希王后才免去一死。阿阇世王子虽有所悔悟，但还是将母后囚禁在后宫里，不准与外界接触。韦提希王后在禁宫里别无他法，只好向释迦牟尼遥致礼拜，希望佛祖能够以他的神通解救自己。

其时释迦牟尼正在摩揭陀国王舍城的耆阇崛山（亦名灵鹫峰），对自己的弟子1 250人和32 000菩萨讲说佛法。其中文殊师利菩萨坐在上首。释迦牟尼从天空中听到了韦提希夫人的祈祷，于是暂时从耆阇崛山隐没，带着大弟子目犍连尊者和阿难尊者飞临王宫。韦提希夫人刚做完祈祷，抬头就看见了世尊释迦牟尼。只见佛祖全身散发着紫金色的光，身下是一座百宝莲花，目犍连和阿难分侍左右，而且天空中还有帝释天和梵天等大神护持，天降花雨。

《观无量寿佛经》第二部分，以菩萨说法的方式对西方极乐净土美好境界进行了描述。

韦提希夫人向佛祖致以敬礼后发问，自己为什么会遭遇这样的不幸，生下一个不肖之子。希望佛祖为自己指出一条道路，能够往生一个没有忧愁烦恼，听不到恶声，见不到恶人的地方。释迦牟尼满足了韦提希夫人的请求，从眉宇间放出金色光明，照遍十方世界，把佛国净土的状况显现给她看。

在这个国土中，到处都是由金、银、琉璃、玻璃、彩石、赤珠、玛瑙等七种宝物合成的，到处都盛开着莲华，就跟人们想象中的自在天宫和玻璃镜一样美好。释迦牟尼告诉韦提希夫人，她看见的就是一个没有忧愁烦恼，也没有恶人恶声，由未来佛阿弥陀佛掌管的极乐世界。韦提希夫人受到鼓舞，向释迦牟尼佛祖表示，她十分向往去那个极乐世界，希望佛祖教她正确的修持方法，并且帮助自

佛经描述的十六观之一——上品观，大足石刻。

己的丈夫频毗娑罗王也得到解脱。

释迦牟尼答应韦提希夫人的请求，微笑着从口中发出五色光芒，照亮了频毗娑罗王的头顶。处于幽禁中的频毗娑罗王立即心眼无障，遥遥地看见了佛祖并向其叩头作礼，皈依佛法。

释迦牟尼告诉韦提希夫人，阿弥陀佛西方极乐国土其实并不遥远，每个人只要一心向往，通过观想修持就可以达到目的。首先是要修三种福缘：一是孝养父母，奉事师长，心怀慈悲不杀生；二是皈依佛、法、僧三宝，受具足戒，不冒犯佛的威仪；三是要修炼菩提智慧，相信因果报应，诵读佛经并坚持照着做。做好这三件功课，就算有了净业，具备了正因。

《观无量寿佛经》的第三部分，则是释迦牟尼向韦提希王后宣说如何修持佛法，通过"十六观"，即十六种观想方法达到往生极乐世界的途径。这是本经的核心内容，后来成为净土宗普遍遵行的修炼方法。

这十六种观想修炼方法分别是：

初观，也叫日想。在傍晚时看着太阳将要落下的方向，起往生净土的正念专想不移，等太阳完全落下时做闭目开目动作，可以有十分明了的感觉。

第二观，水想。看着澄清的水面，意识到已经看见佛国的琉璃地、金刚七宝塔、光明宝珠、百宝楼阁、百亿华幢，静听各种乐器奏出的法音。

第三观，地想。想象中仿佛看见了极乐世界的庄严国土，并且十分明晰。

第四观，树想。看见极乐国土中的各种宝树构成的丰富画面，从中映现三千大千世界，一切佛事，尽现其中。

第五观，八功德水想。这是另一种水想，从极乐国土的八池水中看见六十亿

杭州飞来峰之得名也缘于佛经传说。

七宝莲花等等。

第六观，总观想。于观想中看见极乐国土五百亿宝楼，诸天乐器悬处虚空，不奏自鸣，听着乐音，念说佛、法、僧三宝。

第七观，华座想。依七宝池而上，看见百宝华台、妙珍珠网、佛莲花台及金刚宝座等等，同时想象佛祖正做着大佛事，有各种奇妙变化。

第八观，像想。观想中可以看见阿弥陀佛坐在莲花宝台之上，观世音菩萨和大势至菩萨侍立左右，放大光明遍照十方，水鸟树木，皆听佛说法。

灵鹫峰——佛经传说中的释迦牟尼说法圣地，山西五台山。

第九观，佛身想。观想中看见无量寿佛全身散发大光明，还可以看见十方无量诸佛。

第十观，观音想。观想中看见观世音菩萨的庄严法相，紫金色身和头上的圆形光环，还可以看见五百化身佛、无数大菩萨，各种变化，遍满法界。

第十一观，势至想。观想中看见大势至菩萨的紫金色身，圆光普照之下有无量诸佛；菩萨出行，十方世界，大地震动。

第十二观，普观想。观想看见极乐世界国土，自己于莲花座中闭目打坐，同时想象莲华在眼前盛开，有五百种颜色的光照耀己身；睁眼看见诸佛、菩萨唱说经文；出定之时仍然保持这样的记忆，就真正见到了无量寿佛极乐世界。

第十三观，杂观想。观想中看见阿弥陀佛于十方国土，随类化现，与观世音菩萨和大势至菩萨一道，随处现身，普化一切。因为观世音菩萨和大势至菩萨是阿弥陀佛度化众生的最好助手。

第十四观，上辈生想。观想中看见以往众生在诸佛面前，听闻佛法，获得证悟，因此也得住极乐净土。上辈生中又以自己的修为高低分为上品、中品、下品。

第十五观，中辈生观。中辈生中也分为上品、中品、下品，但都能够一心谛观，求愿往生，自见其身，坐宝莲台，闻四谛法，得阿罗汉道，生极乐国土。

第十六观，下辈生观。下辈生的上中下三品分别是曾经作恶的愚人，后听闻佛法，除却恶业，称念佛名，终见化佛光明，也得以往生极乐国土。

从上述十六观修持法可以看出，释迦牟尼为人们描述了一个完全不同于世间凡尘的理想胜境，不仅使韦提希夫人在困境中看到了希望，愿意往生极乐净土，而且为她开启了通过观想达到修持佛法的方便法门。虽然在经文结束时，并没有交代频毗婆罗王和阿阇世王子父子相争的最终结果，但据历史记载，阿阇世确有其人，约于公元前493-前462年为摩揭陀国王，在位时打败了乔萨罗国及周围邦国，称雄于北印度地区。阿阇世王起初反对佛教，后皈依佛门，并在王舍城主持了第一次佛典结集（见上海辞书出版社《辞海》）。由此可见释迦牟尼主张的净土思想在古代印度具有的影响。

杭州灵隐寺的灵鹫飞来殿。

总括起来，《观无量寿佛经》以摩揭陀国的国王、王后和王子的恩怨故事宣扬了因果报应学说和反对杀生的佛教思想。频毗娑罗王为早日得子而迫害山林僧人，杀死由僧人转世的白兔，最后受到由僧人及白兔再度转世的阿阇世王子的囚禁，就是一种因果报应。同时，全经通过释迦牟尼为韦提希王后说法，以可触摸的形式及方便修持的十六观方法，为佛教信众指出了往生西方极乐净土的路径，因而在普通民众中获得普及。中国净土宗也以所奉持的经典通俗易懂，教义简单明白，修持方法简便易行，而在从东晋至隋唐的几个世纪里迅速发展为中国佛教第一宗派。在唐宋以后，净土宗也得到广泛弘传，直至今日，实在是一个值得研究的宗教文化现象。

信仰观音的天台宗

智顗大师，天台宗初祖，素有"小释迦"的尊号。他一生致力于弘扬法华精神，所提出的"五时八教"，综合佛陀的教法思想和经典内容，在判释经教上被视为最具代表性，从而奠定了天台宗的教观基础。此宗尊奉《法华经》，将经中观音菩萨的法力进行广为宣扬，在人们的精神世界中建立起了一种"观音信仰"。

> 妙音观世音，慈眼视众生；灭除烦恼焰，具一切功德。
>
> ——《观世音菩萨普门品》

以"经"立宗

天台宗，是建立于隋唐时期的一个具有很大影响的中国佛教宗派，因其创始人智顗法师主要在浙江天台山弘法，故名。又因本宗的教义主要依据佛教经典《妙法莲华经》（简称法华经），所以也称为法华宗。天台宗还以《法华经》关于观世音菩萨无边法力的专章讲述，树立起中国佛教十分特别的观音信仰，而对中国传统文化产生深远的影响。

在中国佛教的发展历程中，天台宗是第一个真正意

浙江天台山——中国佛教天台宗的发源立宗之地。

义上的佛教宗派。虽然在此之前，东晋慧远最先以结社的形式建立起自己的僧团，以宣扬佛国净土理想来阐明莲社的宗教主张，而被后世佛教学界称为净土宗。但在慧远的时代，整个中国佛教只有学派没有宗派，如义学九师之类。到了隋唐时期，佛教宗派出现的条件才告成熟，天台宗作为中国佛教宗派出现的标志已经初步完备。现代哲学家汤用彤

天台佛境，原生态自然景观保留至今。

指出："天台宗智顗徒党甚众，颇受陈隋两朝帝王的优遇，晚年在天台传法，其时已为僧众立制法，规定僧众在宗教生活上的程序及种种罚规，俨然为一代教主。禅宗人也承认智者（即智顗）是天台教主。而天台教是有创始人、有教理、有教规、有修行方法、有徒众的集体，形成佛教中很大的一个教派。特别在江浙一带，其道大行，其后数百年不绝。天台宗既成为一个大教派，自认为佛教正统，而有传法定祖的说法。"（《汤用彤学术论文集·中国佛教宗派问题补论》）

天台宗的学统最初以印度大乘空宗创立者龙树为宗，因其主要宗教思想——三谛圆融之说及一心三观方法，出自龙树的《大智度论》。但龙树是公元二至三世纪的印度佛教学者，其主要理论著述并非《大智度论》，而是《中论》和《十二门论》，其学说在中国的主要传承者是吉藏及其三论宗。故而天台宗实际上的传承谱系是从慧文、慧思开始，由智顗在隋代立宗的。

隋唐时期天台宗发展很盛，传承谱系明晰。智顗以后依次有灌顶、智威、慧威、玄朗、湛然等人。他们六人与前驱者慧文、慧思以及印度龙树，被称为"天台九祖"。

唐末以后，天台宗在中国北方衰落。五代时期，因为吴越王的崇奉，天台宗在江浙地区继续弘传。宋元明清各朝虽仍有专弘天台宗学说的佛僧，但往往兼倡净土学说，形成"教在天台，行归净土"之风。此外，天台宗在日本、高丽等国的弘传一直不断。日本天台宗到13世纪时发展出了日莲宗并传承至今，现代日本创价学会也以天台宗教义为主要依归。

传灯化物承嗣不断

天台宗的先驱者是南北朝时期北齐的慧文和南陈的慧思。

慧文，俗姓高，生卒年不详，主要弘佛传法时期为东魏孝静帝至北齐文宣帝

年间（534-560年），曾在凉州天宝寺研习佛教律藏和禅法，后在嵩山弘传《法华经》等经论。相传慧文对于佛教大乘经论十分敏感，"天真独悟"。在接触到龙树所著《大智度论》关于"三智实在，一心中得"，即一心三智说，和《中论》一首偈颂——"因缘所生法，我说即是空；亦名为假名，亦名中道义"之时，慧文恍然觉悟，明白了世间诸法（物质与精神现象）都是因缘所生，而任何因缘都是"有不定有，空不定空"，即具有偶然性的。只有不偏执于关于"空、有"的定见，才是认识真理的中道。

从此，慧文即以弘扬龙树之说为己任，曾经"聚徒千百，专业大乘，独步河淮，时无竞化，所入法门非世可

天台山隋塔，已有1400多年历史。

知，学者仰之以为履地戴天莫知高厚"。意思是说他在黄河与淮河之间弘传大乘佛教，对成百上千的信众讲解龙树的学说，没有谁能与他辩难，以至当时的佛教学界都很敬仰他，认为他的学术成就具有顶天立地一样的地位。（《佛祖统纪》卷六）

慧文没有留下自己的著述，只是以心口相授的方式，把自己的学说传给了弟子们。弟子慧思则把他的学说在南方弘传，留在北方的弟子没有传承慧文学说的记载。但恰恰是慧文到慧思的"心口相授"，开启了中国佛教以师承方式建立宗派，把一种佛教理论代代相传的先河。《佛祖统纪》的作者、南宋高僧志磐对此评价道："至北齐以降，依论立观，自此授受，始终不异，始可论师承耳。"所以后世佛教学者把慧文列为继龙树之后的天台宗第二祖。

慧文的弟子慧思，因受法于慧文，史称天台宗三祖。又因主要传法活动在南岳衡山，又称南岳法师。慧思生于北魏宣武帝延昌四年（515年），卒于南朝陈宣帝太建九年（577年），豫州武津（今河南上蔡县）人，俗姓李。慧思15岁出家，后到嵩山师从慧文学习，得受观心之法并专习《法华经》。相传慧思先习禅法，但与此法无缘，每日辛苦修炼而身不随心，觉得一无所获，反倒致病而"自伤昏沉"。后来在专习慧文所传"一心三智"、"空有中道"和《法华经》时，找到了适合自己的修习方向。有一天，慧思在默想中放松身体往墙壁上靠，"背未至间豁然开悟"，对《法华经》所阐述的佛教大乘思想一下就理解了。后来他把自

己的理解向其他法师求证，证明自己的理解是正确的。

从此，慧思便开始登上讲坛讲解《法华经》，门下弟子一天比一天多，并引起当时与慧文、慧思对立的其他教派信徒的忌恨，在他讲学时对其进行围攻。慧文不屑与那些偏执一端的人争论，又不愿放弃自己的信仰。他在独处冥想时，听到空中佛音说："若欲修定，可往武当南岳，此入道山也。"于是决定到南方去，另辟隐居修习之地。

北齐天宝八年（557年），慧思带领弟子离开嵩山南下。先到光州，却碰上战乱，南陈与北齐在边境展开大战。慧思的弟子很多被官兵冲散不知去向，只有少数坚定追随者始终跟着慧思。到南陈光大元年（567年）六月，慧思与弟子40人终于在南岳衡山立下足来，慧思感叹说："从离开嵩山时起，我就希望到这座山来，至今已经十载，才了却心愿。"

慧思及法华宗与衡山似乎特别有缘。《高僧传》记载了这样一个故事：有一天慧思在山上散步，到一山洼处看见有泉水格外清凉，心里突然起了一种思念。他定神冥想，然后对弟子说，这地方我前世曾经来过，这里从前有一个古寺，寺外有一处岩石，那时我就在这里坐禅。碰上强盗抢劫寺庙，砍掉了我的头，我就是在这里命终的，但保留了全身。弟子们将信将疑，按照慧思所指位置挖掘下去，果然挖出了房殿基址和寺庙用具，还找到了一颗颅骨和一具完整的尸骸。慧思于是在该处盖起佛塔，名报恩塔。

因为慧思的执著与坚持，衡山法华学派逐渐聚集起众多信众，所传大乘佛法还吸引了很多民间布施者，慧思师徒的境况得到改善。其时，南方佛教偏重钻研义理而轻视修行实践，慧思有鉴于此，在讲学时提倡定慧双修，把佛教义理以信众可知可感的方式讲说出来，因而受到普通信众的欢迎。慧思在衡山开创的法华学派声势日隆，也使南方教派的人心怀嫉妒，有人向陈宣帝诬告说，慧思是受北齐朝廷的召募，派到南方来，故意破坏南岳衡山的风水以帮助北齐打仗。

陈宣帝派出的官员到衡山察看时，碰到两只老虎咆哮不止，官员惊骇而退。几天以后，官员再次进山，到报恩塔前，看见一只小黄蜂飞到慧思头上要螫他，却被一只大黄蜂飞过来把小黄蜂咬死，又衔着小黄蜂的头从慧思面前飞走。官员回去把看见的怪事向陈宣帝报告，陈宣帝不明白是怎么回事。不久发生了宫廷政变，两个刺客一个暴死，一个被狗咬死。陈宣帝感到这刚好验证了两只黄蜂预示的征兆，于是敕令迎接

天台山第一大寺，原名修禅寺为南朝陈宣帝敕名。

慧思到京师金陵（今南京），待以国师之礼。慧思先后在栖玄寺和瓦官寺说法，听众中有众多文臣武将，很多高官显爵也前来拜谒，都视慧思为神人。

但这样的日子却令慧思感到不安，坚持辞去京师事务回到衡山，继续为弟子和信众说法，不久在山寺圆寂。慧思以自己口授、弟子记录的方式，为中国佛教留下了阐扬法华经义的著作，计有《四十二字门》两卷、《无诤行门》两卷及《释论玄门》、《随自意三昧》、《安乐行》、《次第禅要》、《三智观门》等五部各一卷。

慧思对法华宗的贡献不仅在于他对《法华经》的讲解与弘扬，还在于他培养了一大批法华学弟子。除了从北方跟从他南来的嵩山弟子外，还吸引了南方地区的众多人才。一些研习《法华经》卓有成就的年轻人也成为慧思的弟子，其中以江陵人智顗最为出众。慧思对其寄予厚望，多次让他代自己主持讲座，宣讲《法华经》。智顗碰到疑难问题时，慧思便为他作专门解答，智顗的修习由此更加长进。慧思对智顗也格外器重，认为他是自己学说最好的传人。在奉皇帝敕令离开衡山到京师之前，慧思特别对智顗说："长久以来我就有个心愿，希望自己的学说有个人能继承弘扬。你跟我这些年，勤奋学习，粗通《法华经》，我很高兴。今天就算把我的法缘传给你了，希望你珍惜这份缘，"传灯化物，莫作最后断种也。"（《续高僧传卷第十七》）

慧思正是以这样的方式开创了佛教天台宗"传灯化物"，师承不断的传统。

"说法第一"的智顗大师

天台宗的实际创立者是隋朝的智顗。智顗，俗姓陈，原名陈德安，原籍颍川，南朝梁武帝大同四年（538年）出生于荆州江陵，其父曾任梁朝廷散骑常侍。母亲徐氏，因怀孕时梦吞白鼠（卜师认为是白龙），又见五彩烟雾环绕等灵瑞之兆，于是为其起小名光道。

智顗自幼就喜欢到寺庙游玩，七岁时庙里僧人就教他读《法华经》中的观世音菩萨普门品，读一遍就能背诵。父母不让他背诵佛经，他就表现出惘怅失落的样子，父母只好任他接触佛经。智顗18岁时投湘州（今长沙）果愿寺，从法绪法师受

隋炀帝改名后的国清寺。

戒出家，法绪为其取法名为释智顗。后来跟慧旷法师受比丘戒，学习佛教律藏经典，又到衡州大贤山专门研习《法华经》、《无量义经》、《普贤观经》等，最后在光州（今湖北钟祥县）大苏山拜慧思为师，从此成为慧思主张的法华学嫡传弟子。其勤勉聪慧的学业受到慧思赞赏，认为智顗"于说法人中最为第一"。

天台山大寺经过历代维修，现貌为清雍正十二年敕令重建。

智顗跟从慧思研修佛学七年之后，慧思认为他"与陈国有缘，往必利益"，鼓励他到京师去弘传佛法。智顗在南岳衡山辞别慧思，与法喜等30余人来到金陵瓦官寺，先后与当地高僧大德及朝廷官员谈佛论法，受到尊崇。史籍记载，有一次智顗在瓦官寺开讲《法华经》，引起各界关注，陈宣帝特别敕令"停朝一日，令群臣往听"。

智顗在京师弘法八年，决定离都隐居，于是带了慧辩等20余弟子来到会稽郡之天台山（今属浙江省台州市），其后以此为家，创立弘扬《法华经》的宗派，是为天台宗。

智顗在天台山一住十年，悉心研修法华经义并为山民说法，很快吸引了大批信众从各地前往天台山听讲。其受欢迎的盛况传到京师，陈宣帝特为智顗的天台寺庙命名为"修禅寺"，并于太建九年（577年）下诏，将始丰县（即天台县）上交朝廷的赋税调给修禅寺，以作智顗法师及天台僧众的特别供养。

到陈后主三年（585年），皇帝陈叔宝两次下诏，恭请智顗回京师主持弘法，都被智顗婉拒。最后陈后主派出七位使臣前后相继再请，智顗感其诚心，于是回到京师金陵，在皇宫太极殿东堂为陈后主及众臣讲法。陈后主待之以国师之礼。皇后及皇太子也在宫中设千僧斋会，请智顗大师授菩萨戒，皈依为佛教弟子。接着陈后主又命京城高僧与智顗互相辩难。智顗应答如流，把《法华经》、《大智度论》等主要经典义理讲得十分透彻。

陈后主祯明元年（587年），智顗在金陵光空寺开讲《法华经》，再次由弟子灌顶笔录整理成《法华经文句》一书，成为天台宗的学理支柱之一。智顗在金陵时期还住过灵曜寺和光宅寺。在光宅寺讲《仁王经》时，陈后主专程赶去听讲，以在国内提倡尊师重道之风。

公元589年，隋文帝杨坚攻下金陵，陈朝灭亡，全国再度统一。隋朝两代继

国清寺内景，智𫖮大师在此阐释天台宗之法华经义。

承南北朝时期的传统提倡佛教，晋王杨广代为扬州总督时，也很仰慕智𫖮法师，多次遣使恭请智𫖮往扬州。其时智𫖮因避陈朝灭亡之难，率领弟子在荆湘匡山弘法，再三推辞不过，于隋文帝开皇十一年（591年）到达扬州。杨广在总管寺城（总督府）设千僧会，恭请智𫖮法师为其授菩萨戒。智𫖮有感于杨广的诚心，为其取法名为总持。杨广则称赞智𫖮说："大师禅慧内融，导之法泽，辄奉名为智者。"从此，"智者大师"的名号也广为人知。

之后，智𫖮以事先与杨广有约言，到扬州弘法不设时限为由，返回荆州。杨广好不容易请来一个大师，不肯轻易放走，反复请求他留下。智𫖮说："先有明约，事无两违，即拂衣而起。"杨广无奈，只好礼送智𫖮离开扬州。杨广把智𫖮送到城门，合掌告别，目送很远才含泪返回。

智𫖮回到荆州后，在当阳玉泉寺再次开讲《法华经》。这次讲经引起空前的反响，听众最多时将近万人。以至隋文帝听说后，也专为智𫖮在玉泉山建造精舍专事供养。重返荆州期间，智𫖮和弟子承续天台山时期的工作，笔录整理了《法华经玄义》、《摩诃止观》等两书，是为天台宗的重要理论撰述。在扬州期间，智𫖮还撰述了《净名经疏》等。

智𫖮晚年再回到天台山，于隋开皇十七年（597年）十一月二十二日在天台山圆寂。史籍记载智𫖮辞世时的情景："端坐如定而卒于天台山大石像前。春秋六十有七。"（《续高僧传》卷十七）

天台宗一代宗师智𫖮身处乱世而信念不移，一生坚定弘传佛教的事迹在陈、隋两代影响广泛而深远。他去世前曾留下遗书给晋王杨广，敦请隋皇室坚持提倡佛法，教化人心。次年，弟子灌顶奉师傅的遗书到扬州谒见杨广。杨广为纪念智顗法师，亦即他所称名的"智者大师"，特地在扬州建造佛寺，命名为天台寺。公元605年杨广即位为隋炀帝，改元大业，同时赐令将扬州天台寺改名为国清寺。

"佛国仙山"——天台山

坐落于浙江省东中部的天台山，以佛教天台宗的发祥地和秀丽的自然风光被誉为"佛国仙山"。在中国佛教史上，智顗与天台山这两个名词是紧密联系在一起的。可以说没有天台山就没有智顗，没有智顗也没有佛教意义上的天台山。智顗与天台山的结缘，不仅在于他在此建立了中国佛教天台宗，而且与其一生弘传《法华经》等天台宗重要经典密切相关。要了解智顗和天台宗，不能不特别重视智顗在天台山时期的活动。

智顗是在南陈太建七年（575年）带着20余名弟子来到天台山的。相传他之所以选择天台山，还有一段特殊因缘。《续高僧传》记载，智顗在瓦官寺讲说禅学时，每于静默之际就会梦见一个场景：在一片广阔的海面与岩边高崖之际，时有云雾万重，而太阳总会悬垂于云雾之间，山崖间还有一位年长的佛僧向他招手。智顗把梦境复述出来，便有弟子说那就是会稽天台山胜境。而此前两年，在天台山修持佛法40年的青州僧人定光法师曾对山民预言，将有一位大德高僧来天台山弘法。定光法师要求山民们事先建造精舍，编织蒲席，多种青豆，酿造枸酱，好好供养这位高僧和他的弟子。山民们长期受教于定光法师，心存信仰，果真作好了准备。两年之后，消息传到智顗那里，更坚定了他隐居天台山的信念。

那年秋天，智顗到达天台山，与定法师光相见。定光法师告诉智顗，他前些年曾梦见过一位高僧大德，模样正与智顗相仿，自己还曾在梦中向那位高僧招手呼唤。智顗大感惊异，知道自己与定光法师早已心有灵犀，于是安心在天台山建起寺庙，住下潜心修炼，并为山民讲经说法。

智顗在天台山的居所俯瞰大海，当地百姓多以捕鱼为业。渔民发明了一种捕鱼的大罾网，互相联结达400多里，对鱼的生存造成了很大威胁。智顗以佛祖释迦牟尼"舍罪业，增福缘"的教诲，劝告渔民放弃那样的捕鱼方式，以使大海和鱼群能得到休养生息。其后，智顗用寺庙所得的"随喜功德"钱，买断一片海面作为天台山寺庙的专有放生池，又让弟子慧拔写成奏表向朝廷

国清寺供奉的智顗像。

上疏，请求颁令禁海。陈宣帝准奏，敕令禁止在天台山附近水面拉网捕鱼，并让国子祭酒徐孝克撰文刻碑竖于海滨。这项特别规定从陈朝至隋唐一直存在，没有人违犯禁令。唐太宗贞观年间还有由朝廷颁布的禁令，与陈朝时相同。此为中国见诸文字记载的最早的"休渔期"法规，其影响至今仍在。

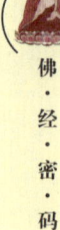

天台山智者塔院，智𫖮大师的最后安息地。

此事过后不久的一天，智𫖮在寺庙后面的禅林打坐入定，忽然飞来一群黄雀，在天空翱翔相庆，其快乐的鸣叫声环绕山寺，三日之后才飞走。弟子们都很好奇，问老师这是怎么回事。智𫖮说，这是那些海鱼化成黄雀特地前来报恩啊。

智𫖮在天台山住了十年，虽然其后他不得已离开过一段时间，但在他生命的最后时刻又回到故土，在天台山圆寂。不仅如此，智𫖮与天台山的缘分在此后很久都有影响。相传智𫖮圆寂后，曾于隋文帝仁寿末年（604年）在天台山现身。人们看见智𫖮披着袈裟，手持锡杖七次降临修禅寺，并告诫弟子，安心隐居修行，奉行法华经义。智𫖮现身良久，其形象才逐渐消失在空中。（见《续高僧传》卷十七）

后世佛教信众，尤其是天台宗传人，包括日本、高丽等国天台宗法系学者，都把智𫖮与天台山当成其修行学法的必到之地，每以朝圣般的心情去天台山寻踪问祖。

在天台山期间，智𫖮对法华经义的钻研和讲解更加宏通圆融，门下弟子慧辩、灌顶等也多有造诣，基本形成了天台宗自己的义学体系和实践修行方法。他"以《法华经》为宗旨，以《大智度论》为指南，以《大般涅槃经》为扶疏，以《大品般若经》为观法，引诸经以增信，引诸论以助成"（见其后传弟子湛然所著《止观义例》卷上），创造性地发挥了前代师传的"一心三观"说。同时，智𫖮的学说在教义上吸取了南朝盛行的三论、涅槃二系的思想，批判摄取了南北朝时期十家佛教义学之所长，而倡导自己的圆顿教观，组成天台宗自己的学术系统。

智𫖮一生著作甚多，主要在天台山完成。其所著《法华玄义》二十卷、《法华经文句》二十卷、《摩诃止观》二十卷被后世佛教学者称为"天台三大部"。这三部著作都是智𫖮为弟子和信众无数次讲经的实录，由其口述，弟子灌顶记录成书。三部著作阐述的法华经义可谓博大精深，是天台宗立宗之本。除三大部外，智𫖮还有《观音玄义》二卷、《观义疏》二卷、《金刚明玄义》二卷、《金光明文句》六卷、《观经疏》一卷等，被称为"天台五小部"。此外，还有《四教仪》十二卷、《四念处》四卷、《法界次第初门》三卷、《仁王经疏》五卷、

《菩萨戒经》一卷、《阿弥陀经义纪》一卷、《净七十疑论》一卷等著作，也是智顗为中国佛教本土化建设做出的贡献。

智顗一生弘法，还在各地建造寺庙。史籍记载，其"所造大寺三十五所，手度僧众四千余人，写经一十五藏，金檀画像十万许躯。五十余州道俗受菩萨戒者不可称记，传业学士三十二人，习禅学士散流江汉莫限其数"。（《续高僧传》卷十七）

智顗之后的天台宗

智顗去世后，他的大弟子灌顶继承天台宗学统，在隋、唐两代继续弘法。

灌顶，亦名释法云，俗姓吴，原籍常州，祖辈避战乱南迁到临海郡章安县。灌顶的父亲早亡，三月时还没有取名，他母亲信佛，夜里念诵佛名，婴儿竟能跟着学舌，声音很清晰，母亲于是到摄静寺告诉住持慧拯法师。法师认为他很不平凡，就为他取名非凡。灌顶七岁到摄静寺出家，为慧拯法师的幼学弟子，20岁受具足戒，后到天台山跟从智顗法师学习法华经义，从此成为智顗的大弟子和重要助手，随智顗游历各地传法。

隋文帝开皇年间后期，灌顶代替老师智顗登上天台山称心精舍开讲《法华经》，获得智顗赞许并很快赢得信众欢迎。以至当时已经颇有名气的吉藏法师（后来成为三论宗创立者），也前来听讲，并借阅灌顶的讲义。

隋开皇十七年（597年）智顗病重，亲授自己的著作和其他信物给灌顶，让其继承自己的学统。智顗于当年冬天圆寂后，灌顶在天台山修禅寺（后更名为国清寺）为老师设千僧斋会。

隋仁寿二年（602年），文帝杨坚下诏邀请灌顶入京主持慧日道场讲经，后又诏请入宫讲法华经义。灌顶于是得以将其师智顗的学说广为弘传，并有自己的新见解。

隋大业七年（611年），炀帝杨广于征战东夷期间，派人把灌顶接到行宫，以同学（都尊智顗为师）的名义相见讨教佛法，希望他能到京师随侍左右。但灌顶始终对朝廷和皇室保持着距离，不愿离开天

智者塔院主殿。

台山，以坚持自己的佛教修炼。史籍称其为"纵怀丘壑，绝迹世累，定慧两修，语默双化，乃有名僧大德"（《续高僧传》卷十九）。灌顶最终于唐贞观六年（632年）在天台山国清寺自己的僧房里圆寂，在世72年。

相传灌顶临终之时，室内忽有异香，原本病重不能动弹的灌顶突然起身，合掌大声念诵阿弥陀佛名号三次，才"色貌欢愉，奄然而逝"。在此之前六年，灌顶的同学，也是智顗亲度的同门弟子智晞，曾在临终弥留之际对自己的弟子说，他升上兜率天，看见了先师智顗，智顗周围宝座都坐满了人，只有一个坐位还空着，智顗对众人说，这个空位是专为灌顶留的，六年之后灌顶法师将升此说法，那时阿弥陀佛还将降临迎接他。灌顶恰好在智晞去世后六年圆寂，应验了当年的说法。（《续高僧传》卷十九）

灌顶弘传天台宗学说，讲得最多的就是《法华经》及智顗的论著，因此后世佛教学者都把《法华经》和智顗的著作，作为天台宗的主要判教依据。此外，灌顶还有对《涅槃经》、《金光明经》及《圆顿论》、《止观论》、《四念论》等佛教经论的解说，并撰写成《天台八教大意》、《天台智者大师别传》、《涅槃疏义》、《涅槃玄义》、《观心论疏》、《国清百录》等著述流传于世。

灌顶辞世前将天台宗的法统传给弟子智威。智威传慧威。慧威传玄朗。玄朗传湛然。

湛然被称为天台宗第九祖，因对天台宗的发展具有"中兴"之功而著名。湛然俗姓戚，晋陵荆溪（今江苏宜兴）人，唐睿宗景云二年（711年）生。湛然自幼习儒，17岁到浙江金华跟从方岩法师学佛，20岁到天台山国清寺，以玄朗为师，从此专习天台宗学说，38岁正式受戒出家，并开始登台讲说天台止观法门。湛然44岁那年，天台八祖玄朗圆寂，湛然全面接过天台宗弘法使命，以天台山为根基，遍走中国东南地区弘传天台学。对于当时佛教学界"讲华严者唯尊我佛，读唯识者不许他经"以及"教外别传"的宗派偏见，湛然都对其进行评说和辩论，以尽力恢复释迦牟尼立教普度众生的宗旨。所以当时即有人称赞说："荆溪不生则圆义将永沉矣。"意思是说如果没有湛然，佛教的根本宗旨将会被各种宗派杂说所淹没。（见《佛祖统记》卷七）

湛然于唐德宗建中三年（782年）在天台山圆寂，在世72年，葬于天台宗创立者智顗墓塔之西南侧。相传宋朝哲宗元祐初年（1086年），有天台宗后传弟子为其扫塔，按寺庙碑刻所记找到湛然的墓塔佛龛，却发现其中已经空空如也，只有一块祭祀留下的乳香。当晚该弟子便梦见玄弼山君对他说，多名天神已将湛然法师的全身带去了。所以天台山只留下了弟子们为九祖湛然重建的一

观音菩萨头像，公元7世纪，印度乌达亚吉里邦出土。

座纪念佛塔。

湛然以中兴天台宗为己任，著有《法华玄义释签》、《法华文句记》、《止观辅行传弘诀》等，对智顗原著"天台三大部"进行阐释。湛然的其他著作还有对抗法相宗和华严宗教义的《止观义例》、《金刚碑》及《止观搜玄记》、《始终心要》、《止观大意》、《五百问论》等。天台宗到湛然完成了条理化。

湛然之后还有道邃、行满等续传天台宗学说。并有日本僧人最澄及弟子义真等到天台山学习，将天台宗所奉主要经典带到日本，在日本比睿山开创了日本佛教的天台宗，后又派生出日莲宗及现代的创价学会。

公元九世纪中期，唐武宗会昌灭佛，天台宗也遭遇法难。唐末五代之后，天台宗教义典籍流散归于湮灭，教派从此衰落。宋、元、明、清时期虽仍有以天台为宗的佛僧继续弘传法华经义，但与隋唐时期的天台宗已无太大关系，也没有明确的师徒传承。

天台宗的经典

天台宗所依的佛教经论，主要以《法华经》、《大般涅槃经》及《大智度论》等大乘佛教经典为宗旨。此外就是从慧思到智顗再到灌顶、湛然等所撰述的阐释性著作。其中最有影响的是智顗所著"天台三大部"——《法华玄义》、《法华经文句》、《摩诃止观》，灌顶的《天台八教大意》及湛然的《法华玄义释签》等。

天台宗的中心理论是诸法实相论。南岳慧思最先造此论议，他把一切诸法（现象）都称为实相。而无论具有多少差别的一切实相，都是对本相即法性真如的反映。所以只有法性真如才是真正的实相。慧思对法性真如的这个认识，实际上也受到了南北朝时期流行的道家思想影响，他所说的"法性真如"有些类似于"道"。

智顗以"圆融三谛"和"一念三千"说来解释慧思所说的实相。圆融三谛，即空谛、假谛、中道谛。

"空谛"是对非本质的现象界的描述，即一切事物都是由因缘而生的暂时现象，它本身并不是永

观世音菩萨像，公元九世纪，现藏印度那烂陀考古博物馆。

天台山国清寺供奉的天台宗历代弘道者牌位。

四臂观音，杭州飞来峰造像，建于元代。

恒不变的实体，所以是"空"的。

"假谛"是说一切事物虽然不是永恒不变的实体，但却有千变万化的相貌，人们在认识现象界如梦幻般迷人的那些变化时，必须看清其"假"的本质。

"中道谛"则是对上述空谛和假谛的反拨，认为这些现象背后都有一个真实的佛心，或称真如佛性存在。这个真如佛性不会受假象的影响而变化，它既不能造作出来，也不会因假象的消失而消失。它是永恒的，所以称作"中"。

智𫖮认为"圆融三谛"是认识世间所有事物的最好方法，因为任何一种事物都离不开这三谛，任何一种事物都既表现为"空"，也表现为"假"，还表现为"中"。三者表里相见，互相依存，就看你怎么去认识。

智𫖮的"一念三千"说实际上是天台宗所解释的佛教世界观。天台宗把宇宙现象界分为十法界，即天、人、阿修罗、地狱、饿鬼、畜生、声闻、缘觉、菩萨和佛等十种等级。前六法界称为"六凡"，即释迦牟尼所说的六道轮回苦谛中六种普通的生命现象。后四法界也叫"四圣"，则是超越了六道轮回之苦，获得永恒佛性的生命形态。其中声闻（也叫声闻乘）是指具有"小根器"的人通过修持证悟佛理而获得阿罗汉果位者。缘觉是指通过修习十二因缘法而悟道者，也叫辟支佛。而菩萨和佛则是比阿罗汉和辟支佛更高一级的觉悟者。这十种生命所处的不同法界就叫十法界。

十法界并不是互相隔绝而是可以互通的。六凡界生命通过修行获得觉悟，即可以到达佛境；而佛也可以现身于六凡界之中，即下凡传道救度众生。十法界互相具备，互相融通，所以也可称为"百法界"。百法界并非具体所指或仅限于一百种现象，而是包罗万象的意思。

十法界又可分为五蕴世间、有情世间、器世间。五蕴世间即不外乎色、受、想、行、识这五种现象世间。由五蕴构成的有情个体（人和动物等生命体）就叫有情世间。器世间则指一切现象所依存的山河大地等自然界。十法界各具有这三种世间，共有三十种世间。三十种世间乘以百法界，就是三千种世间，也叫三千大千世界。

在智顗和天台宗看来，这三千世间，包括六凡和四圣，乃至整个宇宙世界，无论多少种现象都不过是"介尔一心念"的产物。

"一心念"或称"一念心"，有两层含义。一是指人心，即人对世界的认识。人心的不同境界对应于不同的法界。一个人如果起了杀生的"一念心"，就对应于地狱界，来世将往生地狱；如果起贪欲心，就对应于饿鬼界，来世将成为饿鬼。依此类推，愚痴心对应畜生界，傲慢心对应阿修罗界，道德心对应人世间，佛愿行心对应菩萨界，真如心对应佛界。

这其中，最根本的就是真如心，也叫佛心，或简称"心"。佛心也称为佛性。佛性"遍周法界"，存在于一切事物之中，不因有情无情而间隔，一草一木、一石一尘皆有佛性。人人本来都有佛性，之所以生出杀生、贪欲、愚痴和傲慢等"一念心"，只是因为人的佛性被世间种种假象所蒙蔽，认识发生了扭曲和偏差。所以天台宗主张众生通过修行来认识这个"佛心"，发掘自身的佛性，从而觉悟成佛。佛心永恒，这就是"一念心"的第二层含义。

正因为如此，天台宗特别强调修行，并提出了自己的修行方法。天台宗主张观行，即一心三观，就是以佛心观三千大千世界。正修的观法有十种：一是观不可思议境；二是真正发菩提心；三是善巧安心止观；四是破法遍观；五是识通塞观；六是道品调适观；七是对治助开观；八是知位次观；九是能安忍观；十是离法爱观。在观行中深入体会业相、禅定、诸见、菩萨境等。

观音信仰

《法华经》，全名为《妙法莲华经》，是天台宗所尊奉的主要经典，法华经义也是天台宗吸引信众的最重要法宝。相传因为释迦牟尼是在摩揭陀国王舍城的耆阇崛山（即灵鹫山），坐在莲花宝座上讲此经的；而此经又以

观世音菩萨立像，公元十五世纪，现藏印度国家博物馆。

十面八臂观音，公元十六世纪，印度德里出土。

称诵药王菩萨、妙音菩萨、观世音菩萨等获得特别灵验的功力，是修行大乘佛法的方便法门，故名《妙法莲华经》。

《法华经》约当公元一世纪产生于古代印度，曾在印度、尼泊尔、西域等地广泛流传。中国境内最早流传的《法华经》，是公元四世纪初西晋惠帝永康年间，由竺法护翻译的《正法华经》十卷27品本。四世纪末东晋十六国时期后秦弘始年间，由鸠摩罗什重新翻译的七卷28品本，则成为中国流传最广的译本。自唐代道宣法师为其作序后，各代都以鸠摩罗什译本为标准本。"妙法莲华"作为经名也是鸠摩罗什定下来的。鸠摩罗什译本《法华经》中的有关章节，专门讲述观世音菩萨普度众生的事迹和方法，由此对中国民间的观音信仰产生了重大影响。

《法华经》的主要内容是以释迦牟尼为舍利弗等弟子说法的形式，讲解佛教的"三乘方便"、"一乘真实"和"一切众生皆有佛性"等思想，向信众指出修行路径和方法，同时宣扬济世救人，普度众生的主张。

由于《法华经》主张"一切众生皆可成佛"，对其他教派的信众采取宽容平等的态度，所以为佛教信徒之间提供了协调共存基础，其阐述的观点也多被广大信众接受。故而《法华经》在佛教学界被称为大乘经典之王，除了天台宗奉为圣典外，其他佛教宗派也很重视，将其列为修行重要指导经典。

《法华经》卷七所载第25品标题为《观世音菩萨普门品》，简称《观音品》或《观音经》，是整部《法华经》中影响最大的章节。《观音品》以释迦牟尼与无尽意菩萨答问对话的方式，称赞了观世音菩萨的无边法力和救苦救难的大乘佛教精神。

《观音品》经文只有两千多字，分为两个部分。第一部分是无尽意菩萨的提问和释迦牟尼的回答。在这些问答中，释迦牟尼从观世音的种种神迹中对其名号进行了解释，并通过举例方式告诉弟子，怎样以称诵观世音菩萨名号的方法修持菩萨行。

释迦牟尼首先举例说，假如有"无量百千万亿众生"，当他们遭受苦难的时候，只要一心一意称诵观世音菩萨的名号，菩萨就会"观其音声"，前来搭救，使受难众生得以解脱。一个人即使遭遇了烈火围困和洪水淹没，只要他这时记住并念诵观世音菩萨的名号，烈火与洪水也不会真正伤害他。就因为他有这样的法力，所以才叫观世音菩萨。

世间那么多人为求取珍宝财富铤而走险，难免会碰上黑风吹翻船舫，遭遇不测。但只要有人记住并称诵观世音菩萨之名，他以及随他一道乘船的人都可以化险为夷，得到解脱罗刹险境。

其他如一个善良的人遭遇强盗抢劫，一个无辜的人遭遇妖魔鬼怪纠缠，或被诬陷遭遇囚牢之灾，一个正经的商人遭遇悬崖峭壁，过不去危险路段等等，只要他记住并称诵观世音菩萨的名号，都可以逢凶化吉。强盗的刀会被观音的法力折断，妖魔鬼怪也不能加害于人，无辜被囚的犯人身上的枷锁会断落解除，商人及其同伴都会安然走过险境。

此外，称诵观世音菩萨的名号，还可以使人做到远离淫欲，远离嗔怒和愚痴。女人礼拜称诵观世音菩萨，还可以得到生育的便利，可生福德智慧之男和端正有相之女。

释迦牟尼佛祖还告诉无尽意菩萨，观世音菩萨的无尽法力都是为了普度众生，为人们解除苦难，因此他不受外界形象的限制，在人们需要的时候可以不同的身份和形象现身。他可以现身为佛为众生说法，也可以现身为梵王、帝释天、自在天、大将军以及和尚、居士、官员、婆罗门等为人们解急救难。需要的时候，观世音菩萨还可以现身为妇女、儿童诸形象。正是这一点，为观世音菩萨在中国变身为女性作了恰当的铺垫，并最终以大慈大悲的母亲形象固定下来，也使《法华经》提倡的观音信仰在中国大地扎下深根。

《法华经·观音品》经文的第二部分，是无尽意菩萨在听完释迦牟尼佛祖的

杭州中天竺的八面四十八臂观音像。

佛·经·密·码

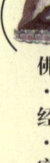

大足石刻之千手观音，经历代统计，该造像共有1007支手，为世界现存惟一名实相符的"千手观音"，此塑像建于宋代。

回答后，所作的一首偈颂。偈颂以概括性的语言对观世音菩萨的功德进行了称颂。实际上，这首偈颂也是中国的佛经翻译者采用汉代以来流行的五言诗体，对释迦牟尼佛祖讲经所作的通俗性赞颂。这些偈语因为内容精练，又朗朗上口，而在长达1600年的时间里得以广泛流传。例如，其中有这样的赞语：

观音妙智力，能救世间苦；
广修方便智，具足神通力。
妙音观世音，慈眼视众生；
灭除烦恼焰，具一切功德。

一千多年来，当佛教在其原生地印度日益走向衰落，佛教诸神被众多印度教大神淹没的时候，观音信仰却在中国民间深入人心。事实上，观世音菩萨到后来已经不仅仅是一个宗教形象了，而演化成为中国传统文化的一个组成部分。在中国人所知道的佛教人物中，观世音菩萨和释迦牟尼佛、阿弥陀佛一样，都是民众最熟悉的形象。这三者中，释迦牟尼佛是作为最初的佛教创立者、阿弥陀佛是作为西方极乐世界掌管者而为人信奉的，两者都与现实世界隔着一定距离。只有观世音菩萨是以最接近普通民众生活的形象出现的。作为一个遍观世间凡圣之音，救苦救难无所不在的慈悲女性，观世音菩萨长期在中国老百姓中受到尊敬和欢迎，不能不说是中国佛教文化的一个特色独具的现象。

吉藏讲经布道

吉藏，佛教三论宗的创始人，系「十大德」之一。他一生中最主要的工作，就是面对普通信众讲说佛法。史载，吉藏公开讲说《中论》、《百论》、《十二门论》一百多遍，讲说《法华经》三百余遍，还有《大品般若经》、《华严经》、《维摩经》、《大智度论》等各数十遍，「并作玄疏，盛流于世」。

> 佛说摩诃衍义无量无边……若能通达是义，即通达大乘。
>
> ——龙树《十二门论》

以"论"立宗的三论宗

佛教典籍文本一般分为三大部分，称为三藏——经藏、律藏、论藏。其中论藏部分是对佛教经义的论说，是其理论阐述的主要部分。《中论》、《百论》、《十二门论》即是产生于公元三至四世纪的三部佛教理论著作，均由印度学者所著。中国的三论宗即是以这三部论著为宗要，以阐述三论为学统建立起来的一个佛教宗派。在隋朝吉藏之前研习三论的学者称为三论师。自吉藏起明确了师承体系，宗派正式确立，称为三论宗。

在这三部论著中，《中论》和《十二门论》为印度学者龙树所造，主要阐述佛教世界观关于"性空缘起"、"万法皆空"的学说。《百论》是龙树的弟子提婆的创作，主要是针对一些教派偏见进行的批判，以破斥"一切有所得"的邪执为宗旨立论。因为三论主张世间一切事物的本质都是"空"，所以后世佛教学者也把龙树、提婆的学说称作大乘空宗。

公元五世纪时，西域龟兹僧人鸠摩罗什在后秦首都长安翻译了三论，并由其门人弟子进行弘传，是为三论在中国的最早流传。后世学者便把鸠摩罗什视为三论宗在中国的初祖，而把印度创论学者龙树、提婆等人奉为全宗的始祖。三论宗在印度和中国的前后传承，按照公元13世纪中国南宋志磐和尚所撰《佛祖统纪》提出的学统序列，可以列出如下线索：

龙树–提婆–罗睺罗–青目–须利耶苏摩–鸠摩罗什–僧肇–僧朗–僧诠–法朗–吉藏–慧远–智凯–硕法师–元康等。

其中吉藏既是承先启后的人，也是三论宗作为一个佛教宗派的实际创立者。

三论宗以论立宗，并在隋唐时期成为一个影响颇大的专以理论阐述为特色的佛教宗派，是与当时中国从分裂走向统一，从战乱走向安定，社会思想百家争鸣，理论建树形成热潮的大形势相一致的。

三论学的缘起

三论宗的最初学统起源于古代印度龙树。龙树，公元二至三世纪南天竺人，原名那迦阏，汉译为龙树。因其出生在一棵大树下，后又跟从大龙菩萨到龙宫学遍佛教经典而得悟佛法，所以叫龙树。相传龙树年轻时与三个朋友向一位术士学到隐身术，四人潜入国王后宫与宫女淫乱数月。暴露后三人被杀，龙树逃脱，即自悟"欲为苦本"，从此立志修行佛法。龙树遍阅原有佛经典藏，感到当时居于统治地位的小乘佛经"美则美矣，理犹未尽"。因为在此之前，印度本土及周边国家都受部派佛教上座部影响，多以小乘佛经为正宗而拒斥大乘经典，龙树不满足，曾想自己创立新教。其后他入山下海遍访得道者，后来在一座雪山古塔中遇见一位年老的得道高僧，老僧给他一部《摩诃衍经》。龙树读后十分惊喜，知道真正圆满高深的佛理深藏在大乘菩萨经典里，于是到处访求大乘经典，最后在大龙菩萨处，用90天时间学完大乘佛典，"通解甚多"，终于悟道。（《佛祖统纪》卷五）

传说中龙树入龙宫求经的故事，或许并非真正下到海底"龙宫"，而是到南天竺一个以龙为图腾的部族获得了其珍藏的佛经。其

龙王是佛经里经常提到的形象，其产生或与三论宗学理奠基者龙树菩萨的故事密切相关，龙宫宝藏的实质乃是佛教理论发现的形象比喻。

后龙树公开打出大乘佛教的旗帜,建立起自己的僧团,宣扬大乘佛法。相传著名的大乘佛教最高学府——印度那烂陀寺就是龙树创建的。

接着,龙树又收集整理出民间居士散藏的大乘经典,自己也登坛讲法,吸引了大批信众。史籍记载,龙树在南天竺传法期间,国王、婆罗门、诸外道及很多小乘佛僧都被他说服,皈依大乘佛教。

不仅如此,龙树立志弘扬佛法,还把自己的研究和感悟写下来,以弥补原有经典之不足。于是"造《大悲方便论》五千偈、《大庄严论》五千偈、《大无畏论》十万偈"。《中论》即是《大无畏论》中的一品。又著《十二门论》,以12种论说方法解释万法皆空之理,是为三论宗学说的起始。

提婆,全名迦那提婆,是龙树的弟子及其学说的继承人。提婆也是南天竺人,出身于婆罗门,后跟从龙树学习佛法。因为善于辩论,深得龙树器重,尽授其法。提婆曾为南天竺王说法,受到嘉许,专门为他建一座论坛。提婆利用国王的论坛宣讲佛法,并向全国公布三个论题——一切圣中佛最殊胜、诸法之中佛法无比、世间福田僧为第一,征集八方论士前来辩论。提婆许诺说,有谁能驳倒这三个论题,"我当斩首以谢"。很多不信佛教的外道学者参加辩论,但结果是,面对提婆都理屈词穷,最后反过来要求跟从提婆出家学佛。

有一个外道学者在辩论时输了,他的弟子感到很耻辱,决心为老师复仇。当提婆在一处名叫闲林的地方写作《百论》的时候,那个外道弟子拿把刀找上去,对提婆说:"汝以空刀(言论)破我师义,我以铁刀破汝之腹。"提婆被刺杀后,没有立即死去,却把自己的袈裟和乞食钵拿给刺客,说:"我相信你终将皈依佛法并弘传我的学说,你赶快拿了我的衣钵逃走。我的弟子还没有悟得佛法,一定会找你拼命。"刺客逃走后,提婆的弟子赶来,都急着要追杀刺客。提婆伸手拦住他们,说:"诸法本来就是空的,包括我的生命,因为那本来就不是我所固有的。那个刺客所伤害的只是我已经过去的业报,并没有真正伤害我什么。"说罢即圆寂了。
(《佛祖统纪》卷五)

提婆为弟子留下了最后的教诲,也为佛教学界留下了一部传世之作——《百论》。提婆的学说由弟子罗睺罗传承,以后依次有青目、须利耶苏摩

诸龙王像之难陀龙王,中国清代绘画,广东凤凰山壁画摹写。

等相传。到鸠摩罗什翻译成汉文，始建立起中国的三论学。

鸠摩罗什在中国佛教史上是一个承先启后的伟大学者，其翻译和论说影响了后世中国佛教多种宗派。其三论学主要由弟子僧肇弘传。

关于僧肇，前面已经在第二章简要介绍过他跟从鸠摩罗什翻译佛经并著文阐述佛理的成就。对于三论宗，僧肇的最大贡献恰恰在于他的几篇论文，其《般若无知论》、《不真空论》、《物不迁论》等都可看出《中论》、《百论》、《十二门论》所阐述佛理的影响，后被佛教学界尊称为"肇论"，与印度学者的论著并提。肇论旨在弘传三论学说，始终保持了学统的纯正。在《不真空论》一文中，僧肇发挥了"诸法性空，因缘而生"的学理，确立了三论宗义。故而后来的吉藏在判教时，把僧肇称为"罗什门下解空第一"，即讲解大乘空宗学说的第一人。

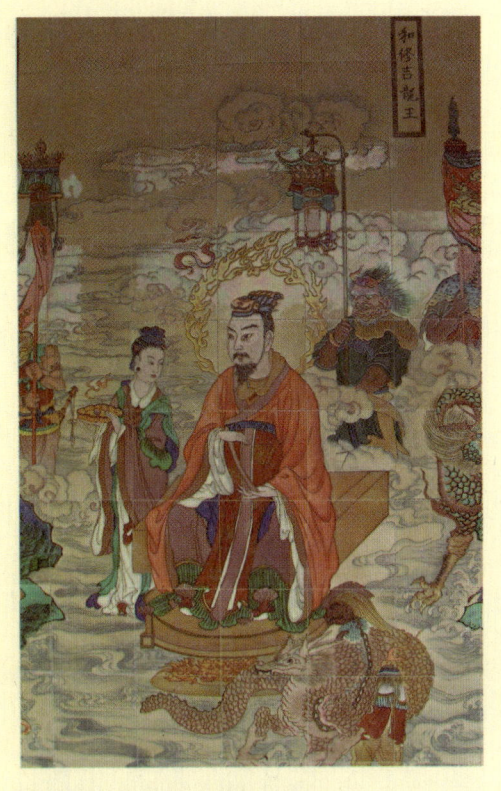

凤凰山壁画诸龙王像之和修吉龙王。

《不真空论》主要说世间诸法（一切现象）都是不真实的，因而是"空"的。但这个空也不是绝对的无，它也存在着，只不过是一种幻象。好比魔术师变出来的幻化人，不能说没有，但不真实。"譬如幻化人，非无幻化人；幻化人非真人也。"

既然现实世界都是不真实的，空的，那么它是从哪里来的呢？僧肇认为，在这一切假象的背后，有一个不变的本体，永恒的存在，那是真实的，是世间诸法（诸幻化人，诸假象）所以出现的依据。僧肇的说法是，"不动真际，为诸法立处……道远乎哉？触事而真。圣远乎哉？体之即神！"这个不变的本体就是佛性。僧肇借用了中国人都熟悉的两个词——"道"、"圣"来表述永恒的佛性。佛性是世间诸法因缘而生的最根本的缘。

相同的意思，僧肇后来又在悼念其师鸠摩罗什去世而写的论文——《涅槃无名论》里再次解说过。在那里，他把永恒不变的佛性叫做"涅槃一义"或简称为"一"。僧肇认为只要明白了诸法性空这个道理，真正获得"一"这个真理，就不会被世间的假象所迷惑，获得大智慧，"天得一以清，地得一以宁，君王得一以治天下。"（《高僧传》卷六）

接着鸠摩罗什和僧肇弘传三论学说的是僧朗。僧朗使本来只在中国北方流行的什肇之学传到了南方。

僧朗，南北朝时期辽东人。刘宋时入关到长安学习三论。后来到江南，以三论学向当时在南方盛行的佛教成实学提出挑战，多次非难著名的成实师，使三论之学得到弘扬，并引起朝廷重视。提倡佛教的梁武帝在天监十一年（512年）派遣京师主要寺庙的学者僧怀、慧令、智寂、僧诠等十人到僧朗隐居修行的摄山跟从他研习三论义学。其中以僧诠成就最大并传承了僧朗的法嗣，形成"摄岭相承"的三论学派。

僧诠跟从僧朗在摄山受学，没有再回到京师，始终在摄山隐居，住止观寺，时人便称之以"摄山师"、"止观诠"之号。僧诠是位坚定的三论学者，一生只讲三论和《摩诃般若经》，并以《中论》的学说来讲解《摩诃般若经》大义。僧诠及其弟子法朗、智辩、慧勇、慧布等将摄山学派发扬光大，并从山岭走向京师。

法朗在僧诠诸弟子中对三论宗学说的贡献最突出。法朗俗姓周，南北朝时期徐州沛郡人，其祖父曾为南齐青州刺史，父亲为南梁沛郡太守。法朗青少年时代曾到边地从军，跟从宁远将军徐子彦北伐，于战斗间隙领悟"兵者凶器，身为苦因"之理，于21岁在青州出家。

凤凰山壁画诸龙王像之优钵罗龙王。

法朗接触过多种佛教学说，先以律学和禅学为宗，后又研习《成实论》和《毗昙论》。这期间即有所成就，"誉动京师，神高学众。"但法朗不满足，最后到摄山止观寺跟从僧诠学习三论及《大智度论》和《华严经》等经论。

南朝陈武帝永定二年（558年），法朗奉诏到京师金陵兴皇寺讲法，主要弘传三论学说，25年不改其志，从此成为一代大师。法朗学风严谨，史籍记载，他"每一上座辄易一衣，阐前经论各二十余遍"。而且讲得通俗易懂，所以每次讲法常有千余听众，形成"听侣云会，挥汗屈膝；法衣千领，积散恒结"的场面。（《续高僧传》卷七）

法朗75岁时圆寂，落葬于摄山之西岭。其门人弟子遍及全国，知名者称为二十五哲，其中以慧哲、智炬、明法师和吉藏成就最高。三论学发展到吉藏时期便形成了三论宗。

久住世间传法弘道的吉藏

吉藏是三论学的集大成者，也是中国佛教三论宗的实际创立者。

吉藏，俗姓安，祖籍为安息（今伊朗），祖父时代因避世仇移居南海郡，后迁金陵（今南京）。吉藏于南朝梁武帝末年（549年）生于金陵。吉藏幼年时，信奉佛教的父亲带他去见真谛法师，并请法师为其取名。真谛便为他取了法名吉藏。此后父亲常带他去兴皇寺听高僧讲法，吉藏自然接受并能解悟其所讲经义，由此与主持讲法的法朗大师结识。不久又剃度出家，14岁时即开始跟法朗学习三论。

吉藏19岁时开始登上兴皇寺讲坛，为信众讲解《百论》之学，受到欢迎，并开始赢得声誉，包括陈朝皇室桂阳王也来听他讲课。

公元589年，隋灭陈统一全国。吉藏离开金陵到浙江会稽嘉祥寺弘传佛法，千余人追随他学法，当世人即称其为嘉祥大师。

隋文帝开皇末年（599年），晋王杨广时为扬州总督，在扬州建大道场，吉藏受邀入住慧日道场弘法，受到特殊礼遇。同年，杨广又邀吉藏同赴长安，住日严寺，从此长居长安弘法。在长安期间，吉藏主持了多次辩论会。当时中国北方佛教推崇法华经义和禅学，法华宗及禅宗高僧云集。吉藏独树三论宗之旗，在隋皇室齐王的资助下设坛为论主，与包括僧粲、昙献在内的多位高僧往复辩论40余番，结果以吉藏获胜告终。

凤凰山壁画诸龙王像之摩那斯龙王。

公元618年，隋亡唐兴。唐高祖李渊率军到长安，急于安定人心，下诏邀请长安城内高僧大德于虔化门下相见。众僧公推吉藏为代表谒见李渊。吉藏向李渊坦言说："现在因为战乱，造成生灵涂炭，百姓日子十分艰难，希望皇帝和唐军审时度势，顺应历史潮流，迅速结束战争，救民于水火之中，那样才能获得民心，僧俗各界都会拥护新政权。"李渊很赞赏吉藏的见解，不断向其询问对策，双方谈了很久，不觉间日影移动，时间很快过去。临别时李渊特别敕令左右，对吉藏和京师佛僧给予善待，以礼敬之。

吉藏的建言对唐代的宗教政策产生了一定影响。唐高祖武德之初（618年及以后），朝廷专门设置机构，聘请"十大德"即十位高僧，负责管理全国寺院和宗教事务。吉藏即为十大德之一，居住在长安实际寺和定水寺弘扬佛法。后来，齐王李元吉也仰慕吉藏的德行风范，特别邀请他到自己封地上的延兴寺居住弘法。

唐武德六年（623年），已经75岁高龄的吉藏患病不愈，高祖李渊特别敕令太医为其诊治并赐给良药。吉藏自忖世寿将终，在病中再向高祖皇帝上表，希望朝廷及皇室诸王延续善待佛教的政策，尊重佛、法、僧三宝，使释迦牟尼创立

凤凰山壁画诸龙王像之阿那婆达多龙王。

的佛教大法"久住世间,缉宁家国"。(《续高僧传》卷十一)

当年五月,吉藏临终之日,把自己对生死问题的感悟写下来,以"若不爱生,何由畏死;宜应泣生,不应怖死",来表达对佛教涅槃思想的理解,并将文章标题为《死不怖论》。写完即"落笔而卒"。

吉藏圆寂后,皇帝李渊下诏专为吉藏在长安南山至相寺凿出石龛安置其遗骨,以示悼念。东宫太子以下诸王及公侯贵胄等,都致书慰问并赠以钱帛。当时的秦王,后来的唐太宗李世民也有挽词称颂吉藏法师:"道济三乘,名高十地,树德净土,阐教禅林。"对其辞世表示惋惜。

吉藏的学说源于摄山学系,曾直接受教于法朗,后又主要以三论之学弘传佛法,成为三论宗立宗之祖。吉藏一生弘法长达60余年,其学术道路颇为曲折。他最初在江南时继承老师法朗的学统,以三论为宗。后来到长安接触北方佛教界的主流学说,又研究天台宗的法华玄义和禅宗的学说,也有相当造诣。最后回归三论,撰写了《三论玄义》、《大乘玄义》、《二谛义》等著作,全力阐扬三论宗学说,从而确立了隋唐三论宗在中国佛教学界的历史地位。

除了对于三论宗的贡献外,吉藏对于中国佛教的学术贡献还有对典籍的保存、整理和宣讲。吉藏于陈隋两代居住在南方金陵、江阴一带,战乱起时,僧人和百姓一起逃亡,很多寺庙废弃,僧众便向吉藏住持的大寺集中。吉藏特别派遣弟子将各寺丢弃的佛经典籍收集到自己的寺庙,专门辟出三间房屋保存。待到战事平定以后,吉藏又亲自对那些典籍进行归类整理。因此而又阅读了大量经典,以至后来主持讲坛与对手辩论时,征引经典丝毫不差,令对手也不得不表示钦佩。也因为具备了这样的大学问,吉藏后来为佛典经论作注及撰写《三论玄义》等著作及其他经论的注疏时,旁征博引都十分精到,被后世学者引为典范。

其实,著书立说只是吉藏对弘传佛教所做贡献的一个部分而已,他一生中最主要的工作,还是面对普通信众讲说佛法。史籍记载,吉藏公开讲说《中论》、《百论》、《十二门论》一百多遍,讲说《法华经》三百余遍,还有《大品般若经》、《华严经》、《维摩经》、《大智度论》等各数十遍,"并作玄疏,盛流于世"。(《续高僧传》卷第十一)

吉藏之后的三论宗

吉藏一生弘法，门下汇集了众多高足弟子。其中以慧远、智凯、硕法师等最为知名。三人都是承续吉藏之学，弘传三论宗的著名论师。

中国佛教史上有好几个慧远。前有建立净土宗的庐山慧远和静影慧远，后有宋孝宗时代禅宗的灵隐慧远等。作为吉藏大弟子的慧远，则是以弘传三论宗而留名于世的。慧远在长安吉藏门下时已有盛名，与其师同为唐高祖礼聘的"十大德"之一。吉藏去世后，慧远继续弘传三论宗，后到蓝田（今陕西蓝田县）悟真寺为住持。慧远在悟真寺为信众讲三论学，常引京师各宗高僧辩论之例，以说明三论宗立论之高远微妙。在此期间，慧远有时也到长安讲学。道宣在《续高僧传》里评价慧远说，他讲法时"殴动众心"，深受欢迎。

吉藏的另一个弟子智凯也于三论宗有大贡献。智凯，俗姓冯，江南丹阳人，很小就与吉藏法师结缘。相传他在六岁时听到吉藏讲解《法华经·火宅品》后，回家对母亲说："我已经理解了《火宅品》的经义，我就是火宅；如果我是火宅，我就应该燃烧自己照亮众生；现在既然我没有燃烧，那就说明成佛的道路上还没有我；所以请允许我出家学习佛法。"智凯的父亲早亡，母亲听他说出这样的话，便没有阻拦他。第二天一早，智凯就去了吉藏的寺庙，从此追随老师弘法，数十年不改其志。

智凯13岁时已能将老师吉藏所讲经论完整复述出来，并有自己的发挥。其后吉藏到会稽嘉祥等寺和长安静林寺讲法，智凯也为老师当助手，其他弟子都不能超越他。吉藏去世后，智凯于贞观元年（627年）之后离开长安回到江南，在余姚（今浙江余姚县）小龙泉寺宣讲三论和《大品般若经》等经论。智凯研习三论重视实践，曾誓言亲自体验清修，不出寺外化斋，自己种地供养自己。智凯后来修习到仁慈生性，看见被人丢弃的流浪狗就捡回来喂养，身边经常有30-50条狗，成为寺庙的一大景观。

后来，当地都督出面礼请他到会稽嘉祥寺为大众宣讲佛法，智凯才离开小龙泉寺，到其师吉藏曾经讲过学的嘉祥寺开讲三论，立即吸引众多听众，常有"四方义学八百余人，上下僚庶依时翔集"。（《续高僧传》卷第十一）

智凯于唐贞观二十年（646年）在嘉祥寺讲堂上，手执如意圆寂，葬在大禹山。

吉藏的另一个弟子硕法师

三论宗学者的著作丰富了中国哲学和宗教理论。

诸佛菩萨的辩难法会，实际上是佛教发展历史上理论探索的童话性阐释，凤凰山壁画。

著有《中论疏》十二卷和《三论游意义》一卷。硕法师的弟子元康为吉藏的再传弟子，于唐贞观中期奉诏到京师安国寺讲法，主要也是弘传其师和吉藏的三论宗学说。元康还撰写了《三论疏》一卷、《玄枢》两卷、《肇论疏》三卷，对继承三论宗学统有新的建树。

吉藏门下弟子还有高丽人慧灌，他把三论学带到日本，后被称为日本三论宗的初祖。慧灌的弟子智藏也来到中国研习三论学，回国后成为日本三论宗第二祖。智藏的弟子道慈继续其两代宗师的道路也来到中国，留学18年并成为元康的门下弟子，是为日本三论宗的第三祖。因为慧灌等人的传扬，《中论》、《百论》、《十二门论》和吉藏的著作在日本奈良时代翻译刻版甚多，在朝鲜也有影响。

但三论宗在中国本土流行的时间不长。当唐贞观后期社会完全安定，盛世出现，社会主流思潮逐渐走向一统，尤其是天台宗和法相宗相继盛行之后，三论宗即走向了衰落。但其理论建树在中国佛教史上的地位和影响一直存在。

"万法皆空因缘而生"的《中论》

《中论》是《中观论》的简称，为中国佛教三论宗的立宗依据之一，也是大乘佛教很多宗派都引以为据的一部理论性著作。公元三世纪南天竺学者龙树造论，由其后传弟子青目撰写释文。公元五世纪初东晋十六国时期，后秦鸠摩罗什译成汉文四卷。以后历代都有佛教学者对其进行讲解注疏，其中以僧肇和吉藏的讲说最为流行。僧肇的《不真空论》即是对《中论》中心论点"万法皆空，因缘而生"的阐发。吉藏的《中观论疏》进一步发挥龙树的思想。总之，《中论》在中国佛教学界及哲学界都具有广泛影响。

《中论》共分27个章节，称为27品，分别对27个佛学范畴进行阐释。因为每一章（品）都以"观"（观照、看法）的方式进行，如第一章标题为《观因缘品第一》，第二章标题为《观去来品第二》，最末一章标题为《观邪见品第二十七》等等，所以全书名为《中观论》，用以表达对27种佛学问题的观点。

法会诸菩萨表情各异，凤凰山壁画。

《中论》或《中观论》之所以叫做"中观"，在于龙树为本论立下了一个目标，即提倡"中道"。在《观四谛品第二十四》的结尾有一首偈颂，画龙点睛地说明了这个目标：

众因缘生法，我说即是空；
亦为是假名，亦是中道义。

中国佛教三论宗和天台宗都很重视这首偈颂。天台宗大师吉藏认为这首偈颂中提到的三个概念-空、假、中道，就是全论的中心论题，吉藏把三者视作三谛，即三个根本说法，把这首偈称为"三谛偈"。

《中论》的体裁与一般的论著不同，它是以偈颂形式进行论说的，全书一共五百偈。鸠摩罗什把龙树的这五百首偈颂用中国汉代以来形成的五言诗体翻译出来，每一偈最少四句，类似于汉诗的五言绝句；多则四五十句，类似于乐府诗或后来的古风体。这样的翻译形式兼顾了印度佛经偈颂和中国诗歌体裁的特点，便于朗读背诵。每首偈颂后面则是青目的释文，即用问答体散文形式进行解说。

《中论》立论的宗旨本于"破"论，即主要用来破除种种邪见，因此言词尖锐直接，具有很强的战斗性。如《观颠倒品第二十三》之一偈：

若因净不净，颠倒生三毒；三毒即无性，故烦恼无实。

意思是说，如果人的本性颠倒了（干净的本性变得污秽了），就会生出贪欲、怨恨、愚痴这三种恶劣的品性，称为"三毒"。人有了这三毒，就会失去作为人本来具有的善性，从此就会烦恼缠身永无宁日。龙树以此分析世间愚痴者及其种种恶行产生的根源。

又如《观四谛品第二十四》之一偈：

不能正观空，钝根则自害；
如不善咒术，不善捉毒蛇。

青目为这首偈颂注释说，如果一个人钝根太重（太愚笨），不能理解释迦牟尼佛祖所说的解脱法（空法），就难免生出邪见。好比一个愚蠢的人去学咒术用来防身，但学错了路数反而害了自身。又好比一个人去捉毒蛇用来治病（印度自古有用蛇毒治病的传统），但因太笨不会捉蛇反而被蛇咬伤。龙树以此告诫人们应该虚心学习佛法，去除钝根。

《中论》全书阐述的佛理观法要义大致可以概括为：

观生灭来去法，分析世间万象产生、消失及所从来，所自去的途径；

观五蕴处界法，分析人生五蕴（色、受、想、行、识）诸现象；

观菩萨大乘法，分析物质、时空、因果、成坏（生成与毁灭）以及净染、颠倒等诸种现象，及获得涅槃的方法等；

观四谛及十二因缘法，分析苦、集、灭、道四谛及十二因缘的认识论等。

在《中论·观行品第十三》中的一首偈颂，说明了龙树立论的宗旨，也是全书要义的概括：

大圣说空法，为离诸见故；

若复见有空，诸佛所不化。

意思是说，释迦牟尼佛祖为破除人们头脑中的62种致生烦恼的邪见，专门为大众讲说各种解脱大法。但如果一个人因为种种贪欲和邪恶本性，不能理解佛祖教导的解脱法，反而从"空"中见到"有"，执著于种种实利，那就是不可救药者，无论哪位佛菩萨都不能使其开化。所以说真正的觉悟必须是自悟。中国古代格言："为仁由己，岂由人乎哉？"也是这个意思。

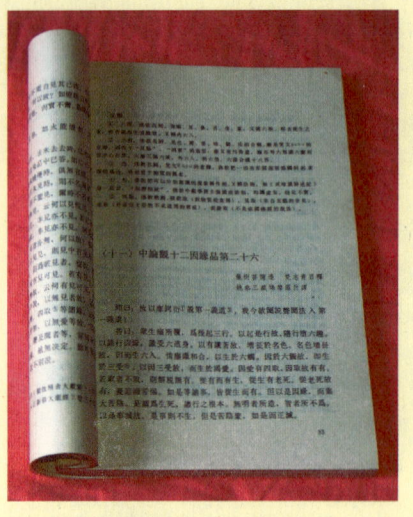

龙树菩萨和鸠摩罗什的理论作品。

《百论》十品

《百论》为印度佛教学者提婆于公元三世纪所造，四世纪时由婆薮撰写注释（一说为世亲注释），也是大乘佛教空宗所推崇的一部理论著作。《百论》原有二十品，即20个章节。每品各有五条偈语，合为一百偈。但汉译本只有十品，流传下来的也只是这十品，合五十偈。据说因为鸠摩罗什认为后十品"无益此土"，即对东土社会没有针对性，不适合中国人阅读，故没有翻译完全。鸠摩罗什前后翻译《百论》两次，第一次在后秦弘始四年（402年）。因为鸠摩罗什刚到长安不久，译文较生硬，他自己并不满意，因此又在两年之后重新翻译，由弟子僧肇作序，此译本流传至今。

《百论》之得名，是因为全书由一百首梵文偈颂构成。每一首偈颂相当于一个论题，因而称为"百论"。但《百论》的文体与《中论》五言诗体又不同。鸠摩罗什将百偈及世亲所作的注释都译成散文对话体，全论均以问答形式对论说的主题进行阐释。论中一般以"外曰"表示问题，以"内曰"表示答案。之所以这样分别，是因为"外曰"主要代表外道邪说及小乘佛教的观点，"内曰"则代表提婆自己的观点，即大乘佛教的理论。

与《中论》相似，《百论》的宗旨也是以"破"为主，即批判大乘佛教以外的外道邪说，通过批判错误而达到弘扬真理的目的，即所谓"破字当头，立在其中"。在佛教论战的历史上，这是一种很高明的方法。提婆造论的具体方法是，找一个外道或小乘派的论题，以释迦牟尼的教义及自己的理解加以批驳，明确一个道理。再找一个论题，再进行批驳。这样一直进行下去，直到把问题说清楚。正所谓"真理越辩越明"。

因为《百论》以批判立论，所以僧肇在《百论序》里说："于时外道纷然，异端竞起，邪辩逼真，殆乱正道。乃仰慨圣教之陵迟，俯悼群迷之纵惑，将远拯觉沦，故作斯论。"意思是提婆之所以造此论，就是针对外道邪说纷然竞起，仰赖释迦牟尼佛祖的教诲，使人们回到正道，拯救沉沦。这就点明了整部论说的主题。

《百论》十品的主要内容分别为：

舍罪福品第一，说明什么是邪行（罪），什么是善行（福）。特别说明身邪行——杀盗淫、口邪行——妄言恶语、意邪行——贪嗔恼等等的危害。

破神品第二，针对外道以神举例说诸法为有，论证说明神既是一种"觉相"（由因缘而生的形象），那就并非实有。破，即分析、驳斥的意思。

破一品第三，"一"指一件具体事物如瓶子、衣服等。提婆认为这些具体的物质现象都是暂时的存在，不应执著于暂时的"有"。

破异品第四，接着上论说明由"一"之变化形成另外的物体（异），例如由泥土做成的瓶子等，其实质也不是"有"，更不能死板地认定其真实存在，因为瓶子也会破碎，会重新变成泥土。

破情品第五，说明有意识的生命体（佛教称为有情，此处简称情），包括眼、耳、鼻、舌、身、意等感觉器官，其存在也具有暂时性，不应视为恒常的"有"。

破尘品第六，外道以微尘不可再分而能够合成为物体让人所见，认为那就是实有。提婆则以微尘并非现见因而也不实有破之。

破因中有果品第七，

大千世界的丰富性为佛经理论发展提供了土壤，也决定了探索之路的曲折与漫长，凤凰山壁画。

提婆认为当原因变成结果的时候，作为原因的那部分事物即已消失了（"因"失故"有"失），说明所有事物都不是永恒存在的，不是真有。

破因中无果品第八，反过来说也一样，认为因中无果，果是本来就实有的，也是一种妄见。

破常品第九，外道所说的常，指某种永恒的物质存在，因而"应有诸法"。提婆认为这恰好把"常"与"无常"搞混淆了，常作为物质形态具有暂时性，因而不是真有。

破空品等第十，外道最后的反诘是，既然所有关于"有"的说法都被空论所破，作为提婆论辩武器的这个"空"难道不是真实存在的吗？所以"不应言一切法空"。提婆反驳说，即使对于"空论"，也不能执著为"有"。

凤凰山壁画阿罗汉尊者之阿资达尊者。

这就好比释迦牟尼为众人说法，教导人们放下执著，得到解脱，进而求得涅槃。但如果有谁成天把那个"解脱"挂在嘴边背在身上，他就不可能获得真正的解脱，也不能够到达涅槃境界。真正意义上的解脱和涅槃，以及那个"空"，是不可言说的。之所以还要说，只是为了"常依俗谛"。所谓入乡随俗，方便大家理解，不得不以那样一个名称来解说而已。

《百论》所阐述的理论及其论说采用的逻辑方法，十分独到，因而在中国佛教界受到广泛重视。尤其是三论宗几代学者，更将其尊奉为破除偏见和迷信的利器。由上述点滴引论可见一斑。

《十二门论》管窥

《十二门论》亦为三论宗所尊奉的大乘空宗经论的主要典籍之一。其体例与《百论》有些近似，都是以一个章节论说一个问题。只是本论以"门"代替"品"，十二门即十二个章节分论。"门"也称观门，所谓"门者开通无滞之称也"（《十二门论序》），有方便入门观察的意思。但《十二门论》主要不取《百论》对话体问答形式（小部分为问答），而是直接以论文形式讲说其理论。

《十二门论》也为公元三世纪印度龙树所著，鸠摩罗什于后秦弘始十一年

左图为凤凰山壁画阿罗汉尊者之拔纳拔西尊者，右图为凤凰山壁画阿罗汉尊者之喇乎拉尊者。

（409年）译出，归于一卷。龙树所著原为梵文26首偈颂，加上青目所写的注释性论文共同构成全书。《十二门论》中有些偈颂引用自《中论》，其他的偈颂也近似于《中论》的偈颂，故而被佛教学界认为本论具有为其主要著作《中论》作提纲的性质。事实上本论的确也具有内容更加精练，论说更加直截了当的特点。

依吉藏《十二门论疏》的分析，全论按内容可分为三大部分。第一部分前三章（门），为明空门，主要阐述大乘佛教关于"空"的理论。第二部分由第四至第九章组成，为明无相门，主要说明世间万象的实质并非实有，所以叫无相。第三部分后三章，为明无作门，主要阐释三种解脱法门，从而明白全书主旨"空性实相"之说。

在第一章《观因缘门第一》中，龙树依据《摩诃衍经》讲解大乘经义及其命名依据："诸佛最大，是乘能至，故名为大"；又极力推崇"文殊师利、弥勒菩萨等，是诸大士之所乘，故名为大"；"佛自说摩诃衍义无量无边，以是因缘故名为大。大分深义所谓空也，若能通达是义，即通达大乘。"龙树此说为大乘佛教下了定义，所以《十二门论》在后世佛教学界受到特别重视。从吉藏开始，无论是三论宗还是其他佛教宗派，修行者要弄懂并解释大乘思想，都不能不从研习《十二门论》做起，其道理就在这里。

在第二章《观有果无果门第二》中，龙树主要从因果关系的变化推论"空"之根本。最后一句偈言点明了主题："一切有为法，皆是因是果。有为空故，无

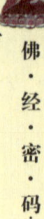

左图为凤凰山壁画阿罗汉尊者之租查巴纳塔嘎尊者;中图为凤凰山壁画阿罗汉尊者之锅巴嘎尊者;右图为凤凰山壁画阿罗汉尊者之阿必达尊者。

为亦空。有为无为尚空,何况我耶?"特别强调不应执著于自我。

《观缘门第三》论说因缘、次第缘、缘缘、增上缘等四缘,分析说明一切因果现象都是由缘而生,其本质则是空。

在《观相门第四》中,龙树以牛、瓶、人、灯为例,说明现实世界的一切现象(实相)都具有暂时性,所以是空,不可执著。其后各章层层推进,进一步论证诸法性空的原理,并强调一切现象都依各种因缘产生,又以各种因缘消灭,因而其本身没有固定的自性。"无自性即是空。"(观作者门第十)

最后一章《观生门第十二》,考察有生、无生诸物生成、生长、存在(住)、消失(灭)诸现象。以逻辑推理方式,说明世间一切现象(实相)都是因缘和合而生,其本身不是固定不变的,都有成、住、坏、灭的规律,因而"一切法(物质现象)、无(无生命体)、生(有生命体),毕竟空寂故"。空和涅槃才是根本缘。

龙树所著《十二门论》,因对实相、因果、因缘和合、空寂涅槃等的深入分析,在佛教理论建设上独树一帜。《十二门论》与他的《中论》及提婆的《百论》等一道,为大乘空宗的建立提供了理论支持,也为佛教三论宗在隋唐时期,中国又一次大一统时代的发展奠定了基础。其哲学思想也为中国中世纪思想界增添了更多思辨色彩,其历史贡献不可磨灭。

道宣弘化《四分律》

道宣为《四分律》南山宗的创立者,在中国律宗史上,占有极其重要的地位。他的主要成就是对《四分律》的开宗弘化,以及综括诸部会通大小的创见。使那些空谈大乘的人们,不敢呵责小乘律,而守持小乘律的,也不会放弃大乘律,达到既能避免偏颇之弊,又有相得益彰之妙,这就是道宣律师给予后世学者们一项莫大的功德。

> 戒是警意之缘也……欲了妄情，须知妄业。于本善识，成善种子，此戒体也。
>
> ——道宣《四分律删补随机羯磨疏》

以律藏立宗的律宗

律宗是唐代道宣创立的中国佛教八大宗派之一，因注重研习及传持戒律而得名。因其依据的是佛教律藏五部律中的《四分律》，所以也称四分律宗；又因为其实际创立者道宣长住终南山，故又称为南山宗。

在佛教典籍经、律、论三藏中，律藏主要为各种戒律的总汇。释迦牟尼传教之初，出家人修行没有统一的行为规范，有的还产生了不良社会影响，僧团内部矛

释迦牟尼的规戒通过梵僧的修行，成为僧团的制度规范，其影响至今仍在，凤凰山壁画。

盾丛生，佛教受到很多攻击。释迦牟尼于是制订戒律以约束弟子及其他僧众的行为，后来的"纪律"一词也起源于此。释迦牟尼涅槃后，弟子们将其言论汇集起来形成佛教典籍，是为第一次佛典结集。由优婆离菩萨诵出释迦牟尼关于佛僧行为规范的言论，作为成文的戒律，即是律藏的起始。其后又有若干次结集，律藏经典得以不断充实完善。

佛教律藏经典最初传到中国，是在三国时期曹魏嘉平年间（249-254年），中天竺佛僧昙柯迦罗在洛阳译出摩诃僧祇部戒本，作为出家人持戒的准则。又请梵僧依照印度通行的规则创行戒法度僧，是为中国佛教僧侣受戒之始。曹魏正元年间（254-256），安息沙门昙谛来洛阳译出昙无德部戒法，进一步规范了中国僧众行持受戒的规则。

此后三百年间，原在印度流传的《十诵律》、《四分律》、《摩诃僧祇律》、《五分律》等四部律书，以及《毗尼母论》、《摩得勒加论》、《善见论》、《萨婆多论》、《明了论》等关于律藏经典的阐述性著作也先后译成汉文，合称"四律五论"。中国佛教界研习律藏也渐成风气，陆续有阐释性注疏出现。律藏之学于是逐渐盛行，直至唐代道宣建立起中国律宗，其对后世佛教僧侣的修持生活影响深远。

律宗之学分为戒法、戒体、戒行、戒相四科。戒法即戒律，以释迦牟尼所制教条为基本准则；戒行即实践；戒相是戒法的具体规定和外现形式，分别有五戒、十戒、二百五十戒等。律宗的主要理论学说是戒体论，即弟子从师受戒时领悟到的佛教真理，由此构成一道防止做恶事以至背叛佛教的心理防线。这是律宗教理的核心理论。因为律宗之学的一些基本范畴也涉及到哲学，因此在中国佛教史及古代思想史上也具有相当的研究价值。

南山律学的兴盛

道宣之前的律宗学统，据宋理宗景定年间由志磐法师所撰《佛祖统纪》卷二十九"南山律学"专章，共有八代，道宣为第九祖，如下：

始祖昙无德尊者—二祖昙摩迦罗尊者—三祖北台法聪律师—四祖云中道覆律师—五祖大觉慧光律师—六祖高齐道云律师—七祖河北道洪律师—八祖弘福智首律师—九祖南山道宣律师。

其中法聪、慧光、道云、智首等，在道宣之前为创立中国佛

律宗传播过程引入了龙王和龙女故事，强化了佛教戒律神圣不可侵犯的性质，凤凰山壁画。

凤凰山壁画中的龙女形象。

教律宗有特殊贡献。中国佛教的律藏之学开始成为一门专门学问,是从公元五世纪中期北魏孝文帝时代法聪开始的。其时法聪在平城(今山西大同)开讲《四分律》,并口授讲义由弟子道覆记录整理为《四分律疏》六卷,成为中国本土的第一部律学论著。

律宗四祖慧光则是承前启后的一位重要人物。慧光俗姓杨,北齐定州长庐(今河北定州市)人。慧光13岁时,父亲带他到洛阳拜见天竺僧佛陀扇多。佛陀扇多见他"眼光外射如焰",十分惊喜,认为他"必有奇操也",于是劝他父亲让其出家学佛。慧光从此跟随佛陀扇多习诵佛经并剃度受戒。慧光的确于佛法有缘,拿着经卷浏览就仿佛早已读过,很快就可以"旁通博义,穷诸幽理",又能把自己的理解向其他人很顺畅地说出来。当时就有富豪施主对这位只有13岁的小和尚刮目相看,称他为"圣沙弥",对他的布施很慷慨。慧光接受布施后立即将其钱财交给老师及施与穷人,自己不留一文钱。佛陀扇多对此更加欣赏,称赞说:"此诚大士之行也。"放心地任随慧光自己与施主交往。

但这样也使少年慧光不拘小节,沾染了声色恶习,做出一些有违出家人规范的事,舆论对其行为赞毁都有。而慧光却不在乎,讲经说法仍然有"雅量弘方",依然受到众人追捧。都认为他是个做大事的人,对小节可以不那么认真。但佛陀扇多却不那么认为,他虽然也认定"此沙弥非常人也",却又对他提出了新的要求,要他下功夫学习律藏,以释迦牟尼佛祖规定的戒律来约束自己的言行。佛陀扇多说:"佛教戒律是一切智慧的基础。一个有志于弘扬佛法的僧人,必须先学习戒律。如果只学经论而轻视戒律,邪见就会在不经意间产生,修行之路就会受到阻碍。"慧光于是很快醒悟,开始潜心研习律藏。

慧光最后以律藏之学立身。他于成年后先登坛讲说《摩诃僧祇律》。最初因为戒律理论没有多少人学过,很多僧人听不懂,形成"唱高和寡"的场面。后来慧光改变策略,尽量把高深的学理以通俗易懂的语言讲说出来,结果吸引了大量听众。往往是一场讲座没完,后来的听众就集合起来等着第二场开讲。慧光作为律学师的名声很快在州郡传开,直至洛阳等地。

在精通了《摩诃僧祇律》之后,慧光又开始钻研律藏中最具理论分量的《四分律》，并将其研究心得写成新的《四分律疏》一百二十纸，成为中国佛教律宗四分律学的奠基之作。

在有了律学研究的基础之后，慧光又开始广泛学习经藏和论藏诸学。北魏宣武帝永平元年（508年），朝廷组织大规模的佛经翻译。慧光与其师佛陀扇多在洛阳，与新从印度来的高僧勒那摩提和菩提流支一道从事译经事业。由于慧光熟悉各地方言，成为翻译场中三位天竺高僧的得力助手。

雷峰塔的建立与倒掉实际上是佛教戒律与人性冲突的反映，杭州也是中国佛教律宗的传统重地，图为近年重建的西湖雷峰塔。

菩提流支在印度时就以地论学成就卓著而知名，在一道翻译《十地经论》的过程中，慧光得到菩提流支的直接指导，在地论学方面获得很大收益。之后，慧光把自己的学习心得撰写成《十地经论疏》，对于地论学在中国的传播与弘扬起到了积极作用。因此后世学者也把慧光称为地论学派的一代大师。

慧光在中国北方佛教界影响巨大，东魏政权和北齐朝廷先后任命他为僧都和僧统，主管全国佛教事务。慧光在僧官任上积极履行职责，发挥佛教修行及寺庙权力的影响，为社会调整僧俗关系及天人关系。史籍记载，有一年中原地区遭遇大旱，当地官员束手无策，便向慧光救助。慧光"乃就嵩岳池边烧香请雨。寻即流霪原隰。民皆利之。"（《续高僧传》卷二十二）

作为佛教领袖，慧光对全国的寺庙管理也很用心，曾主持制定了指导出家人日常行为规范的《羯磨戒本》及18条寺庙管理制度。这些戒本与制度也从实践方面充实了佛教律宗的理论，对中国佛教寺庙的活动进行了规范。

慧光70岁时在邺城大觉寺圆寂，为后世留下了《胜鬘经注释》、《仁王般若经注释》和《四分律疏百二十纸》等佛学著作。此外，慧光还为中国佛教界培养了一批人才，有十人在当时就被广大信众所推仰。在慧光法师的所有弟子中，道云成为律学的嫡传弟子，史籍记载他"早依师禀，奉光遗令专弘律部"，后来也撰写了《四分律疏》九卷，为律宗的弘传成型作出了阶段性的贡献，后来被称为律宗第五祖。

接着慧光和道云，在南北朝后期及隋唐时代开创律宗学统的是智首。

智首，俗姓皇甫，安定人，北周武帝天和二年（567年）出生。最先在相州云门寺出家，师从智旻法师研习禅学。后在道洪法师处接触慧光法系所传的律学，立即被慧光的学说所吸引，从此潜心修习律学。22岁时，智首对佛教律藏的研习和修行已很深透，但却对自己的修行水平没有把握。因为当时的律学并不是佛教显学，修习律藏的出家人并不多，僧人间对律学的交流和验证机会也很少。智首

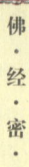

于是在古佛塔前向释迦牟尼祈祷,希望能与佛祖沟通以验证自己的修行。果然看见佛祖自天而降,伸手为他摩顶,智首于是"身心安泰,方知感戒有实",于是对自己的律学修行有了最真实的把握。

隋统一全国后,在各地恢复遭到战争破坏的佛教寺庙,征召各地高僧为社会安定服务。智首于是随灵裕法师到京师长安,住在禅定寺,进一步研习律学并为信众讲说律藏经典。

智首对于律宗的主要贡献是对律藏典籍的整理。在长安期间,智首利用京师良好的文化环境广泛搜寻经、律、论三藏典籍,以四年时间对主要佛典都进行了披阅,特别把与律学相关的经论和注疏都汇集拢来,分门别类进行整理,他自己也撰写了《五部区分钞》21卷,成为律宗学的导论性著述。

到唐太宗贞观元年(627年),朝廷又征召各地高僧,对印度来华僧人所带的大量佛教典籍进行翻译。其中凡与律藏相关的翻译文字,最后都由智首负责核对校正。太宗李世民因此对智首格外器重。贞观八年(634年),李世民敕令在长安城西建造弘福寺,供奉大德高僧,邀请智首担任上座,负责管理寺僧诸事务。但智首并不以此自满,在寺里宣布自己的誓言,要为僧众开讲律藏一百遍。其时智首已经年迈染病,但他还是坚持自己的承诺,除在弘福寺讲学外,还走出去向更多的信众讲法。史籍记载,智首一生的修行与传法活动"始于漳表(漳河),终至渭滨(渭河)。"(《续高僧传》卷二十三)

贞观二年(628年),智首卒于住所,享年69岁。太宗皇帝敕令由朝廷供给丧事费用,并由房玄龄、杜正伦等重臣亲往悼念。智首弘传律学30余年,为其亲授弟子道宣正式创立律宗奠定了基础。

道宣在终南山的"神迹"

佛教戒律要求信众务必戒除的邪见邪行,在中国传统里形象地变成关于地狱的种种描述。大足石刻,建于宋代。

讲述道宣生平,可能没有人能够回避其中的"神迹"。宋代以来,凡对中国佛教历史及高僧事迹的记述,几乎无一例外地都有关于各种神迹的记载。中国封建时代经济文化在宋朝发展到一个高峰,社会生活日益丰富。宋人喜欢讲故事听故事,所以话本、小说流行。佛僧的故事也不例外,甚至更多,因为佛教本来就涉及神学。尤其是历史上那些成就卓著，声名显赫的大德高僧，能够以自己的修为和法力开创一番佛学新天地，如创立宗派影响后世者，受到后人敬仰，其神迹故事流传更广。由宋代佛僧通慧、赞宁等撰述的道宣生平，便记录了不少神迹。当代读者除了可从这些记述中搜寻主人公真实的生平事迹之外，也可以从中感受到中国中世纪文化的特有品质。

道宣，俗姓钱，隋文帝开皇十六年（596年）出生于丹徒（今江苏镇江市丹徒区）。父亲钱申曾在南北朝时期任陈朝的吏部尚书。道宣从小就表现得十分有灵气，九岁能写诗赋，十岁喜欢诵读佛经。隋炀帝大业八年（612年），道宣16岁即落发受戒，跟从长安日严寺律学师慧頵学习佛法，主要研习律藏之学。

大足石刻地狱经变像对邪见与恶行的形象性警告。

惩戒贪欲等恶行的手段具有中世纪封建时代的典型特征，大足石刻。

隋亡唐兴，道宣于唐高祖武德年间见到律学先驱中的一代大师智首，从此在慧頵和智首两位大师的指导下潜修律学，并以到山林坐修戒、定、慧的方式进行实践，奠定了一生的律学基础。那一年道宣20岁。

但年轻的道宣并不是一个只知静修的僧人，他在接受慧頵和智首的教导之外，也经常跋涉山川，游走四方访求名师并广泛接触社会。最后于唐武德七年（624年），前往终南山仿掌谷隐居修行。仿掌谷原本缺水，道宣在山民指引下挖出一眼泉水。泉水清澈甘甜，道宣便把自己的修行之所命名为白泉寺。甘泉还吸引来山里众多动物成为道宣的邻居。史籍记载说道宣与那些动物，包括猛兽都相处和睦，他在静坐修行时，那些猛兽就伏在他身边，周围则是鲜花奇草吐露芳华。道宣生平中很多故事都以终南山为背景，他与孙思邈的一段故事也发生在终南山。

孙思邈在中国历史上以"药王"著称。因为采药，他常去终南山，便与道宣相识并结成林下之交，经常一起谈法论道。有一年关中大旱，朝廷请了几位西域僧人在长安城外昆明池筑起圣坛向天祈雨，并诏令官府为西域僧准备其所需要的一切物品。西域僧夸下了海口，但老天仍然不下雨，僧人们于是施展法术，把昆

地狱经变像对邪见与恶行的警戒，源于戒律，实际是对律宗学说的形象化阐述，大足石刻。

明池水调出来在长安城内外洒下一些雨。这样的做法可以欺骗城里人一时，却无助于真正解除旱情。而昆明池水本身也很有限，形成七天之内每天下降数尺，眼看就要见底了。居住在昆明池中的老龙无奈之下，变身为一个老人，去终南山找到道宣请求帮助，制止那些西域僧人再调昆明池的水。昆明池龙说："这地方很久不下雨，完全是老天爷的意思，并不是我要为难这方百姓。现在西域僧调昆明池水充雨只是欺骗皇上的行为，却害苦了我，以至我也命在旦夕，特来请求以你法力保护我。"

道宣对老龙说，我本人没办法救你，但我朋友孙思邈却有办法帮助你。道宣让老龙去山里孙思邈居住的石室求助。孙思邈知道是道宣法师要他帮助老龙，便答应了，但要求老龙拿昆明池龙宫所藏的30首医药仙方来交换。那些仙方本来是老龙收藏以备急用的，没有天帝的旨令不能擅动，但现在也顾不得那么多了，老龙立即返回昆明池拿了仙方来。孙思邈算准西域僧法术将尽，便对老龙说，你只管快快回去，你的忧虑将会很快过去。老龙回去后一看，昆明池果然开始涨水了，第二天整个湖面就溢上了岸，解除了当地旱情。

这个故事见于宋朝通慧、赞宁所撰《宋高僧传》一书，其中的神迹显然多为虚构。不过道宣让老龙（实为老百姓）找孙思邈帮忙的情节，或许是真实的。孙思邈对关中一带地理很熟悉，知道昆明池是由地下水充盈的，与西域僧斗法取水，不过是巧妙地利用了地理知识，取地下水救灾。

道宣在终南山隐居修行的功力还让另一条恶龙改邪归正。宋朝佛僧志磐所撰《佛祖统纪·道宣传》记录了这样一个故事：贞观四年（634年），道宣在山里讲法，一条龙化作人带着女儿也来听讲。在座几个年轻和尚欲心不净，老是盯着龙女看。老龙"怒欲害之"，但因听了道宣法师的说法，平息了杀人恶念。但他先前的恶念已经产生了效果，龙口含毒，只好把龙毒吐到一口井里，并告诉道宣，让这里的人不要饮用井水。道宣"及往视之，其井涌沸"。

唐高宗年间，道宣奉诏与玄奘一道入住新建的长安西明寺，共同主持佛经翻译。有天夜里道宣行走在路上，脚被一级石阶绊住，将要跌倒之际却被一个少年伸手扶住。道宣很觉奇怪，问少年从哪里来。少年回答说，他并不是普通人，而是毗沙门天王之子哪吒，奉众天神之命来保护法师，已经跟随他很久了。道宣说，我一个出家人在山里修行，本来没有什么事需要劳烦哪吒太子，请太子回到西天为弥勒佛服务。哪吒临别时，送给道宣一件宝物以继续护持法师。宝物即是一枚佛牙舍利,道宣后半生一直小心保护供养着。

有关道宣造塔供奉佛牙舍利之事,见于多种史籍记载,并成为佛教律宗立宗依据之一。道宣去世后,其弟子大慈、文纲亲自将道宣留下的佛牙舍利以掌护持,密藏于长安崇圣寺东塔,后又移至道宣长期住持的西明寺供奉,并由各代弟子守护相传。一百年后,唐代宗李豫在大历二年(767年),特地敕令西明寺佛僧将释迦牟尼佛牙舍利送到宫中,"宜即诣右银台门进来,朕要观礼。"(《宋高僧传》卷第十四)

长安西明寺后来毁于战争。近年进行了考古发掘,从遗址现场看,那是一个规模巨大的佛教寺庙,东殿长52米、宽33米。其正殿尚未发掘,道宣法师留下的佛牙舍利是否存在仍然是个谜。很多历史事实被"神迹"包裹着,这也是佛教带给中国文化的影响之一。今人不可不察,也不应简单否定。

道宣的立宗创举

道宣创立中国佛教律宗的具体时间及地点,史籍没有明确记载。但因其对于律藏之学的研究和阐释主要在终南山进行,后世也将律宗称为南山宗,可知应在唐高祖武德年至高宗显庆年之间。地点即是终南山。

唐武德九年(626年),道宣在终南山完成了多年研习《四分律》所获心得的撰

地狱经变像对恶行的惩戒种种,大足石刻。

左图业镜映照下的审判，大足石刻地狱经变像。右图业秤评价的各种恶行，大足石刻地狱经变像。

写，形成三卷本《四分律删繁补阙行事钞》，系统阐述他对佛教律藏学的见解。

唐太宗贞观元年（627年），道宣重新阐释自己的律学理论，写成《四分律拾毗尼义钞》三卷。从贞观九年（635年）到高宗龙朔元年（661年），道宣先后完成了《四分律删补随机羯磨》、《羯磨疏》、《四分律比丘含注戒本》、《量处轻重仪》、《尼注戒本》、《比丘尼钞》、《释门章服仪》、《释门归敬仪》、《律相感通传》、《释门正行忏悔仪》、《教诫新学比丘行护律仪》、《净心诫观法》的撰述，并增写《四分律删补随机羯磨》为二卷，增写《羯磨疏》为四卷、增订《含注戒本》等。至此，律宗立宗所依赖的理论准备基本完成。

唐高宗乾封二年（667年），道宣在终南山清宫精舍创立戒坛，为追随他的20多位弟子传授戒律。同时依据释迦牟尼所传戒法制定南山宗自己的仪轨，发布了一卷本的《关中创立戒坛图经》，作为弟子和信众行持的规范。中国佛教律宗至此正式完成立宗创举。

道宣作为律宗创立者，在理论与实践两方面都做出了特殊贡献。在理论方面他对前驱者的律学论著进行了整理，提出了以《四分律》为本，参考律藏诸部，最后以大乘学说为依归的律学主张。他的大量著述则对其主张进行了恰当的阐释，为律宗弟子的修行指出了一条清晰的路径。道宣以《四分律》为据，提出了"心识戒体说"，主张一个僧人的修行，不能只是被动地按规定持戒，还要从根本上认识戒律本身不只是修行的手段，而且是佛性的体现，是自己心灵复归"本识"即佛心的需要。这就从理论上对持戒和清修给予了说明。

在实践方面，道宣为自己的弟子和信众制定持戒修行的仪轨，并实际完成了创立戒坛的举动，也使中国佛教律宗得以在内容和形式诸方面都确立了标志。

除了创立律宗外，道宣对中国佛教的传播和发展也做出了特殊的贡献。

贞观十九年（645年），道宣完成了《续高僧传》三十卷的写作，把南北朝以来144年间佛教在中国传播的历史作了进一步的梳理，对南梁慧皎所撰《高僧传》的缺失进行了补充。全书包括正传340人，附见160人。分为10个部分："一曰译经。二曰解义。三曰习禅。四曰明律。五曰护法。六曰感通。七曰遗身。八曰读诵。九曰兴福。十曰杂科。凡此十条，世罕兼美。"（见《续高僧传序》）。直到现在，其史料价值也十分珍贵。

此外，他还与玄奘一起组织了贞观年间的大规模佛经翻译，并于高宗永徽元年（651年）撰成《释迦方志》二卷。后又有《佛化东渐图赞》一卷、《集古今佛道论衡》四卷、《法华义苑》三十卷、《大唐内典录》十卷、《广弘明集》三十卷、《三宝感通记》三卷、《释迦氏谱》一卷、《圣迹现在图赞》一卷、《法门文记》、《天人感通传》等佛教史著作共计二百二十余卷。道宣的著述对后世的佛教发展产生了巨大影响，在当时就被誉为"外博九流，内精三学，戒香芬洁，定水澄齐，存护法城，著述无辍"（见《开元释教录》卷八）。在中国佛教史上，道宣是著述成就最为丰富的一代大学者。在他之前没有人能与之相比，在他之后，也很少有人能超越道宣这座高峰。

假使热铁轮于我顶上旋——形象化的戒律，大足石刻。

唐高宗乾封二年（667年）十月，道宣在终南山圆寂，享年72岁，为僧52年。相传道宣去世前有天神来向其通报说："师报缘将尽，当生弥勒内宫。"其后，弟子们看见天上鲜花飘落，空中弥满异香和圣乐。高宗听说后，"诏天下寺院，图形奉祀。"各地寺庙都为他画像以示纪念。（《佛祖统纪》卷二十九）

律宗的传承

与道宣同时弘传律藏之学的，在南山宗里还有道世，他对四分律学也深有研究，撰写有《四分律讨要》、《四分律尼钞》，其学说倾向基本与道宣相同。

此外，与道宣同时及稍后以律藏之学立身的，还有相部宗和东塔宗，二者成为与南山宗鼎足而立的律学三宗。相部宗由邺郡相州日光寺法砺法师为首。东塔宗由西太原寺东塔怀素领衔。

法砺，冀州赵郡人，先后师从灵裕法师、静洪法师、洪渊法师研习《四分律》和《十诵》等律藏经典，并参与讲学。与慧休法师合作撰写了《四分律疏》十卷、《羯磨疏》三卷。后独立传法并授学于相州一带，门下弟子众多，学说盛行一时，因而被称为相部宗。

怀素，俗姓范，祖籍南阳，生于京兆长安。怀素一生都是个不安分的人，他在十岁时突然生发出家之念，被父母阻止。后受玄奘西行求法归来的影响，决意

与对恶行的惩戒相对立的是对于善行的鼓励，根据佛经要义演绎的报恩经变像对此有形象的表现，大足石刻，建于宋代。

出家追随玄奘。曾说"云与龙而同物。星将月以共光。"将玄奘比作龙，自己比作云，显示出与天比高的志向，为玄奘所器重，参与佛经翻译。

怀素在玄奘门下先研习经论，后专攻律藏之学。著有《四分律开宗记》二十卷、《新疏失遗钞》二十卷、《四分僧尼羯磨文》二卷、《四分僧尼戒本》二卷等，并登坛为信众讲解自己的注疏达50遍。因为怀素以律学立身，其时他奉诏住在西太原寺东塔，所以世称其学说为东塔宗。怀素74岁时辞世于长安恒济寺，受具足戒为僧53年。怀素在中国文化史上还以书法知名，其创造的草书称为狂草，被后世誉为草书第一家。

怀素对道宣和法砺阐释的律学都有不满，曾分别与之展开论战，尤其与相部宗法砺弟子的论战最为激烈。怀素的《四分律开宗记》主要就是针对法砺的《四分律疏》而写成的。法砺的再传弟子定宾写出《破迷执记》，对怀素的批判进行反驳。相部宗后学昙一等人也撰写了《四分律发正义记》十卷，以破斥南山宗。

律宗三系的论战前后持续百余年，成为唐代佛教学界的一大奇观，也推动了律学的普及和发展。到唐大历三年（778年），代宗李豫下诏，邀请三系学者14人到安国寺律学院，一齐讨论各派学说。最后综合各家，写成《敕金定四分律疏》进呈代宗审定，同时不限制原有各家论疏流传。由于皇家采取了调和宽容立场，三方论战遂归于平息。后来相部宗和东塔宗逐渐衰微，只有南山一系律宗传承不绝。故后世说到中国佛教宗派，一般即认为律宗就是南山宗。

道宣律宗的传承世系很清晰，其亲传弟子大慈、文纲、周秀、弘景及新罗智仁等都对律学有较深造诣。其中智仁法师把律宗传到新罗（今朝鲜、韩国），弘景的弟子鉴真东渡日本，建立了日本律宗。

鉴真，俗姓淳于，唐武后垂拱四年（688年）生于广陵江阳（今江苏扬州广陵区）。鉴真小时候随父亲到寺庙拜佛，看见佛像威仪，心生感动，于是向父亲提出请求出家，得到允许跟从智满禅师学佛。武则天长安元年（701年），鉴真到扬州大云寺修行，唐中宗神龙元年（705年）从道岸律师受菩萨戒，中宗景龙二年（708年）在长安实际寺，跟从道宣门下弟子弘景法师研习律学。其后鉴真长住扬州大云寺，以戒律化导一方，信众跟从，声誉卓然。

唐玄宗天宝年间，日本僧人荣睿、普照来到中国求法，到扬州恳请鉴真到日本弘传戒律。鉴真于是带领一批弟子东渡，12年间前后6次渡海都告失败。最后一次终于成功，但鉴真已经双目失明。到达日本京都奈良后，鉴真在大安寺毗卢遮那佛殿前立坛传法，先后为日本皇室成员及本土高僧授菩萨戒，又度僧400余人。鉴真门下弟子众多，日本律宗由此立宗，其国人尊鉴真为律宗始祖。日本天平宝字七年，即唐代宗广德元年（763年），鉴真法师在奈良无疾坐化。圆寂之后很久，"身不倾坏"。（《宋高僧传》卷十四）

道宣法系周秀的弟子有道恒。道恒撰有《行事钞记》十卷。道恒以下依次有慧正，玄畅、元表、处云、择悟、允堪等，各有关于律学的著述。其中以允堪为最重要代表。允堪为北宋真宗至仁宗年间人。律宗经过唐末五代的消沉期，到允堪时再度兴盛。允堪，生卒年为1005-1061年，浙江钱塘人。允堪曾为西湖菩提寺住持，依照戒律在杭州大昭庆寺、苏州开元寺、秀州精严寺建立戒坛，每年度僧，专弘戒律。允堪对于律宗的贡献还在于他多有律学著述。道宣的所有重要著作，允堪都撰写过注释和记解。保存下来的有《行事钞会正记》、《戒本疏发挥记》、《羯磨疏正源记》、《拾毗尼义钞辅要记》、《教诫仪通衍记》、《净心诫观发真钞》等十部。世人因此把允堪称作十本记主。

律宗在明清时期仍有传承，但其宗派特征已渐趋消没。现代的佛教寺庙虽然也讲究戒律，僧人也将律藏之学奉为修持法则之

报恩经变像之赡养父母图，大足石刻。

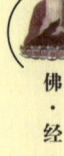

一，但已不再强调其宗派传承。这一点与净土宗和禅宗明显不同。

《四分律》与大乘思想的融通

《四分律》是佛教律藏中流传最广也最受重视的一部戒律书。《四分律》原名为《昙无德律》，为印度上座部系统昙无德部所传戒律。东晋十六国时期，后秦佛陀耶舍与竺佛念共译为汉文本六十卷，命名为《四分律》。

相传释迦牟尼在菩提树下悟道成佛后，接受众天神的请求传教度人，游走四方，接收了很多弟子，逐渐形成了自己的僧团。但出家人良莠不齐，各怀目的，互相诋毁，对外形象也不佳。为了维护僧团凝聚力，消除僧众杂念，释迦牟尼便制定了戒律来约束僧众的行为。这即是佛教戒律的产生原因。但释迦牟尼在世时所定戒律并不是一次性制定的，往往根据不同的时机和对象随境点化。此一时彼一时之戒条，看上去往往不同，甚至相互抵触。到释迦牟尼涅槃后，弟子将其教诲结集成佛典时，分门别类重新进行归纳整理，戒律才得以成型并完善。

由于佛经结集不止一次，主事者各异，律藏本身也有很多部分，这就难免产生对不同戒本的分别理解。《四分律》也一样，所以中国律宗才有那么多分支及论战。后世佛僧只能根据前辈律宗法师传承的解释进行修持，并大体上找到了依归，做出了较为统一的阐述。

律宗将释迦牟尼佛祖所制的所有戒条归纳为"止持"和"作持"两类。止持，是对男女出家人制止身口不作诸恶，即不应该做的事情的规定，称为"别解脱戒"。作持，则是对出家人应该做的事情的规定，包括安居、说戒、悔过等等。这些在《四分律》中都有具体的规定和解释。

在戒律惩罚的对立面是修行证道觉悟成佛，律宗以此提倡佛教大乘思想。五台山显通寺的金殿勾勒出佛国理想的图景。

《四分律》的前半部首先是对"别解脱戒"的解释：比丘戒有四波罗夷、十三僧残、二不定、三十舍堕、九十单提、四提舍尼、百众学法、七灭诤等等。比丘尼戒有八波罗夷、十七僧残、三十舍堕、百七十八单提、八提舍尼、百众学法、七灭诤等等。上述戒法即属于止持门，规定不能做的事项。

《四分律》的

后半部则是对受戒、说戒、安居、自恣、皮革、衣、药、迦希那、拘炎弥、赡波、呵责、人、覆藏、遮、破僧、灭诤、比丘尼、法、房舍、杂等20种犍度（直译为"聚"，意即分类编辑）等进行的解释。这些都是作持门，即对应该做的事项的规定。

根据法砺《四分律疏》的解释，以及怀素《四分僧尼戒本》的分类，把全部止持和行持戒法归纳为37法。其中比丘戒8法，比丘尼戒6法，犍度20法。主要从身（行为）、口（言论）、意（意识）三个方面对出家僧尼的修行及日常衣、食、行、乘、坐、卧、视、听等做出了具体的戒规，并对违犯戒律的行为制定了惩罚条例。轻者责令向僧众忏悔并短时间剥夺教权，重者逐出僧团等。

佛塔与金幢也是佛教理想的象征，五台山显通寺。

由道宣撰述的南山五大部，内容也不出上述止持与行持两方面规定，只是解释更详尽，规定更具体一些。

《四分律》在理论上属于大乘佛教学说。根据道宣《羯磨疏》的解释，释迦牟尼所制戒律条文里本来就有大乘思想，有五条理由可以证明大乘学说与《四分律》的关系：

其一是沓婆回心。《四分律》里提到一个名叫沓婆的比丘僧，他在获得阿罗汉果后，决心继续修行，以帮助其他人悟道。叫做回心利他，这就是大乘佛教的思想。

其二是施生成佛。《四分律》戒本末尾有"施一切众生，皆共成佛道"一语，这与《华严经》和《法华经》主张的普度众生说法是一致的。

其三是相召佛子。在《四分律》序中，多次出现"如是诸佛子"、"佛子亦如是"等语。这样的称呼与大乘《梵网经》中关于大戒的说法是相同的。

其四是舍财用轻。在《四分律》止持戒中，有一条叫舍堕戒。其中规定如果所舍的财物，僧人该还而未还，但因用于佛事，就可以从轻处罚甚至赦免。这与大乘教义以"意业"即主观意愿，给予区别对待的主张是一致的。

其五是识了尘境。《四分律》在解释"阐提法"中妄语戒时，说到眼识、能见等等概念，其所用词语正是大乘毗昙学的说法。

天台山高明寺主殿壁雕描绘的佛国理想场境。

由《四分律》对戒律的阐述，还可以推导出与大乘圆融无碍学说之相通。比如戒律规定的杀生戒。修持佛法的人止息各种杀缘，保证不杀生，就叫做摄律仪戒；遇事时能保护众生生命，叫做摄众生戒；经常做保护小动物等微小生命之类事，则叫摄善法戒。止持和行持在这一戒条里已经圆融无碍。其他如戒盗、戒淫等也都如此。所以说一戒一行，看起来只是单一的小戒行，其实也与大乘佛教普度众生的思想相契合，也能成就大乘菩萨行。

伟大的佛经翻译家——玄奘

玄奘西方取经的故事家喻户晓，妇孺皆知。那么，玄奘为什么要去西方取经呢？这是因为他发现国内很多经典有错误，难辨真伪，而且对当时的佛经翻译也不甚满意。于是，他西行求证。经过求证修习，他对佛学理论的造诣已经达到了印度本土学术的最高境界。回国后，由他一个人翻译或者主持翻译的佛典就达到了一千三百余卷。不仅如此，他还把一部中国僧人撰写的《大乘起信论》翻译成了梵文。

是诸法空相，不生不灭，不垢不净，不增不减，是故空中无色……

——《心经》

"万法唯识"的法相宗

法相宗是由唐代高僧玄奘创立的中国大乘佛教的一个宗派。因其主要理论为剖析一切法（现象）以求得实相（佛性真理）而得名。又因其主张"万法唯识"，即认为一切现象都由"心识"和合而生，"心识"即佛性，也即是绝对真理，故又称为唯识宗。法相宗的第三个名称叫慈恩宗，则是因为玄奘长期在长安大慈恩寺居住弘法而得名。

法相宗崇奉印度大乘佛教诸教派中从弥勒、无著、世亲相承而下，直到护法、戒贤一系的学说，即以《瑜伽师地论》为本，加上《百法明门论》、《五蕴论》、《显扬圣教论》、《摄大乘论》、《杂集论》、《辨中边论》、《二十唯识论》、《三十唯识论》、《大乘庄严经论》、《分别瑜伽论》等为支，即所谓"一本十支"为典据，阐扬法相、唯识义理的一个最具哲学性的佛教宗派。

几乎完全由于玄奘的巨大影响，法相宗在唐太宗和高宗时代盛极一时，成为中国佛教宗派中最显赫的教派之一，其阐述的佛理十分流行。研习法相宗学理的僧人受到广大信众崇仰，也受到皇室及朝廷官员的尊重。这一切都使法相宗在盛唐时期成为了佛教显学。

法相宗在判教方面，主要依据《解深密经》和《瑜伽师地论》，把释迦牟尼所说的教义分为"有"、

"空"、"中道"三时教诲。

第一时"有教"，主要说释迦牟尼初传道时在鹿野苑为其弟子讲《阿含经》，昭示四圣谛、五蕴、八正道、十二因缘等，以破除众生心中固有的偏见——我执。

第二时"空教"，针对具备声闻乘、缘觉乘等小根器者进行说教。这些人虽然解除了我执偏见，但又执迷于诸法实有。释迦牟尼在灵鹫山说《摩诃般若经》，以开示诸法性空之理。

第三时"中道教"，针对中根器者虽然去除了我执和有见之谬，但又陷于对"空"的执著，走向另一个认识论的极端。释迦牟尼便为他们解深密法，说万法唯识、心外无法、识处境空的道理。

除释教三时说外，法相宗的另一个主要理论是万法唯识说。法相宗把人的认识能力分为八种，分别是眼识、耳识、鼻识、舌识、身识、意识、末那识和阿赖耶识。其中第八识"阿赖耶识"为根本识。认为世间一切现象，都是由阿赖耶识所变化产生的，这就叫万法唯识。万法唯识既是法相宗的宇宙观，也是其立宗说教的理论基础。

由于法相宗的学说主要是对佛教基本理论中最高深部分的阐述，其研习者大多为学者型僧人，把大量时间用于学理研究，而对日常佛事活动所面临的问题往往办法不多，所以其对年轻僧人的吸引力很快减退。故而在玄奘辞世后只传了三代即告衰落。唐代以后基本不再有法相宗的传承。但法相宗对于中国佛教理论建设方面的贡献却不容抹煞，其达到的思辨哲学高度，很久以后都没有其他学派能够超越。

唐三藏法师玄奘西行取经浮雕，由他创立的法相宗成为最具哲学性的一个佛教宗派，图为杭州飞来峰摩崖造像，建于宋代。

伟大的佛经翻译家——玄奘

早期的佛学活动

法相宗创立者玄奘，俗姓陈，本名陈祎，陈留（今河南陈留县）人。玄奘出身于一个儒学官僚世家，曾祖父为北魏上党郡太守，祖父曾任南齐国子监博士。

父亲陈慧在隋朝多次辞官不就,潜心研究儒学,生有四子,玄奘即为陈家老四。玄奘生于隋文帝开皇二十年（600年）,自幼就聪明出众,8岁时听父亲讲《孝经》,听到曾子避席的故事,便起立整衣对父亲说,曾子听老师讲课时不坐席上,今天我听父亲讲孝慈之学,也应该站着听,"岂宜安坐？"宗族的人知道后,都说这孩子以后定有大出息。

玄奘少年时家道已经中落,二哥陈捷出家为僧,住洛阳净土寺。玄奘受到影响,11岁就跟着到寺里读佛经。两年后朝廷颁令限额度僧,洛阳各寺只有27个名额,而报名候选者有数百人。玄奘因不到规定年龄,不能参加考试,只能站在一旁观看。主持度僧考核事务的大理寺官员名叫郑善果,见少年玄奘相貌端正,气质不凡,便问他为什么出家。玄奘回答说："意欲远绍如来,近光遗法。"意思是有志在中国弘扬释迦牟尼创立的佛教。郑善果对属下官员说："出家人当一个诵经的和尚容易,要达到一定成就则很难。我看这孩子以后一定是佛门中有大成就的人。"于是破例让其出家。玄奘从此与二哥陈捷在净土寺修行。先是跟从道景法师习读《大般涅槃经》,又跟从智严法师学《摄大乘论》,其后即登坛复述两位老师讲经的内容。这年玄奘刚13岁。

隋朝末年,兵荒马乱。玄奘16岁,与其兄陈捷离开洛阳投奔长安。但因李唐政权初立,百废待兴,毁弃的寺庙还没修复,兄弟二人在长安找不到落脚处。而原先在长安的僧人,特别是那些高僧大德都到蜀地避难去了,成都暂时取代长安成为当时中国的佛教中心。玄奘与陈捷于是也从子午谷经剑门关入蜀。他们在绵州（今四川绵阳）遇到智空、道景两位法师,再续前缘跟从学法。停留一个月后,兄弟二人又与两位法师一齐赶到成都。

玄奘在成都及周边各地寺庙研习《摄大乘论》、《阿毗昙经》等,"二三年间究通诸部",把能够找到的经论都读透了,并经常升座讲经,受到欢迎。到唐高祖武德五年（622年）,玄奘20岁,正式受具足戒。而此时他的佛学讲座已经成为知名讲堂,"座下常数百人,吴蜀荆楚无不知闻。"其名声已经远播至江南一带了。

这时玄奘的二哥陈捷因佛学修养出众,在成都空慧寺获得声名,所讲佛经及老庄之学

追求真理与追求希望的玄奘,重庆梁平双桂堂。

深为蜀人称许，从此留在蜀地直到终老。

但玄奘不满足于只在蜀中讲法，还向往着回到京师长安继续探寻佛理。他向二哥提出离开成都，但被再三劝阻。玄奘别无他法，只好不辞而别，私下与商人结成伴侣，乘船沿岷江而下，经巴地（今重庆），过三峡，于武德七年（624年）到达荆州天皇寺。停留荆州期间，玄奘应邀为当地信众讲说《摄大乘论》和《阿毗昙经》各三遍。讲座引起很大反响，汉阳王也带领僚属前来拜见听讲。这次玄奘讲经发挥更好，有听讲者泪流满面，当场解悟。汉阳王也赞叹其讲解的佛理达到前所未有的深度，布施给玄奘大量财物。玄奘分文不取，全部留给寺庙。

离开荆州后，玄奘先后到了相州和赵州，一路拜访当地高僧请教佛法。唐太宗贞观元年（627年），玄奘再到长安，在大觉寺跟从道岳法师学《俱舍论》，后又向法常、僧辩、玄会等人请教《涅槃经》、《俱舍论》、《摄大乘论》等，得到他们的指导。因为早有学习与讲课的实践，所以玄奘"皆一遍而尽其旨，经目而记于心"。法常和僧辩两人也对他大加赞赏，说："汝可谓释门千里之驹。"

印度那烂陀博物馆保存的佛像，公元七世纪玄奘在那烂陀寺留学期间读遍了大乘佛教所有经典。

玄奘在长安虽然已有声誉，但他仍不满足，在遍访京师高僧大德之后，感到各派学说都存在着一些难解的矛盾，过去翻译的佛经典籍"亦隐显有异，莫知适从"。当时有很多从印度和西域来华的僧人都盛传，有一部天竺佛法十七地论（即《瑜伽师地论》），汉地一直没有完整的翻译。据说该论总括大乘学说，能够解释很多学理疑难。玄奘于是决心效法东晋以来法显、智严、宝云、智猛等众多高僧的榜样，到印度本土去求取真经，尤其是《瑜伽师地论》。

但当时仍是唐朝立国初期，内忧外患不断，朝廷于是颁令禁止国人私自出境。玄奘找到一些志同道合者，集体向朝廷上表要求开禁。遭到拒绝后，"诸人咸退，唯法师不屈"。

玄奘决心西行求法，除了心中疑问待解外，也与他的经历有关。相传玄奘刚出生时，他母亲就梦见他成年后的样子，穿一身白衣向西方走去。母亲问他："你是我儿子，打算到哪里去呀？"玄奘回答道："我是为求取佛法而去。"之后经历过那么多事，尤其对世传的佛理产生了疑问，他的心愿更加强烈。

那年秋天，玄奘自己也做了一个梦。他梦见大海中有一座宝山，极为庄严华丽，而大海波涛汹涌，又没有一条船可以渡过去。玄奘并不惧怕，仍然决意渡海登山。这时忽然有石莲花从波涛中涌出让他站立。莲花很快飘到了宝山脚下，但

伟大的佛经翻译家——玄奘

山势陡峭无路可上。玄奘试着奋身上冲，得到一股大风的扶持，终于飞升到了山顶。玄奘回首四望，看见天际寥廓，再也没有任何阻碍了，于是"喜而悟焉，遂即行矣"。开始果断走出西行第一步。

这个故事载于其弟子慧立和彦悰所著《大唐大慈恩寺三藏法师传》第一卷。该书记载了很多梦境，而这两个梦境恰当地表明了玄奘西行求法的决心。后来人们都极力赞叹玄奘法师在中国佛教史上无可比拟的贡献和卓越成就，却很少注意到他最初面临的困难和决心。要知道，要使任何一件注定艰难的事得以成功，没有为真理舍弃一切的决心和意志，都是难以实现的。

那一年为唐贞观三年（629年），玄奘26岁。

相传最先在兜率天宫讲说《瑜伽师地论》大法的弥勒菩萨被认为是法相宗学统的创始人，雕像为公元五世纪，现藏印度奥里萨邦考古博物馆。

西行求法

那时候朝廷并没有开放边境，仍然不准普通民众出国。但因国内遭遇连年干旱，饥荒四起。朝廷不得已允许饥民逃荒求生。玄奘趁机与饥民一道涌向西边。他在兰州为百姓讲解《涅槃经》、《般若经》和《摄大乘论》等，受到信众欢迎。一些西域行商听讲后将玄奘将要西行的消息传扬开去，以佛教立国的西域诸国知道消息，都盼着玄奘能够前去，并准备盛情款待。

玄奘西行一开始还有同伴，但西域僧人石槃陀在送他夜渡葫芦河后就抛下他，自己返回了汉地。从此玄奘便只好只身冒险，闯玉门关卡，过五烽哨所，渡莫贺延碛沙漠。直至到达高昌国后境遇才有好转。高昌王鞠文泰派遣使臣迎接，以国师之礼请求玄奘留下来弘法。玄奘以到印度求法为目的，谢绝了高昌王的好意，执意继续西行。高昌王只好礼送他出境，并给予大量布施，派人马护送玄奘，过西域之阿耆尼、龟兹、素叶城、叶护可汗国等，途中翻越葱岭、大雪山，直至印度西北地区。

玄奘经过西域各国都留下了记录，后来一一反映在其所著《大唐西域记》里，成为后世人们研究中世纪西域历史地理的珍贵资料。

进入印度境内后,玄奘即转向东行,先过北印度诸国,再穿越中印度,到达东印度和南印度。玄奘选择的路线既是法显等人曾经走过的路线,也是中世纪由丝绸之路延伸到印度的主要陆路通道。这条路从长安出发,先往西北,再向东南,虽然绕了很多路,但可以避开喜马拉雅山和昆仑山。那两道山脉在当时是绝对的天然屏障。

玄奘在印度境内也遇到很多危险和困难。他曾遭遇强盗险些丧命,曾遭遇狂风暴雨和航船翻沉,但都化险为夷。强盗被他的定力征服,放下屠刀皈依佛教。暴风雨和沉船也没能伤害到他。发生在玄奘身上的种种神迹,其实也是一个执著追求真理的人心志和定力的表现。

公元七世纪的印度仍然保留了释迦牟尼时代以来,一千年间留下的很多佛教遗迹。包括释迦牟尼本人的佛骨舍利,阿育王时代建造的佛塔、佛像、寺庙、石头精舍、城堡等等。那些与佛教相关的文化遗产都非常珍贵。从玄奘所撰《大唐西域记》一书记载可以看出,各种细节十分真实,非亲身经历亲眼所见,是无法编造也无法想象的。这正是玄奘法师为中国和世界文化留下的珍贵记录。

玄奘在北印度那揭罗曷国境内发生的两件事,或许可以作为其西行遭遇的代表性事件。相传那揭罗曷国境内有一座佛顶骨城,珍藏着释迦牟尼的头盖骨舍利,有僧人世代守护,有缘者可得亲眼看到佛骨舍利。据玄奘的考察所见——"醯罗城周四五里,竖峻险固,花林池沼,光鲜澄镜。城中居人,淳质正信。复有重阁,画栋丹楹。第二阁中有七宝小塔,如来顶骨在中。骨周一尺二寸,发孔分明,其色黄白,盛以宝函,置窣堵波(佛塔)中。欲知善恶相者,香末和泥,以印顶骨,随其福感,其文焕然。"(《大唐西域记》卷二)

玄奘在这里说,佛顶骨不仅真实存在,而且一直受到信众崇拜,并以香泥拓印佛骨的特殊方式求取吉祥。

那揭罗曷国境内还有一处佛迹,在一个名叫灯光城的西南方向约20里处。相传释迦牟尼当年曾经在那里降伏了瞿波罗龙王,将其镇于一个石窟下,有缘者可以看见佛的真身影像。玄奘找了一位老人带路前往,半路上遇到五个拦路抢劫的强盗。强盗拿着刀问玄奘,难道不知道这里有强盗吗?玄奘回答说:"我是去瞻仰佛迹的,即使有猛兽拦路我也不怕,何况你们只

大同云冈石窟所塑交脚弥勒佛,建于北魏时代。

是强盗，强盗也是人啊！"

五个强盗竟被镇住，好奇地跟随玄奘一道去看佛迹。到了石窟，强盗们不敢进去，玄奘只身进入，果然看见佛影映现在石壁上，"佛身及袈裟并赤黄色。自膝以上相好极明，华座以下稍似微昧。膝左右及背后，菩萨、圣僧等影亦皆具有。"

玄奘有心教诲那五个强盗改恶从善，于是让在外面等候的强盗和带路老人都进来。六人打着火把钻进石窟，佛影却不见了。玄奘叫众人把火灭掉，又向壁祈祷一阵，佛影于是重新显现，"六人中五人得见，一人竟无所睹"。五个强盗最后接受了玄奘的劝诫，"皆毁刀杖，受戒而别"。（《大唐大慈恩寺三藏法师传》卷二）

同样是在那揭罗曷国，玄奘还写道："城内有大窣堵波故基。闻诸先志曰昔有佛齿，高广严丽。今既无齿，唯余故基。"（《大唐西域记》卷二）

玄奘本来以为能够看到释迦牟尼佛祖的牙齿舍利，却未能如愿，因为的确没有。这样的记述真实可信。

玄奘在印度除了礼拜佛迹，考察佛教发展的历史和现状外，更多的工夫都下在了研习佛教经论原典上。他在中印度那烂陀寺留学五年，主要跟从戒贤法师研习《瑜伽师地论》。戒贤法师直接继承五世纪佛教学者无著和世亲的学统，对《瑜伽师地论》等大乘有宗的研究有很深的造诣，在七世纪的印度享有极高的声望。而《瑜伽师地论》则是大乘佛教论书中最具分量的一部，长达100卷，被称为大乘教论的百科全书。戒贤法师仅讲述一遍就花费了一年又五个月时间。玄奘听讲之余又反复通读若干遍，下工夫之深少有人比。

除了在那烂陀寺研习《瑜伽师地论》外，玄奘还走遍印度东西南北及一些海岛，对印度全境进行实地考察，并走访了几乎所有的佛教名师。其中包括毗婆沙论师揭多鞠多、阿毗达摩论师苏部底和苏利耶，僧伽罗国（今斯里兰卡）瑜伽论师无畏牙，因明学论师般若跋陀罗等。

玄奘还以两年时间跟从著名佛教学者、杖林山居士胜军研习《唯识抉择论》、《成无畏论》、《十二因缘论》、《庄严经论》以及瑜伽、因明等学说。其他如当时在印度佛教学界流行的《俱舍论》、《顺正理论》、《因明论》、《声明论》、《经百论》、《广百论》、《对法论》、《显宗论》、《理门论》、《发智

杭州飞来峰的弥勒佛，建于元代。

论》、《诸毗婆沙论》等，玄奘都进行了系统的研究并提出了自己的见解。

戒贤法师对这位大唐高僧的为人和学识也敬佩有加，曾多次委托玄奘代替自己讲说经论，并与小乘佛教学者和婆罗门外道进行辩论，使南印度正量部论师般若鞠多等人为之折服。通过这些活动，玄奘在印度本土获得了佛学研究的极大声誉，被大乘佛教学界称为"大乘天"。小乘佛教学界则尊称玄奘为"解脱天"。换句话说就是，玄奘对佛学理论的造诣已经达到了印度本土学术的最高境界。

玄奘的佛学活动所造成的影响，还使印度政治人物受到吸引。当时印度境内最强大的羯若鞠阇国戒日王特地为玄奘设坛，组织了一次讲经辩论大会，这就是佛教史上著名的曲女城法会。史籍记载，戒日王"先于河西建大伽蓝（寺庙）。伽蓝东起宝台，高百余尺，中有金佛像，量等王身。台南起宝坛，为浴佛像之处。从此东北十四五里，别筑行宫……戒日王为帝释之服，执宝盖以左侍，拘摩罗王作梵王之仪，执白拂而右侍。各五百象军，被铠周卫。佛像前后各百大象，乐人以乘，鼓奏音乐。"（《大唐西域记》卷五）

在规模盛大、万众瞩目的法会上，玄奘作为论主，经受住了各种挑战和考验，其立论著作《会宗论》、《制恶见论》经过18天任人点评，没有人提出能站住脚的驳论。玄奘受到所有参会者，包括佛教学者和婆罗门外道学者的赞誉。

玄奘西行求法前后17年，最后于唐贞观十九年（645年）回到长安，带回657部梵文佛经和各种佛像，也留下了《大唐西域记》这样的历史地理著作，成就了世界佛教史及中外文化交流史上一项具有里程碑意义的壮举。

致力佛经翻译

玄奘回国后受到朝廷的格外尊重。唐太宗李世民在长安和洛阳等地多次召见玄奘，听他讲述西行见闻，向他请教佛教学理，还向他征询全国宗教事务管理的意见。唐太宗甚至劝玄奘还俗帮助他管理国政。

但玄奘除了答应撰写《大唐西域记》，以帮助朝廷了解西域及印

飞来峰的布袋弥勒佛与弟子群雕，建于元代。

度国情外，拒绝了唐太宗要他从政的请求。玄奘一心只想着把带回来的佛教典籍翻译整理出来，以完成他早年的心愿，即以释迦牟尼真经来解释中国佛教各宗派的辩难和疑问。唐太宗没有为难他，还特地为玄奘提供了安心做学问的条件，敕令玄奘在长安弘福寺组织大规模的佛经翻译，由朝廷供给全部所需，并召集各地高僧20余人辅助玄奘。玄奘先后在弘福寺、西明寺、皇宫中的玉华宫寺主持翻译佛经。在玄奘先后数次组织的翻译班底中，不仅有其亲传弟子窥基、怀素、辩机等，还包括当时已具盛名的律宗创立者道宣法师。

由于得到了朝廷的支持和佛教界的鼎立相助，玄奘的翻译事业效率极高。他于贞观二十年首先翻译出《菩萨藏》等经，二十一年撰成《大唐西域记》十二卷。到贞观二十二年（648年），玄奘即完成了100卷《瑜伽师地论》的翻译，创下了中国佛经翻译史上的一个奇迹。唐太宗李世民特地为玄奘所译经论写了总序，题名《大唐三藏圣教序》。

也是在这一年，玄奘建议朝廷扩大度僧规模以满足各地弘法的需要。唐太宗接受建议，诏令各州寺各度五人。同年底，由东宫太子李治为报母恩而新建的大慈恩寺宣告落成，寺内专造了译经院。李治向太宗建议迎请玄奘法师入住。此后玄奘多数时间即以大慈恩寺为自己的住所及翻译工作场所，并逐渐形成了其所主张的佛教唯识学的师承体系，法相宗以此为标志完成立宗事宜。

唐太宗去世后，玄奘的佛经翻译及弘法事业继续受到朝廷支持。高宗李治于永徽三年（652年），同意玄奘的奏请，为大慈恩寺建造石塔，安置玄奘从印度带

当代塑造的弥勒佛像更多地与人们的发财梦想相关联，杭州清河坊。

回的佛经原本和各种佛像。显庆元年（656年），高宗还为大慈恩寺撰写了碑文，并多次给予布施。

但玄奘与朝廷的关系也时有杂音。高宗显庆元年（660年），年届六旬的玄奘罹患重疾，担心自己不久于人世，于是上表高宗，请求修改唐朝开国以来的宗教政策，把原先以道教为先，佛教为次的顺序改过来，重定佛道名位，同时废止僧尼犯罪以俗法定罪的规定，以示对佛教的尊重。但此议遭到高宗李治否决，李治并下诏对玄奘进行了申斥。玄奘受到打击后，对朝廷失去信心，于是又奏请高宗准许他离开长安到嵩山少林寺休养并翻译佛经。高宗再次拒绝了他的请求。玄奘不得已，只好继续留居长安，并在玉华宫翻译尚未完成的大乘般若类经典汇编《大般若经》。到龙朔三年（663年）冬，玄奘终于完成了《大般若经》十六大部，总计600卷的翻译工作，至此耗尽了全部精力。次年二月，玄奘在玉华宫圆寂，在世63年。

玄奘辞世后，高宗李治痛感失去了心灵的依靠。史籍记载："帝闻之哀恸伤感，为之罢朝，曰朕失国宝矣。"不仅朝廷停止办公，而且还敕令玉华宫的佛经翻译工作也停止，全体大臣及僧人为其致祭。玄奘的葬礼也遵皇帝御旨，"敕徙葬法师于樊川北原，营建塔宇。"（《大唐大慈恩寺三藏法师传》卷十）

玄奘自贞观十九年（645年）回国起，到高宗龙朔四年（664年）逝世止，前后近20年的佛教活动，最主要成就即是佛经翻译。由他亲自动手及组织翻译的佛经共计75部1335卷。但这也只是玄奘从印度带回佛经的一小部分，约占九分之一。更多的梵文典籍没有来得及译出。玄奘西行求法的成果，在其去世后很久都是中国僧人一座挖掘不尽的宝库。

玄奘所译经典，译名准确，文义精到，矫正旧译，开创了中国佛经翻译的全新时代。其翻译理论与实践影响了中国一千多年。很多由他翻译的佛教经论至今仍是通行译本，后世学者很难超越，成为中国文化史上的一大奇观。

玄奘主张以瑜伽论贯通阐释大乘中观思想，最后发挥《成唯识论》而使"唯识"学说得到弘扬，进而创立中国佛教唯识（法相）宗，为唐代佛教宗派多元化发展做出了重要贡献，也为中国中世纪哲学走向辉煌做出了不可多得的贡献。要真正了解中国佛教思想和中国传统哲学，不能不了解玄奘的学说，也不能不了解他所创立的法相宗。

法相宗的传承

玄奘辞世后，法相宗由其弟子继续弘传。由于玄奘长住长安组织佛经翻译，并在民间和官方影响巨大，所以从学弟子众多，门下人才济济，仅受笔记录玄奘口译和讲法的弟子就有32人。弟子中以神昉、嘉尚、普光、窥基学业最佳，被时人称为奘门四哲。

神昉，别号大神功，一般认为他是新罗国人，在玄奘门下以"最初证义"著称，即最先证得玄奘唯识学理的弟子。神昉对于法相宗的贡献是撰写了《十轮经抄》三卷、《成唯识论要集》十卷、《种姓差别章》三卷等著作。

嘉尚参加了玄奘译场多部佛经的翻译，并负责对玄奘最后完成的《大般若经》译文进行校勘证义。玄奘临终之前，特地委托他整理所译经卷及造像的目录，可见对他的信赖。嘉尚曾为《瑜伽论》、《佛地论》、《成唯识论》等法相宗所奉主要经典撰写了内容提要。玄奘去世后，嘉尚还撰写了《杂集论疏》等。

普光，也称大乘光，在玄奘门下长期担任笔受工作，即为玄奘的口头翻译做笔录，是做得最多的一个受笔师，直到玄奘圆寂时也在身边。普光著有《俱舍论记》三十卷，对俱舍学的阐释受到后世学者的推崇。

在玄奘门人弟子中，最具理论造诣和弘法实力的，应该首推窥基。窥基自己也常以法相宗法系继承者自任。

窥基，亦号大乘基、慈恩法师，俗姓尉迟，字洪道，唐贞观六年（632年）生于长安。窥基出身将门，其先祖在北魏、西魏和隋朝都是武将，父亲尉迟宗在太宗朝当过将军和都督。

窥基9岁时在长安城外田垅上玩耍遇到玄奘，玄奘见他眉目清秀举止大方，脱口赞叹："将家之种不谬也哉。"认为其与佛有缘，于是亲自到将军门下游说让他出家。将军同意后，窥基却提出三个条件要玄奘答应：一是不断情欲，他可以与女人来往；二是不断荤食，他可以吃肉；三是不受过午不食戒规限制，要允许他一天吃三顿饭。

玄奘看他是小孩子，先答应了他的条件，打算收到门下后再逐渐影响他遵守戒律。窥基先在家里受玄奘辅导学习佛经，到17岁时才正式到广福寺出家，成为玄奘的弟子，其后再入大慈恩寺跟从玄奘学习梵文，25岁时开始翻译佛经。史籍记载说，窥基正式出家及升座翻经都是经过皇帝批准的，说明玄奘对他极为器重，直接向唐太宗作了推荐。

作为玄奘的主要助手，窥基亲自翻译了大小乘佛教经论30余部，撰写注疏百余本，其中包括他为法相宗奉为根本大法的《瑜伽师地论》所写的注疏。史籍记载，玄奘专为窥基讲过《瑜伽师地论》，并称赞他"五性宗法，唯汝流通"（《宋高僧传》卷四）。

窥基的著作还有《成唯识论述记》、《成唯识论枢要》、《瑜伽论略纂》、《瑜伽杂

莲花宝座上的观音像，中国五代时期作品，现藏浙江省博物馆。

集论疏》、《瑜伽论述记》，以及《法华玄赞》、《因明大疏》、《金刚经论会释》、《弥勒上生经疏》、《说无垢经疏》等，被当时学界称为"百本疏主"。

除了参加玄奘译场的佛经翻译外，窥基还奉师命出外讲法，曾到五台山、太行山及太原等地传法，在博陵为信众讲解《法华经》，并由此撰写出《法华经大疏》传世。

清代绘画中的弥勒大法会保留了主人公作为佛教学者的身份，公元七世纪玄奘在印度曲女城大法会上阐释佛理的情形与此相类，广东凤凰山壁画。

窥基在玄奘的弟子中也是最不安分的一个。玄奘组织翻译《成唯识论》，自己口授，让窥基和神昉、嘉尚、普光等人一道做笔录校对。做了几天窥基就要退出翻译组。玄奘问他理由，窥基说，他不愿与别人一起做，那样良莠不齐分不清责任，而宁愿一个人做一件事。窥基还建议把《成唯识论》原有的十家注疏编纂起来，糅为一个整体。玄奘知道他的能力，也了解他的个性，于是采纳他的建议，把《成唯识论》的翻译笔受工作单独交给他，而向那三个弟子另派了工作。

窥基有时也对单调的翻译工作产生了厌烦情绪，偷偷跑出去听其他宗派佛僧讲法，并与西明寺律宗创立者道宣法师成为朋友。

好在玄奘大量，并无门户之见，对他的行为采取宽容态度。这也成就了窥基在更为博大的佛学基础上弘扬法相宗。由于他的众多撰述对法相宗学理的阐释，后世佛学界把他奉为法相宗玄奘学统的第一传人。后来的弟子都把窥基之学视为标准，对待他就像对待玄奘本人一样。

唐高宗永淳元年（682年），窥基51岁时在长安大慈恩寺翻经院辞世，葬在樊川北原玄奘法师墓侧。

窥基之后，法相宗再传弟子还有慧沼、智周以及智周的弟子如理等。慧沼听过玄奘讲学，又入室为窥基的弟子，在唐高宗至玄宗朝期间从事佛教活动。慧沼著有《成唯识论了义灯》、《因明纂要》、《因明义断》、《金刚般若经疏》等，阐扬法相宗学理。

智周初学天台宗，后入室为慧沼的弟子，在唐中宗至玄宗朝期间继续弘传法相宗学统，著有《成唯识论演秘》、《因明疏前后记》、《大乘入道次第章》等十种。尤以《成唯识论演秘》最为重要，与窥基的《成唯识论枢要》、慧沼的《成唯识论了义灯》合称"唯识三疏"。

智周的弟子如理著有《成唯识论义演》等书。智周还有新罗国弟子智凤、智鸾、智雄等，后来去日本弘传法相宗。日本也有留学生玄昉来到中国跟从智周学

法，回国后建立了日本慈恩宗。

弥勒菩萨讲《瑜伽师地论》

《瑜伽师地论》，简称《瑜伽论》，共一百卷，是佛教瑜伽学系及中国法相宗所尊奉的根本论典。《瑜伽师地论》的梵文本和藏文译本都注明其作者为无著，汉译本则注明是由弥勒菩萨讲述，无著菩萨受记，玄奘法师翻译。

根据《弥勒上生经》的说法，弥勒（意译为慈氏）菩萨本是释迦牟尼的弟子，为公元前六世纪至前五世纪中天竺波罗奈国人，被释迦牟尼指定为接替自己衣钵传法的未来佛。

无著，公元四世纪至五世纪北天竺犍陀罗国人，古代印度佛教哲学家，因其所著《瑜伽师地论》阐扬的理论为佛教大乘派所推崇，与他的兄弟世亲一起被认为是大乘瑜伽行派的创始人。相传无著经常在修行和讲法时分身升至兜率天宫，听弥勒菩萨讲法，回来后再对弟子和信众复述出来。无著将弥勒菩萨所讲内容记录整理出来，就成了流传后世的《瑜伽师地论》。

无著初习于小乘教义，后感到小乘佛教理论说服力不够，于是改学大乘。他所创立的瑜伽行派，因其哲学思想与三世纪龙树、提婆的大乘空宗相对立，因而被称为大乘有宗。无著另两部著作《摄大乘论》和《阿毗达摩集论》也是大乘有宗的重要论典，都由玄奘译成汉文。

相传弥勒菩萨在兜率天宫讲法时，口诵瑜伽法门共十七种方法，称为十七地，因而《瑜伽师地论》也叫《十七地论》。

"瑜伽"是梵语的音译，意译为：结合、相契、相应、一致。瑜伽本是古代印度的一种修行方法。在无著之前，印度即有瑜伽派修行师传授专门的修行方法，主要是以静坐、调息等方法进行修炼。现代瑜伽术也吸收了其中部分内容成为一种健身方法，但与佛教瑜伽行派无关。

上图为莲花宝座上的佛像，杭州飞来峰，建于宋代。莲花宝座在大乘佛教学统中是一个值得玩味的意象，其学理意义大于神迹意义。中图为莲花宝座上的佛像之二，杭州飞来峰，建于宋代。下图为莲花宝座上的佛像之三，杭州飞来峰，建于宋代。

无著所撰《瑜伽师地论》不过是借用了瑜伽派的一些术语来表达自己的宗教哲学思想，即通过所谓"瑜伽师"修行时，分别达到的十七种境界来观照人世间及宇宙中的一切现象，以达到认识佛教终极真理的目的。所以"瑜伽师地论"从语言学上分析，也可以断句为瑜伽师、地论，即关于瑜伽师修行境界诸问题的论说。但这里的"地论"与中国南北朝时期流行的地论学不同，由北魏菩提流支和道宠弘传的地论是以世亲所著《十地经论》为宗。其时《瑜伽师地论》在中国还没有完整的翻译，只有对个别章节的介绍，因而尚未被中国佛教界重视。

《瑜伽师地论》全书分为五个部分，汉译把各部分都称作"分"。分别为：

第一本地分，即本论部分，是全书的主要内容，在一百卷中为前五十卷。本地分主要说瑜伽修行境界即十七地之要义。这十七地分别是：

一、五识身相应地，了解眼、耳、鼻、舌、身五种认识能力的性质及其功能（术语为作业）。

二、意地，了解意识（人心）的性质及其功能。

三、寻伺地，了解三界五蕴（现象界）聚散之相。寻，即寻求，伺，指观察。

四、三摩四多地，梵语，意为由定力引导身心安静平等，以知晓四静虑、八解脱等法。

五、非三摩四多地，反述因自性不定引起的不自在、不清净等非定地境。

六、有心无心地，明确诸地有心无心的区别及其分位等。

七、闻所成地，从听闻佛法达到内心澄明。

八、思所成地，从思考佛法达到自性清净。

九、修所成地，以修行生成慧心，获得新的理解力。

十、声闻地，小根器者通过修四瑜伽处领悟佛法，获得出世间小果。

十一、缘觉地，通过个人修行达到常乐我静，自然觉悟，获永出世间中果。

十二、菩萨地：于四瑜伽处通过长时修行并立菩萨愿，获菩萨功德，证大行大果。

十三、有余依地，在此境界获得有余涅槃，成就佛果。

十四、无余依地：在此境界获得无余涅槃，成就佛果。

十五、境摄九地，在佛的境界回首对前九地即识、意、寻、摩、非摩、心、闻、思、修等的观照与反思，明白各境之不同。

十六、行摄六地，特别对闻、思、

观自在菩萨，亦名自在观音菩萨，杭州飞来峰造像，建于元代。

杭州灵隐寺壁刻《心经》全文。

修、声闻、缘觉、菩萨等六地的观照与反思。明白方便行与根本行、所学行与所成行的区别。

十七、果摄二地，完全理解有余依地、无余依地，即有余涅槃和无余涅槃两种通彻果位的境界。

全论的第二部分，名为第二摄决择分。主要内容是决疑并择其要点发挥唯识道理，分析眼、耳、鼻、舌、身、意、末那、阿赖耶等八识的本质与功能，详解菩萨行、涅槃果的境界意义。同时分析理解《深密经》和《宝积经》，贯通唯识学的根本法门。

全论的第三部分，名为第三摄释分，解释本论所涉及的佛教基本概念，明白修行所依据的诸方法义旨。

全论的第四部分，名为第四摄异门分，阐释本论所依据佛经主要义理，以白品、黑品二门相区别。白品门解释佛、法、僧、施行、持戒等义；黑品门则解释生、老、病、死及贪、嗔、痴三毒等义。

全论的第五部分，名为第五摄事分，讲解三藏众要事义，契经事、调伏事、本母事等。其中契经事主要讲解行择、处择、缘起食谛界择、菩提分法择四门。

《瑜伽师地论》内容博大精深，重点阐释了大乘佛教主张的一切世间及出世间法，解释了佛教世界观的主要内涵。以众生平等的观念，指出了渐进修行到达佛菩萨境界的路径和方法。其论说方式也具有很强的逻辑性，故被法相宗及大乘佛教其他宗派奉为十分宝贵的修行指南。

《心经》的般若智慧

《心经》是《般若波罗蜜多心经》的省略名，为佛教般若类经典中的一部。因其言简义赅地归纳了释迦牟尼所说佛法的核心思想，历来受到广泛重视，被称为全部佛经的总纲。《心经》的作者是谁，历来没有定论，现在能看到的《心经》文本，一般也只注明其为唐三藏法师玄奘译。相传为释迦牟尼亲口所述，以向其大弟子舍利弗称赞观世音菩萨（在本经中叫观自在菩萨）功德的方式，简明扼要地解释了佛教的基本理论和修持方法。

《心经》在法相宗所奉经典中不是被介绍得最多的一部，但却是十分重要的一部。玄奘西行求法归来后主持佛经翻译，除了《瑜伽师地论》外，花费精力最多的是600卷般若类经籍汇编——《大般若经》，而《心经》即是其中之一。佛教学界普遍认为，由于玄奘对《心经》的准确翻译，使这部最短的佛经成为了真正的佛学经典，至今没有能够替代玄奘译本的现代翻译出现。由于玄奘的提倡，法相宗及中国佛教其他宗派都十分重视对这部经的阐释。法相宗学统传承中断后，其他宗派继续以《心经》为纲，提倡对般若类经典的研究和修持。现代中国佛教寺庙及佛学研究机构也很重视这部经，将其列为僧人和信众必须研习修持的经典之一。很多寺庙还将其全文书写在显著位置，成为佛寺景观的一部分。

般若类佛经中的"般若"一词来自梵语，直译为"智慧"。作为佛教专有名词特指佛的智慧，也可叫做"佛心"或"心"。本经标题中的"心"与"般若"有相同的内涵，都是指佛心或佛的智慧。释迦牟尼认为，任何一个凡夫俗子通过正确修行，都可以获得般若智慧，从而真正认识世界和生命的本质，超越尘世苦难和生死轮回，达到佛的境界，觉悟成佛。

而获得佛心智慧的修行过程概括起来就是"波罗蜜多"。梵语直译为"度"、"度脱"，意译为"到达彼岸"。即通过修炼佛心智慧，到达彼岸佛境（也叫涅槃境界）。所以本经标题"般若波罗蜜多心经"，已经将整部佛经作了十分精炼的归纳。翻译成现在的话就是：以佛心智慧度脱生死轮回到达

上图为法相宗学理的现代阐释，重庆华岩佛学院觉初图书馆的佛语对联（上）。下图为华岩佛学院觉初图书馆的佛语对联（下）。

彼岸佛境的根本法门。

而这个认识真理和修持佛法的根本法门，《心经》进一步概括为持咒。即本经最后的18字咒语——揭谛揭谛，波罗揭谛，波罗僧揭谛，菩提萨婆诃。

对于这段咒语，也有很多种翻译或解释。有人把"揭谛"直译为前往，把"波罗"直译为彼岸，把"菩提萨婆诃"直译为迅速觉悟。也有人把全句意译为通过修行揭示佛教真谛，获得智慧，到达佛境。但都很难准确传达出《心经》所概括的意思。所以玄奘保留梵文音译，作为密咒让人诵持，是很高明的做法。

《心经》全部只有一卷，共260字，但历来的注释和讲解，几乎每一篇都十倍百倍地超过其本身的篇幅，成为佛经研究的一大奇观。很多学者认为，无论用多少语言和文字来讲解这260个字，都无法真正说清楚其中的道理，也无法取代对其原文诵读所产生的效果。所以最好的办法就是对玄奘所译经文的阅读和背诵，只有在这样的诵读中，才能真正理解其中的深义。本书作者也持这种主张，与其花大量篇幅逐字逐句却也难免似是而非地罗嗦讲解，不如与读者一道老老实实地把这260字经文诵读几遍。

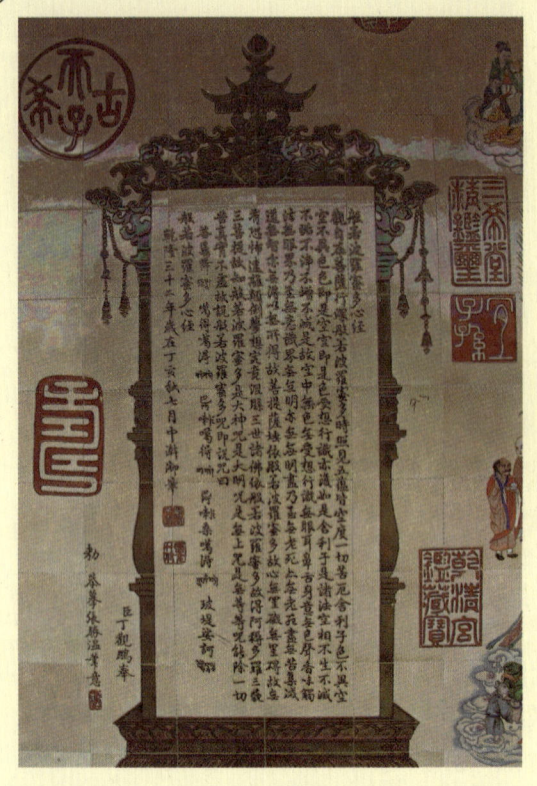

清朝乾隆皇帝收藏的《心经》书法作品，广东凤凰山壁画。

《心经》全文如下：

观自在菩萨，行深般若波罗蜜多时，照见五蕴皆空，度一切苦厄。

舍利子，色不异空，空不异色，色即是空，空即是色。受想行识，亦复如是。

舍利子，是诸法空相，不生不灭，不垢不净，不增不减。是故空中无色，无受想行识，无眼耳鼻舌身意，无色声香味触法，无眼界，乃至无意识界，无无明，亦无无明尽，乃至无老死，亦无老死尽，无苦集灭道，无智亦无得。以无所得故，菩提萨埵，依般若波罗蜜多故，心无挂碍。心无挂碍故，无有恐怖，远离颠倒梦想，究竟涅槃。

三世诸佛，以般若波罗蜜多故，得阿耨多罗三藐三菩提。故知般若波罗蜜多，是大神咒，是大明咒，是无上咒，是无等等咒，能除一切苦，真实不虚。故说般若波罗蜜多咒，即说咒曰：

揭谛揭谛，波罗揭谛，波罗僧揭谛，菩提萨婆诃。

法藏弘传《华严经》

法藏参与翻译《华严经》,并升座讲法。他的口才特别好,突出表现在他很会打比方,很得武则天赏识。武则天说,我看你水平挺高,就封你当「贤首大师」,你来当诸贤僧的头儿,干脆你也开个宗派吧。法藏说:「那这个宗该叫啥呢?我就会讲《华严经》,那就叫华严宗吧。」

> 万象纷然，参而不杂。一切即一，皆同无性；一即一切，因果历然。
>
> ——法藏《华严金狮子章》

法藏法师创立华严宗

华严宗是自南北朝以来逐渐形成，由唐代法藏法师最终创立的一个中国佛教宗派。因本派以《华严经》为所奉持的根本经典，故名华严宗。又因本宗主要以阐扬佛教"法界缘起"思想为宗旨，故又称法界宗。还因为其创立者法藏曾被武则天赐号为贤首法师，所以也称贤首宗。

华严宗的主要教理为"法界缘起"说。即认为世间

《华严经》在佛教经典里具有特殊地位，中国佛教华严宗即因弘传《华严经》而立宗，其影响至今犹存，图为杭州灵隐寺华严殿，始建于东晋咸和三年（328年），至今已有一千多年历史。

一切现象，都依因缘和合而生。色（物质）心（佛性、精神）缘起时，互相依持，相即相入，圆融无碍，如因陀罗网，重重无尽。华严宗把现象界分析为四个层次，称为四法界——事法界、理法界、理事无碍法界、事事无碍法界。这四法界层层递进，最后都归于圆融同一，即所谓"一即一切，一切即一"（法藏《华严一乘教义分齐章》）。因为这一切现象背后都有一个真如佛性，也叫"一真法界"。真如佛性是世间一切事物的根本缘，所以说"法界缘起"。

灵隐寺华严殿供奉的释迦牟尼佛、文殊菩萨、普贤菩萨合称华严三圣，为中国佛教华严宗等派崇奉的主要对象。

华严宗的理论追求是"一乘圆教"说。它把佛教学说按发展层次高低划分为五个等级，即五教——小乘愚法声闻教、大乘始教、大乘终教、大乘顿教、一乘圆教。华严宗认为一乘圆教是佛教学理的最高表现，是为一切众生解脱诸苦的圆融无碍的最好法门，其具体的教理文本就是《华严经》。所以本宗把《华严经》视为最重要经典。

除理论建树外，华严宗还对修行实践进行了探索，形成了自己的观法，称三重观，即：①真空观，观察一切诸法的本性即空；②理事无碍观，观察诸事法与真如理之互相交融；③周遍含容观，观察以同一真如理为本性的各类事物以至遍摄无碍。

在中国佛教八大宗派中，华严宗与法相宗同为思辨色彩最浓的两个学派，对佛教学理发展和中国中世纪哲学有特殊的贡献。但也因其对学理的推究过于繁琐，而对普通信众的吸引力不如其他宗派，故而影响范围不如禅宗、净土宗和天台宗，传承体系也较窄。唐代以后其作为宗法衣钵的传承若断若续，但作为学理研究的传统则一直延续，宋元明清至近代都有华严宗学说的研究学者和著作，并对周边国家的佛教发展产生影响。

华严学的缘起

华严宗学统由《华严经》的翻译和研习缘起。《华严经》最早在东汉末年就有部分译文。公元五世纪初，东晋安帝义熙年间，天竺僧人佛陀跋陀罗译出完整的60卷本后，逐渐形成专习华严经的学系。六世纪后期由杜顺开始确立华严宗的学统，杜顺也被一些人称为华严宗初祖。

佛陀跋陀罗在华严宗的法统里没有被后世传人列入祖系，但却是《华严经》

佛·经·密·码

杭州飞来峰摩崖石刻之华严三圣像，建于元代。

在中国大地传播的第一人，其所翻译的《华严经》对华严宗的形成影响甚大。佛陀跋陀罗，东晋时人称其名为觉贤，北天竺迦毗罗卫国（今属尼泊尔）人，本姓释迦，是释迦牟尼同族，其祖先为净饭王的兄弟甘露饭王。佛陀跋陀罗三岁丧父，五岁丧母，被乡邻收养。少年出家为沙弥，因聪明好学，积累了大量佛学知识。青年时游学罽宾（今克什米尔），与后秦僧人智严结识，又受老师鼓励，立志到东方弘扬佛法。

佛陀跋陀罗经三年艰苦跋涉，到达后秦都城长安，先跟从鸠摩罗什翻译佛经。其时鸠摩罗什已经年迈，所以很高兴有新人帮助，也很赏识他，"每有疑义，必共咨决"。鸠摩罗什引荐他与后秦太子姚泓结识，到东宫共论佛法。但其后不久佛陀跋陀罗被流言中伤，说他对于佛理"虚而无实"，所预言的五艘天竺船舶将一齐来华的事纯属空想，很多弟子也离开了他。佛陀跋陀罗不愿再呆在长安，于是与弟子慧观等人南下到了庐山，受到慧远的热情欢迎。佛陀跋陀罗也真诚相报，拿出自己翻译的佛经与慧远一起讨论。

一年之后，佛陀跋陀罗曾经预言过的"天竺五舶"果然来到了金陵（今江苏南京），消息传开，很多人蜂拥而至向其送礼致敬，其中包括太尉、长史等众多高官。佛陀跋陀罗受朝廷邀请到金陵道场寺宣讲佛法，从此长住金陵至71岁时去世。时为南朝宋文帝元嘉六年（429年）。

佛陀跋陀罗对中国佛教的最大贡献是在金陵时期翻译了大量佛经，其中包括由支法领从于阗带来的《华严经》三万六千偈和法显从西域带回来的《摩诃僧祇律》梵本40卷，当时都还没有翻译。《高僧传》如实描写了佛陀跋陀罗翻译《华严经》60卷的情景："乃手执梵文，共沙门法业、慧严等百有余人，于道场译出。诠定文旨，会通华戎，妙得经意。故道场寺犹有华严堂焉。"（《高僧传》卷二）

金陵道场寺佛陀跋陀罗翻译《华严经》的场所被称为华严堂。华严学即由此开始走向昌盛。

除上述两部主要佛经外，佛陀跋陀罗还翻译了《观佛三昧海经》、《涅槃经》及《修行方便论》等共十五部117卷，在中国佛经翻译史上都有"究其幽旨，妙尽文意"的美誉。

杜顺，亦名法顺，因俗姓杜，后世习惯称他杜顺。雍州万年（今陕西长安县）人，生于南朝陈武帝永定元年（557年），18岁出家，跟从因圣寺僧珍法师受业。僧珍本为禅学师，所以杜顺最先学的是修习禅定。隋末唐初，杜顺先后在庆州、清河、骊山、三原、武功等地传法，曾劝导性恶之人做成善行，还为农田驱虫，为患者治病，逐渐有了声誉，受到朝廷器重。相传唐太宗李世民因患苦热之疾，邀请法顺到宫内诊病。杜顺向李世民提出大赦天下的进言，以佛理兼医术为太宗治好了病，太宗因而称他为"帝心"，意即其所说佛法为国家所倚重。所以华严宗后学也称他为"帝心尊者"。（《佛祖统纪》卷二十九）

杜顺84岁时于唐贞观十四年（640年）在长安南郊义善寺圆寂，葬于樊川北原。杜顺因著有《华严法界观门》、《妄尽还源观》（亦名《华严五教止观》）、《十门实相观》、《会诸宗别见颂》等论著，专事阐释《华严经》，并将华严经学统传授给弟子智俨，被后来的华严弟子尊为华严宗初祖。

世界文化遗产中的华严三圣像，大足石刻，中国宋代，像高8.2米，宽15.5米，文殊菩萨，手托宝塔重达千斤，历经800年不坠，实为佛教造像史上的一大奇迹。

杜顺的弟子智俨，俗姓赵，天水（今甘肃天水市）人，生卒年为602-668年。智俨14岁出家为沙弥，20岁受具足戒，开始游学四方探寻各种经论的真谛。相传他因为感到佛教经论和派系繁多，学习起来常常无所适从，故而在众多佛经前发出誓愿，让佛祖赐给自己需要的一部经，结果随手摸到《华严经》，于是决定专攻《华严经》。智俨先后跟从过杜顺法师和智正法师听受《华严经》，后又自己钻研，于27岁时写出研究心得，名为《大方广佛华严经搜玄分奇通智方轨》十卷，简称《华严经搜玄记》或更简为《搜玄记》。此后，智俨以大半生精力弘传华严学，曾在终南山升座讲说《华严经》，晚年又在至相寺和云华寺讲说《华严经》，被称为至相大师、云华尊者，法藏、义湘等后来的名僧都是其弟子。

智俨对于华严宗的主要贡献是其所著《华严经搜玄记》，被后世传人奉为华严宗的重要论典之一。《华严经搜玄记》是对《华严经》教理及观行方法的注疏性质的解说。后来，其弟子法藏撰写《华严经探玄记》一书，也沿用了智俨《搜玄记》的思路。除《华严经搜玄记》外，智俨还撰写了《华严一乘十玄门》一卷、《华严五十要问答》二卷及《华严经内章门等杂孔目章》四卷等，为华严宗的正式创立奠定了学理基础。

武则天的御用经师：法藏

法藏，俗姓康，号贤首法师，亦号康藏国师，祖籍为西域康居国（葱岭以北），唐贞观十七年（643年）生于长安。法藏16岁出家，到长安四明寺拜谒阿育王舍利塔，把一根手指伸到香炉里由火烘烤着立誓要学通《华严经》，从此毕生与华严学结缘。

法藏年轻时候对于《华严经》的研习和讲说便在长安初露锋芒，受到佛教学界关注。玄奘西行求法归来后组织佛经翻译，法藏获选入译场跟从玄奘工作，但没多久便被淘汰。原因是玄奘认为他受笔记录的文本，与自己翻译口授的佛经有较大出入，不符合原文的经义。

法藏后来跟从义善寺智俨专修《华严经》，并在高宗朝时期升座讲学，其对《华严经》的讲说在长安逐渐赢得了声誉。武则天万岁通天元年（696年），为表示对佛教的重视，武则天诏令法藏到太原寺宣讲《华严经》。相传这次讲法听众上万人并有神迹显现。法藏讲经时，口里有白光放射而出，很快在头顶形成一个冠盖。于是引得"万众欢呼"。武则天听到主持讲座的官员奏报后大为高兴，颁旨让京城十大德即十位著名高僧为法藏授满分戒，给予佛教界最高荣誉。武则天赐号法藏为贤首法师。

其时，于阗僧人实叉难陀受到朝廷礼聘，从西域带来了另一种梵文本《华严经》主持翻译。武则天于是下诏让法藏和义净、复礼及天竺僧菩提流志等人到东都洛阳宫内大遍空寺，辅助实叉难陀重译《华严经》。法藏还负责为新译本校勘证义。

实叉难陀80卷本《华严经》翻译完成后，武则天又让法藏为自己专门讲解。法藏为她讲新华严经中的天帝网义、十重玄门、海印三昧门、六相和合义门、普眼境界门等。但武则天听得很费劲，"茫然未决"。法藏也很着急，只好重新按照由法顺、智俨一系传承下来的佛陀跋陀罗译本再讲解一遍。这次他胸有成竹，指着宫殿里一座金狮子雕像作为比喻，将《华严经》按十部分逐一讲解。"帝遂开悟其旨"，武则天终于听懂了，让法藏把讲义写下来。这就是法藏所撰《华严金狮子章》，是华严宗最重要的理论支柱之一，也是中国佛僧所撰佛教经论中的名篇。

法藏后来为信众讲法，都有很巧妙的比喻。有几次讲法，法藏让弟子在座中安置了十面铜镜，立面为八方，讲堂地面和头顶也各置一面，相隔一丈距离，中间放置一尊佛像。法藏举一支火炬照亮佛像，十面铜镜互相映现，奇幻无穷。法藏以此比喻世间万象虽然千姿百态，却都由一个根本佛性所生成；而任何人只要进入佛的世界，便可获得无穷无尽的人生智慧。法藏这样讲解《华严经》，不少刚入门的弟子也很快理解了。

狮子是佛教传统中具有特殊性格的动物之一，唐代法藏法师以金狮子指喻佛法圆融，图为大足石刻圆觉洞之石狮子雕像，建于宋代。

唐圣历二年（699年）

十月八日，武则天再次诏令法藏在洛阳佛授记寺宣讲《华严经》。讲到"华藏世界品"的时候，突然大地震动，讲堂建筑剧烈摇晃。主持讲座的僧官向武则天奏报，武则天认为是法藏所讲佛经的威力震动了天地，"斯乃如来降迹，用符九会之文。"（《宋高僧传》卷五）

武则天以此为由，敕令全国佛教界都要尊奉《华严经》。华严宗

佛性圆融与佛法威严统一象征的狮子，杭州灵隐寺壁雕。

在当时佛教各宗派中占据了最突出地位。

唐睿宗时代（710-712年），华严宗也受到朝廷尊重。睿宗李旦请法藏为其授菩萨戒，听讲《华严经》30多遍，以及《楞伽经》、《梵网经》、《起信论》等佛教经论。

唐玄宗先天元年（712年），法藏于长安大荐福寺圆寂，朝廷追赠鸿胪寺卿以示表彰。但法藏死后，其门下弟子却因种种原因背弃了他的学说。华严宗一度陷入衰落，直到百年后才由澄观重新弘扬并推法藏为华严宗三祖。

法藏一生执著弘扬华严学说，对《华严经》的注疏和讲解不遗余力，留下《华严经探玄记》20卷、《华严经传记》5卷、《华严一乘教义分齐章》4卷及《修华严奥旨妄尽还源观》、《华严游心法界记》、《华严经旨归》、《华严经文义纲目》、《华严三昧观》、《华严经问答》等各一卷。他的《华严金狮子章》、《华严发菩提心章》以及《般若心经疏》等对《华严经》核心学说"万法缘起"、"法界圆融"的阐述，确立了华严宗立宗之旨，在唐代中期形成了广泛影响，所以后世多数学者认为法藏才是华严宗的实际创立者。

华严宗的弘传

在法藏的弟子中，上首慧苑有著作《续华严经略疏刊定记》15卷。但该作的题旨与法藏的学说不一致，后人以此认为他背弃了法藏，使华严宗学统中断。后来得到澄观、宗密、子璿、净源等人的弘传，华严宗法系得以延续。

澄观，会稽越州山阴（今浙江绍兴）人，俗姓夏侯。澄观的佛僧经历及学统十分丰富复杂，从小出家到应天寺诵习天台宗的经典《法华经》，14岁受戒为僧。其后不断改换门庭，跟从栖霞澧师学过律宗，随苏州湛然学过天台宗，跟关

河玄璧学过三论宗，还向禅宗南北两系的法师都请教过禅学义理。澄观对佛教经论的学习不限于汉译本，还能诵读梵文佛经。不仅如此，澄观还对印度吠陀经典、秘咒仪轨和中国本土传统的儒道墨法诸子之学都进行过研究。但最终还是回归华严宗，在"巡礼五台、峨眉，俱瞻瑞相"之后，还居京师长安大华严寺，专事《华严经》的研习并决心以自己的理解对其进行重新诠释。

相传澄观研读《华严经》很深入的时候，梦见自己被一个闪光的金人吞掉，醒来之后的感受却是满心喜悦。因为按照佛教传统说法，金人代表光明，自己进入金人体内即获得了佛理之光，也应遍照诸物，救度众生。澄观于是以四年时间完成了对《华严经》的注疏，即其最重要著作《大方广佛华严经疏》60卷。长安大华严寺特为其举办千人大法会以示祝贺。

由于澄观对佛教各宗学说都有研究，对"显密仪轨莫不旁通博综"，

华严三圣之主佛——毗卢遮那佛（释迦牟尼化身佛），大足石刻。

因此在唐代宗、德宗和宪宗三朝的讲经真正达到了"法界圆融"之境，受到佛教界和朝廷的重视。代宗李豫征召澄观参加罽宾国（今克什米尔）高僧般若法师主持的《华严经》新版翻译。德宗李适也诏请他到皇宫内殿为自己讲经。史籍上说，澄观"以妙法清凉帝心，遂赐号清凉法师"。宪宗李纯也向他请教过《华严经》，并颁敕金印封以僧统之职，"加号大统清凉国师。"（佛祖统纪卷二十九）

澄观于唐文宗开成三年（838年）圆寂，在世102岁，葬于终南山，佛塔名妙觉。澄观一生经历了从玄宗到文宗九个朝代，参研过佛教各宗学说并有大成就，这在华严宗学系以至整个中国佛教史上都是少见的。

澄观对于华严宗有着中兴之功绩，以"所著疏记四百余卷，讲华严至五十遍，建无遮大斋十五会，弘法弟子三十八人"，成为法藏之后华严宗的又一个重要人物。他的著作主要以对《华严经》的重新阐释为主旨，所著除《大方广佛华严经疏》60卷外，还有《贞元新译华严经疏》10卷及《华严经纲要》、《华严法界玄镜》、《普贤行愿品别行疏》、《大华严经略策》、《三圣圆融观门》等，都对华严宗学统既有继承又有发挥。其发挥部分则与他对净土宗、天台宗、律宗和禅宗等学说的研究有关，所以后来的华严宗事实上已不"纯正"，而是糅进了各家学说。这也与中国佛教学理走向本土化，最后还被宋代儒家理学所吸收的历史大趋势相一致。

澄观的弟子宗密在唐代后期继续弘传华严宗。宗密俗姓何，果州西充（今四川西充县）人。宗密28岁出家，先跟从荷泽道圆修习禅宗所奉的《圆觉经》，后来在襄阳读到澄观所著《贞元新译华严经疏》，受到感召，开始自修《华严经》并为大众讲说，后来特地投到澄观门下拜师，随其讲学。澄观也很赏识宗密，称赞他说："毗卢华藏能随我游者，其汝乎……子之所解犹吾之心。"（《佛祖统纪》卷二十九）

澄观去世前向朝廷作了推荐，宗密于是也受到朝廷的重视，唐文宗太和九年（835年），皇帝李昂诏请宗密入宫，向其请教佛法大意，并赠予紫方法服，赐号"大德法师"。

宗密后来到终南山草堂寺南圭峰隐居，以诵经、修禅为业，后世称为圭峰禅师。他的著作《华严纶贯》5卷、《普贤行愿品别行疏钞》6卷及《注华严法界观门》、《华严原人论》等，虽然仍以华严宗学说为主，但其糅进的禅宗学理更多，被称为"禅教一致论"。以此为标志，华严宗与禅宗合流更趋明显。

宗密于唐武宗会昌元年（841年）在长安兴福塔院坐化，在世62年。宗密过世当年就发生了中国佛教史上的最大一次法难——会昌灭佛。唐武宗以国家政策限制佛教，导致寺庙被毁坏，僧众遭遣散，经籍被丢失。华严宗和其他宗派同受打击，很久都没有恢复元气。

宋元明清各代仍有阐扬华严宗学说的，但已无法统继承关系。宋代还有高丽王子义天跟从净源法师研习华严宗，三年后携带汉文佛典及儒学著作千余卷回国，华严宗由此传入高丽。此外还有道睿法师带《华严经》东渡，建立日本华严宗。是为余绪。

《华严经》及《金狮子章》

《华严经》全称为《大方广佛华严经》，是大乘佛教的主要经典之一。《华严经》以记录释迦牟尼和诸菩萨言论的形式编纂而成，最早约在公元二世纪结集并流传于南印度地区，以后逐渐传播到古代印度全境和中国及东亚地区。与大多数佛教经典一样，《华严经》也是在长时间流传中不断增加内容而成的，因此有多种版本。自东晋佛陀跋陀罗所译60卷汉文版后，各代又分别出现过实叉难陀所译80卷本和罽宾般若所译40卷本等。其他还有只翻译部分章节单独流传的，如

灵隐寺华严殿之释迦牟尼佛像。

支娄迦谶译《如来名号品》、支谦译《光明觉品》、道真译《诸菩萨净行品》、竺法护译《菩萨十住行道品》、《离世间品》、鸠摩罗什译《十地品》、圣贤译《入法界品》等。在单独流传的《华严经》章节中，以唐代罽宾国僧人般若所译本之《普贤菩萨行愿品》最为普及。至今在中国很多寺庙里，也有向普通信众发送《普贤菩萨行愿品》，作为佛教修行必读本的传统。

《华严经》的主要内容是讲菩萨修行的十信、十住、十行、十回向、十地等方法和过程，以求最后证得广大无量功德，进入无尚清净法界、颂扬佛的功德法相等。核心主题是阐明"万法缘起"、"法界圆融"、"一即一切、一切即一"等理论。在修行实践上强调依"十地"（十层次修行境界）层层递进，积累功德，最终达到佛地境界（清净法界）的果位。

十信，亦称十信心或十心，指大乘佛教菩萨修行的十种阶次。包括：

信心——以信佛的教诲为修持之始。
念心——忆念佛及佛的教诲。
精进心——精进修持佛法的信念。
慧心——通过磨炼获得佛法智慧。
定心——通过修习禅定获得定力。
不退心——不退转俗业的坚定信念。
护法心——护持佛法的信念。
回向心——回向佛地并以所修功德回馈其他修行者。
戒心——谨守戒律禁令获得清净心境。
愿心——愿随佛菩萨往生诸佛净土。

十住，也是修菩萨行的十种阶次，又称十地住、十法住、十解。所谓"住"，即让心安住于佛法真理之意。在《华严经》80卷本中，十住分别名为：发心住、治地住、修行住、生贵住、具足方便住、正心住、不退住、童真住、法王子住（也叫菩萨王子住）、灌顶住。

十行，各种佛经有不同的定义。《华严经》里指：

信行——相信佛、法、僧三宝。
悲行——"谓观众生五蕴之法毕竟空寂，而起悲心"，包括不杀生。
慈行——以慈悲戒绝嗔恚之心。

（上图）古代印度的文殊菩萨像，公元七世纪，印度乌达亚吉里邦出土。文殊菩萨也是华严三圣之一。（下图）中国宋代的文殊菩萨像，公元十二世纪，大足石刻。

舍行——行布施并戒绝贪吝。

不疲倦行——对修行精勤不倦。

知经书行——探究佛理成就闻、思、修三慧。

知世智行——不违逆一般处世法则。

惭愧行——以惭愧心戒绝修法时的懈怠。

坚固力行——以对佛的坚定信念戒绝怯弱。

供养行——对佛、法、僧的供养不存疑虑。

此外还有十回向和十地等。十回向讲修行所获功德向其他人的十种回馈。十地是对十信的另一种叙述，也是对修行阶次的说明。但也有《华严经》版本另外解释为：欢喜地、离垢地、发光地、焰慧地、极难胜地、现前地、远行地、不动地、善慧地、法云地等。总之也是对菩萨修行阶次的表述，强调循序渐进却又坚定不移地向着觉悟成佛境界，即涅槃境界前进的修行之路。

《华严经》的注疏与经文差不多同时流行。在印度主要有龙树的《十住毗婆沙论》、世亲的《十地经论》和金刚军、坚慧的《十地品释》等。中国则有吉藏、杜顺、智俨、法藏、澄观、宗密等人的注疏。其中大多数注疏作者都因对《华严经》学理的认同而形成了华严宗学系。

法藏在其所著《华严金狮子章》中，对《华严经》的要旨进行了简明扼要的阐释，"是华严宗著作中具有权威性的论著"（见方立天《华严金狮子章校释》）。因此可以从法藏的阐释中窥见《华严经》思想之一斑。

《华严金狮子章》全篇不长，仅一卷，约3500字，分为10段。一至五段，分别标题为"明缘起第一"、"辨色空第二"、"约三性第三"、"显无相第四"、"说无生第五"。主要讲色空缘起的理论。

法藏首先以金狮子作喻。宫殿里本来没有狮子，只有金，金本身并不具有狮子之相，没有狮子这个属性。只是"随工巧匠缘，遂有狮子相起"，所以是色空缘起。从本质上说，这个狮子只是一个虚相，金才是实体。"狮子不有，金体不无，故名色空"。

但当工匠把金雕成狮子以后，人们叫它为金狮子，又包含了狮子这个属性在里面。这里的狮子以金的质地为因，以工匠心中那个已经形成的观念形态的狮子为缘，"依他而起"。所以，"狮子情（真实的动物）有，名为遍计；狮子似有，名曰金性不坏，故号圆成。"这就是"法界缘起"、"法性圆融"或"法界圆融"。

法藏认为在认识真如佛性的时候，

清乾隆时期所绘之文殊菩萨像，广东凤凰山壁画。

骑大象的普贤菩萨，浙江天台山高明寺。

应该打破"空与有"、"虚与实"的界限，从具体的现象出发认识其隐藏的佛性。

第六段标题为"论五教第六"，是法藏对以往各派关于不同根器者（以愚顿程度区分）修行层次的新归纳。他分为五等——第一愚法声闻教；第二大乘始教；第三大乘终教；第四大乘顿教；第五一乘圆教。

其中，一乘圆教所以以"圆"为名，即如"金狮子"成相包含了所有的属性，表现为"万象纷然，参而不杂。一切即一，皆同无性；一即一切，因果历然。力用相收，卷舒自在"，所以叫一乘圆教。

第七段《勒十玄第七》与第八段《括六相第八》，继续以金狮子作喻，分析世间事物的总相与别相，都从一个根本佛性——"一"缘起的道理。法藏说：狮子是总相，狮子的眼耳鼻舌身等"五根差别"是别相，但都"共从一缘起"，所以又是同相（共相）。如果诸根各住，即眼耳鼻舌身各各分开，那么狮子就不成狮子了，叫做坏相。只有"诸根合会"成为狮子，才是成相。

法藏在这里以金狮子为喻讨论了总相、别相、同相、殊相、成相、坏相等概念，在中国佛教和中国古代哲学基本范畴中具有很重要的学理地位。

最后，在《成菩提第九》和《入涅槃第十》中，法藏对佛教名词中涉及的佛教修行的最高层次进行了概括。他首先解释说："菩提，此云道也，觉也。"他认为如果一个有慧根的人，能从一尊金狮子像中，见"一切有为之法本来寂灭"，又能看出所有颠倒的假相都是不真实的，进而"具一切种智，名成菩提"。最后达到"出缠离障，永舍苦源"的境界，"名入涅槃"。

普贤菩萨讲《普贤行愿品》

在《华严经》里，普贤是全经中最重要的菩萨，反复出现在《入法界品》、《十忍品》等诸多章节中。所以很多信众也把《华严经》称为普贤菩萨经。而其中流行最广的是关于普贤行愿的章节，列在全经的最后。现在的寺庙通常采取的是唐代般若所译的40卷本的最后一章《普贤行愿品》。

普贤，梵文音译为三曼跋陀，汉文意译为普贤。关于这个名字，唐代宗密在

《大方广圆觉修多罗了义经略疏注》中有三个解释，其中之一说："德无不周曰普，调柔善顺曰贤。"这样的解释显然也受了中国儒家传统观念的影响。

普贤菩萨在众多佛经中都有故事，相传他是释迦牟尼的大弟子，与文殊师利菩萨一道随侍释迦牟尼左右，称为左右胁侍。文殊菩萨居左，普贤菩萨居右。在华严宗信众中，普贤与释迦牟尼和文殊师利共称"华严三圣"。在中国佛教传说中，普贤菩萨是四大菩萨之一，常坐一头六牙白象出现，代表佛法的大悲力，其道场在四川的峨嵋山，其诞辰日为农历二月二十一日。

《普贤行愿品》以普贤菩萨回答善财童子提问的方式，向众人讲说自己的十大行愿，即他要做到的十件事，同时也是对众人的希望，要求佛的弟子按此十项内容修行。这十大行愿分别是：

一、礼敬诸佛。诸佛的概念指"所有尽法界、虚空界，十方三世一切佛刹，极微尘数诸佛世尊"。礼敬指以恭敬虔诚的心对佛进行称诵礼拜。

二、称赞如来。如来即是佛的名号之一，不仅指释迦牟尼，所有的佛都可以称作如来。其要求是"出无尽音声海，出一切言辞海，称扬赞叹一切如来诸功德海"。海，是对广大无边程度的形容。

三、广修供养。在佛教诸行中，供养是个很普遍的概念，即对佛、法、僧三宝以尊敬的态度提供物质和精神支持以修福德。普贤在这里特别强调了法供养，认为"诸供养中，法供养最"，即最重要的就是对佛法的尊重和修持。

四、忏悔业障。普通人在尘世间因贪欲、嗔怒、愚痴等来自身、口、意的凡行难免造成业障，即有恶行，这也是人之所以陷入轮回之苦的原因，所以有必要进行忏悔。这样的忏悔必须是完全诚心的，而且应该面对诸佛菩萨表明誓愿。

五、随喜功德。包括做慈善事业积累功德，修习菩萨智地，达到觉悟涅槃境等。随喜并不是随便不经意，而是任何时候都以自然喜悦的心态做这样的善行。按普贤的话说就是："身语意业，无有疲厌。"

六、请转法轮。以诚心表达对佛和菩

（上图）凤凰山壁画之南无秘密王普贤像。（下图）文殊问疾图，反映了菩萨与佛祖与世俗情感类似的师生关系，凤凰山壁画。

天台山高明寺释迦牟尼佛、文殊菩萨、普贤菩萨塑像。

萨宣说佛理。法轮即指佛理或佛法，转就是讲说布道。

七、请佛住世。以诚心劝请已经觉悟脱离轮回的佛和菩萨，为利益众生放弃升天（涅槃）留住尘世，为还没有获得菩提觉悟的普通人讲说佛法，帮助众生解脱轮回和烦恼之苦。

八、常随佛学。因为佛无处不在，而且以种种凡人所能感知的方法教诲众生，所以修行者完全能够也应该做到任何时候任何地方"常随佛学"。普贤以毗卢遮那佛为例，说他"剥皮为纸，析骨为笔，刺血为墨，书写经典，积如须弥"，都是为众生弘法，故而"我此随学，无有穷尽。念念相续，无有间断。身语意业，无有疲厌"。

九、恒顺众生。众生不仅指人类，也包括一切生命体，"所谓卵生、胎生、湿生、化生"。恒顺众生，就是对一切生命都抱有同情心，给予需要帮助的生命以自己的帮助。因为菩萨就是这样做的，"菩萨如是平等饶益一切众生。何以故？菩萨若能随顺众生，则为随顺供养诸佛。"他自己也受到众生的供养。这样的"双赢"局面即为佛境。对此，普贤做了一个很生动的比喻：沙漠旷野之中有一棵大树，树根得到水的滋养，就能花繁叶茂果实累累。树叶花果反过来也能滋养树根。"一切众生而为树根，诸佛菩萨而为华果，以大悲水饶益众生，则能成就诸佛菩萨智慧华果。"所谓恒顺众生，意即在此。

十、普皆回向。回向是佛教专有名词，本义为回归、回馈。意思是修行者把自己所修的一切功德都总结回归，投向众生，使他们也能够功德圆满觉悟成佛。"愿令众生，常得安乐，无诸病苦……关闭一切诸恶趣门，开示人天涅槃正路。"

普贤菩萨接着讲解了修这十大行愿所能达到的功德境界，将其归纳为四句偈语："速能除灭五无间业。一切恶业皆得消除。一切恶鬼皆悉远离。或时发心亲近守护。"并说："若人诵此愿者，行于世间，无有障碍。如空中月，出于云翳。诸佛菩萨之所称赞，一切人天皆应礼敬，一切众生悉应供养。"

普贤认为这十行愿是佛教修行者所有行愿中最高的行愿，称为"愿王"。后世佛教学者也沿用了这个名词，从而给予《华严经》及《普贤行愿品》以修持行愿最高准则的地位。除了华严宗外，中国佛教其他宗派也认可普贤十大行愿对修行的指导意义。

金刚智的瑜伽修行

金刚智，南印度人，十岁出家，精通显、密教典，专修密法，因应南天竺国王之请，到中国传法。是中国密宗的创始人之一，与善无畏、不空并称为开元三大士，译有《金刚顶经》、《瑜伽念诵法》、《观自在瑜伽法》等八部十一卷。

毗卢遮那佛言：修行者善达此瑜伽中大意……能顿作利乐一切有情、诸菩萨、声闻、缘觉及诸外道，是名瑜伽金刚乘教法。

——《金刚顶经·第十八会》

密宗的创立

密宗为中国佛教八大宗派之一，创立于唐代开元、天宝年间。因自认所尊奉的《金刚顶经》、《大日经》、《苏婆呼经》、《释摩诃衍论》等为最能表达佛教原旨的最尊密经典，而其他宗派所讲经论都流于浅显，从而与其他宗派形成对立，故被称为密宗。

密宗又叫真言宗、瑜伽宗、金刚顶宗、毗卢遮那宗、开元宗、秘密乘、金刚乘等。除了所奉经典不同外，密宗也以修习三密瑜伽行轨不同于其他宗派，故而也被称为密学、密教、密法、密家，并把修行者称为密众，把修行场称为瑜伽密场等等。

密宗在中国佛教里因地域和传入

修瑜伽的三面佛——大日如来居中，阿弥陀佛居右，不动金刚佛居左。公元九世纪作品，现藏印度拉德纳吉里邦考古博物馆。佛教的瑜伽修行寻求与宇宙本源的契合，持咒和结印也是寻求与宇宙本源相联系的修行方法。

《金刚顶经》、《大日经》、《孔雀王经》是密经的主要经典。阿育王建立的孔雀王朝在印度全境推行佛教，创造了印度佛教最辉煌的时代。图为重庆梁平双桂堂的佛乘孔雀像。

路线不同分为汉地密宗和藏地密宗两种，其传承体系有很大区别。在中国佛教八大宗派中，一般只涉及汉地密宗，将其作为与天台宗、法相宗、华严宗等同时代出现的宗教现象。但汉地密宗和藏地密宗的发生有共同的渊源，即最先都是在印度形成宗派的。

　　印度自古以来就有以瑜伽和持咒修行的传统。除佛教外，婆罗门教和耆那教也有瑜伽和持咒的修行方法。有学者认为这与印度气候炎热，人们只能尽量减少活动抗拒炎热，从而形成以静坐观想的静心方式保持身心健康的传统有关。而在这种静坐观想中往往能触发一些特异现象，猜想与宇宙的某种神秘本源相一致。梵语"瑜伽"一词的本意就是相应、联系、契合、结合的意思，佛教借用过来特指以瑜伽修行方法达到与宇宙本源（佛心）的联系与契合那样一种过程。中国僧人在此前及以后主张的禅定修行也是由印度的瑜伽观念派生出来的。

　　在早期印度瑜伽派的修行中，持咒也具有与静坐观想同等重要的作用，其产生机理也与瑜伽修行相似。即在修行中通过念诵神秘咒语（也叫真言）与宇宙本源相联系，从而获得超脱尘世烦恼的能力。

　　印度佛教大乘各派发展到公元七世纪后期，因理论日益繁琐而对大众失去吸引力，简便易行的神秘主义教派趁机而起，中观派与瑜伽行派趋向合流，最后归于密教。所以密教成为印度佛教最后一个流行派别，并影响到中国。唐代中期，以印度僧人善无畏、金刚智及狮子国（今斯里兰卡）僧人不空为代表的密教传人成为中国佛教密宗的创立者。

　　其实作为一种宗教修持方法，瑜伽和密咒自佛教传入中国起就有相应的传

佛·经·密·码

密宗崇奉的大日遍照如来佛，清代绘画，广东凤凰山壁画。

统。三国时期支谦译有《华积陀罗尼神咒》、《无量门微密持》、《七佛神咒》等经咒。晋代竺法护、佛图澄、梨密多罗等也翻译传习过《密迹金刚力士》、《八阳神咒》、《孔雀王神咒》等。梨密多罗所译《佛说灌顶经》12卷被后世认为是印度密教传到中国的肇始。包括《法华经》、《华严经》、《金刚经》、《心经》那样的非密教派别尊奉的经典也有密咒参杂其间。但那些只是各派提倡的修行方法之一种，而与密宗的整体主张不同。

中国密宗的理论比较简单，却有高度组织化的咒术和仪轨，通过口诵密咒、手结契印、心作观想（三者分别称为口密、身密、意密）等方法，获得迅速通达佛境，直接与佛心（宇宙本源）相契合的能力，从而达到密法快修的结果，此即为"三密相印，即身成佛"。

中国密教的缘起

中国佛教里关于瑜伽修行和密咒修炼的记录很早就有，最先被认为是一种道术，因其表现形式与道教宣传的东西相仿。东晋十六国时期，天竺僧佛图澄为劝止后赵君主石勒滥杀无辜，曾以密咒的方式显现了"神迹"——为石勒当面表演，诵念符咒使一盆清水生出光色耀目的莲花，从而使石勒相信佛的存在并使其杀人之举有所收敛。

与佛图澄前后相续在中国北方传播佛教密法的还有天竺僧耆域。耆域在晋惠帝后期（约公元305年）由海路来到中国，在江南一带传播佛教密法并以"迹行不恒"、"有灵异"著称。相传他在襄阳过江时，渡船上的人见他穿着破烂的僧衣，不让他上船。但当船到对岸，人们却看见他已经在岸上了。上岸后，人们看见两只老虎拦住去路，都不敢再走。还是耆域走上去，摸着虎头让它们离开，众人于是都结成群跟随耆域走了。

史籍记载了耆域的很多神异之事，不少与密咒有关。其中有一则说他在洛阳满水寺为衡阳太守滕永文治腿疾，"以杨柳拂水，举手向永文而咒"，本已经瘫痪的滕永文"即起行步如故"。接着又以咒术使该寺中数十株枯死多年的大树重新长出新芽。传说耆域还会分身术和神行术等印度密教诸法，能够同时分身到五百家做客。还能日行九千里，朝起于洛阳，暮还至西域。所以，《高僧传》把他和佛图澄一齐列入《神异志》里。

不过，耆域对中国佛教的影响也有另一面。十六国时期北方战乱频繁，洛阳也陷入混乱，耆域最后决定离开中国回印度。临行，洛阳各寺僧人请他留下诫言。耆域以一首偈语相赠："守口摄身意，慎莫犯众恶；修行一切善，如是得度世。"众人不满意，说那是八岁小孩子都会背的东西。耆域说："八岁虽诵，百岁不行，诵之何益？人皆知敬得道者，不知行之自得道？"（《高僧传》卷九）

耆域以这样一句充满哲理的话告别了中国。

继佛图澄和耆域之后，梨密多罗在南方东晋地区也以密教的传习留下了记载。梨密多罗本是西域的一个王子，因私从一位密教大师修习佛法，而放弃了王位继承权，出家为僧，后来到晋都建康（今南京）建初寺传法。当时的丞相王导、太尉庾元规、光禄大夫周伯仁、太常寺卿谢幼、廷尉桓茂伦、尚书令卞望之以及将军、仆射等，都向他请教过修行密法。

《续高僧传》记载："善（梨密多罗）持咒术，所向皆验。初江东未有咒法，密译出《孔雀王经》明诸神咒。又授弟子觅历高声梵呗传响于今。"表明当时的东晋王朝因梨密多罗的传教和王公大臣的追随，佛教密咒修行法已经在江南传播。《孔雀王经》即是印度密教尊奉的经典之一。

梨密多罗于晋成帝咸康年间（335-342年）辞世，春秋八十余。晋皇室琅琊王司马玟为其写了祭文，称梨密多罗为"天授英伟，心造峰极"。成帝司马衍亲自为他的墓植树以示纪念。

南北朝时期，仍有来自西域和印度的佛僧在中国传播密教。北凉的昙无谶，"明解咒术，所向皆验，西域号为大神咒师"。北魏的菩提流支除翻译有讲解密咒修持的《深密经论》外，也"兼工咒术"，能念诵密咒凭空取水。

唐代前期，有阿地瞿多、那提、佛陀波利等以密法咒术和灵异显现知名。阿地瞿多，中天竺人，汉名无极高，唐高宗永徽三年（652年）从印度来到长安。高宗敕令在慈门寺安置阿地瞿多并给予翻译佛经的支持。阿地瞿多通过自己口授，弟子玄楷笔录的方式，将带来的《陀罗尼集经》翻译成汉文12卷。朝廷贵胄英公李世绩、鄂公尉迟德等12人，一同奏请高宗专为阿地瞿多在慧日寺浮图院建立陀罗尼普集会坛，支持阿地瞿多宣讲密法。相传论坛开讲时，"法成之日，屡现灵异，京中道俗，咸叹希

毗卢洞为毗卢遮那佛修行道场，大足石刻，建于宋代。

逢。"(《宋高僧传》卷二)

那提也是中天竺人,汉名福生,曾"历游诸国,务在开物",因而通晓多国语言。他在执狮子国(斯里兰卡)听说唐朝国土盛传佛教,于是"搜集大小乘经律论五百余夹合一千五百余部。以永徽六年(655年)到达京师"。那提先在长安慈恩寺参与玄奘组织的佛经翻译,后来奉高宗敕令到昆仑山外西域诸国寻找可使人长生不老的"灵药"。

那提于高宗龙朔三年(663年)回到长安,打算再从事佛经翻译,但因玄奘去世,慈恩寺的正常工作秩序被打断。那提原先从印度带来的佛经多数找不到了,只剩下《八曼荼罗经》、《礼佛法经》、《阿吒那智经》三部供他翻译。那提将这三部经翻译出来,其中《八曼荼罗经》即为密教经典。因其"要约精最,可常行学",修持方法简便易行,印度佛教密法于是在当时得到迅速传播。

后来,南海真腊国(今柬埔寨)僧人到长安,向高宗建言说,真腊国有灵药,但只有那提能够辨识。那提于是再次接受高宗敕令,到真腊国寻找灵药,从此再没有返回。(见《续高僧传》卷四)

阿地瞿多和那提之后,义净成为中国僧人中最先弘传密教的人。义净俗姓张,字文明,范阳人,生于唐太宗贞观九年(635年)。少年时受法显和玄奘的事迹感召,立志西行求法。唐高宗咸亨二年(671年),义净终于成行,他找到数十个同伴打算从番禺(今广州)出发。但到登船时所有的同伴都打了退堂鼓,只有义净一人坚持前往。其时义净已经37岁。

义净这次西行求法,几乎走遍了印度全境共30余国,史籍上说他对释迦牟尼"诸有圣迹毕得追寻",如灵鹫峰、鸡足山、鹿野苑、舍卫国祇林等。与玄奘西行相比,义净这次到印度的时间更长,历时25年。路线也不同,去来都走海路。说明唐代中期国力增强,航海技术也更发达。义净于武则天证圣元年(695年)回到东都洛阳,带回梵文佛典经律论藏近400部,合50万颂,另有金刚座真容佛像一尊、佛骨舍利300粒。

对于义净这次步玄奘后尘西行求法归来,唐朝廷照例给予了高度重视。武则天亲自到洛阳城东门外迎接,并敕令安置在洛阳佛授记寺,由他为首组织新的佛经翻译。其后又在长安福先寺、西明寺等组织译场。自天后久视元年(700年)到睿宗景云二年(711年),义净共翻译佛经五十六部230卷,撰写《大唐西域求法高僧传》、《南海寄归内法传》等五部9卷,其他著述78卷。

义净进行的这次佛经翻译一个显著特点,即是大量

大足石刻毗卢洞之毗卢遮那佛造像。

翻译了当时在印度正成为佛学主流的密教经典，诸如《庄严王陀罗尼经》、《一字咒王经》、《菩萨咒经》、《称赞如来功德神咒经》等。史籍记载说："然其传度经律与奘师抗衡，比其著述净多文，性传密咒最尽其妙。"（《宋高僧传》卷一）

即认为义净与玄奘相比，著述更多，对密教的传播更显其特性。应该说这个由宋代佛教学者通慧、赞宁等人作出的评价是基本准确的，也符合唐中期社会对佛教各宗派的态度从纯粹学理研究，转到重视实际效用的时代特征。实际上唐朝廷也在这时期给予了佛教密宗更多的重视。在义净的主要翻译完成后，武则天诏令朝中大臣代笔写出《大唐龙兴三藏圣教序》给予褒奖。

义净于玄宗先天二年（713年）辞世，生年79岁，为僧59年，塔葬于洛阳龙门北山之高冈上。

善无畏创立胎藏密宗

一般认为，中国佛教弘传纯粹密教并正式成为一个宗派，应该从善无畏和金刚智算起，到金刚智的弟子不空最终完成了创立密宗的进程。其时间大约在公元八世纪前期，即唐玄宗开元、天宝年间。

善无畏，梵语意译为净师子，善无畏是义净为他起的一个汉名，公元七至八世纪中天竺摩揭陀国人。善无畏出身于刹帝利种姓，其祖先与释迦牟尼同宗，为释迦牟尼叔父甘露饭王的后裔。其国祚一直传承，后分为若干国，善无畏家族这一系为乌荼国，父亲名佛手王。善无畏从小聪明好学，得到佛手王的正传，10岁时统率军队，13岁嗣位为国王并受到军队和人民拥戴。但其他王子不服，兄弟阋墙刀兵相见，善无畏在动乱中被箭射伤。战乱虽然平息，但善无畏感到很悲哀，于是向母后和群臣宣布把王位让给一位兄长，自己决定出家为僧。从此开始佛教修行，先是跟从南天竺殊胜招提法师学习《法华经》，后来主要修习密教。

相传善无畏在随一艘商船游历诸国时遭遇海盗抢劫，船主和水手束手无策，善

密宗诸菩萨之摩利支菩萨，杭州中天竺。

无畏口诵密咒真言,祈祷菩萨保佑,果然有七位菩萨现身,并使海盗互相殴斗。几个海盗被打死,剩下的海盗看见菩萨现身,于是皈依佛法,不再当海盗。后来善无畏多次遭遇盗贼,都以密咒化险为夷,由此更加坚信与密教有缘,于是到中天竺那烂陀寺向密教长老达磨鞠多求教密法。

印度那烂陀寺原为大乘有宗的圣地,八世纪时成为密教中心,达磨鞠多长老则是全印度最为知名的密教大师。善无畏来到那烂陀寺,把当年母后秘密传给自己的象征国家宝藏的宝珠拿出来,奉献给该寺。宝珠装饰主殿大佛像额头后,立即大放光明,"昼如月魄,夜若曦轮焉"。这让达磨鞠多长老十分高兴,认为善无畏与本寺有缘,于是授予他"总持瑜伽三密教也,龙神围绕森在目前,其诸印契一时顿受,即日灌顶为人天师,称曰三藏"。(《宋高僧传》卷二)

而那烂陀寺历来也与中国缘分深厚,玄奘、义净等人都曾在此留下很多遗迹和传说。善无畏在这里接触到中国佛教传统,便产生了对中国的向往。达磨鞠多也认为善无畏与中国有缘,鼓励他东行传法。善无畏于是带着大量密教佛经踏上了去中国之路,其时他已经年届八旬。

善无畏沿着当年玄奘走过的路线由南向北,再自西向东,先后走过北印度迦湿弥罗国、乌苌国、素叶城、突厥可汗国等。之后翻越天山、涉足吐蕃、经停西州(今新疆吐鲁番东南)、玉门关,于开元四年(716年)到达长安。唐玄宗李隆基礼聘他为国师,先后敕住兴福寺和西明寺,翻译他所带来的佛经。开元十二年(724年),玄宗又诏请善无畏随驾到东都洛阳,于福先寺(即奉先寺)主持翻译佛经。

善无畏在长安和洛阳18年间,翻译佛经十余部,主要有《大毗卢遮那成佛神变加持经》(即《大日经》)七卷、《苏婆呼童子经》三卷、《苏悉地揭罗经》三卷、《虚空藏菩萨能满诸愿最胜心陀罗尼求闻持法》(即《金刚顶经》)一卷的摘译,都是印度密教所奉经典。

善无畏所传密宗一派尤其以《大日经》为最高宝典。《大日经》以毗卢遮那佛在金刚法界宫为金刚手菩萨等说法的方式,讲解修持净菩提心的身、语、心三密方便法门。因为毗卢遮那佛在汉语意译中也叫大日如来,故将《毗卢遮那成佛神变加持经》略称为《大日经》。《大日经》全经共36品,主要讲解密教的基本

(左图)密宗诸菩萨之秘密大持菩萨,杭州飞来峰。(右图)密宗诸菩萨之持剑菩萨,杭州飞来峰。

教义、各种仪轨和行法、供养的方式方法等等。

在洛阳期间，善无畏和弟子一行合作多年，对密教经典的传译形成了重要共识。一行原本以禅学知名，跟从善无畏后，专修密法，深得其中奥妙，成为中国密宗著名学者。一行专为《大日经》撰写了20卷注疏，集为《大日经疏》，此经与疏成为中国佛教密宗的立宗宝典之一。此外一行还撰有《摄调伏藏》等，也是中国密宗的重要论著。

善无畏和一行主张的密宗修行方法，因为以大悲胎藏生于特定的曼荼罗坛场为正式灌顶坛场，故在玄宗时代被称为胎藏密法，也称胎藏密宗，与同时代以金刚智和不空弘传的金刚界密宗形成中国密宗两大派别。

除了弘传密宗经典，善无畏还以密咒之法显示的"神迹"为时人所重。相传他曾奉玄宗诏请为关中干旱祈雨。宦官高力士守候敦请，见大风骤起即返回宫中秉报，"力士才及天津桥，风雨随马而骤，街中大树多拔焉。力士入奏，而衣尽沾湿矣。帝稽首迎畏，再三致谢。"（《宋高僧传》卷二）

开元二十三年（735年），善无畏在洛阳圆寂，在世99年。玄宗追赠为鸿胪寺卿，葬于龙门西山广化寺。

金刚智创立金刚界密宗

金刚智被后世佛教学者认定为中国密宗真正的创始人，因其所传《金刚顶经》在中国汉地具有比《大日经》更为广泛的影响。

金刚智，梵语音译名为跋日罗菩提，南印度摩赖耶国人，婆罗门种姓，其父为摩赖耶国建支王的国师。金刚智受父亲影响，从小喜爱阅读，"日诵万言，过目不忘"。16岁即开悟佛理，削发出家，到那烂陀寺修学戒律，20岁受具足戒。又到西印度学习小乘佛教和瑜伽三密诸经论及陀罗尼密咒等，"十余年全通三藏"。后又漫游狮子国（斯里兰卡）登楞伽山，到过佛誓、裸人等20余国。28岁以后跟从迦毗罗卫城胜贤、南印度龙智学习《瑜伽论》、《唯识论》、《金刚顶瑜伽经》、《毗卢遮那总持陀罗尼法门》等大乘经典，并受五部灌顶，接受密教学统。

金刚智在狮子国时与唐朝来的僧人有交往，听说东土朝廷崇尚佛教，民间佛法盛行，于是产生向往，决心到中国

密宗诸菩萨之大力金刚菩萨，凤凰山壁画。

传法，终于在唐开元七年（719年）由海路到达广州，第二年到达唐东都洛阳和西京长安。玄宗敕令迎就慈恩寺，后移住荐福寺和资圣寺。

据金刚智的弟子不空法师所撰《金刚顶经大瑜伽秘密心地法门义诀》记载，金刚智来华之路颇不平静。他从狮子国随一支商船队经南海东行，出发时有大船30余艘，总共500多人。不料在海上遭遇风暴，"诸船及人并皆漂没"。金刚智乘坐的船将要倾覆之际，船主让众人把货物都抛弃海中。金刚智所带的两箧佛经多数也被抛弃，只保存了《金刚顶经》的一部分。为挽救危难，金刚智在船上发心念佛，作除灾法，很快有了效果，风暴随即止息。"去船周回可一里余风水不动。"落水者也得到搭救，回到船上。

金刚智在慈恩寺和荐福寺都建起密宗坛场，以陀罗尼密咒和密教灌顶之法导引信众，使密宗在长安和洛阳得到迅速传播。当时已经成名的高僧大智禅师、大慧禅师和不空三藏都来从学，行弟子之礼。善无畏的弟子一行也曾向他请教。

与善无畏相似，金刚智传播密宗也依靠了很多"神迹"的显示。相传唐玄宗在那时迷于道教玄牝之学，并不重视佛教。恰遇那年干旱，玄宗依道教传统到华山乞灵求雨，但没有灵验。无奈之下，玄宗听从身边的人建议，诏请金刚智结坛求雨。金刚智携弟子筑坛供奉七位密教菩萨像，并以密咒之法求雨。到第七天，终于天象陡转，"即时西北风生，飞瓦拔树崩云泄雨，远近惊骇。"（《宋高僧传》卷一）

尤其是结坛施法处还从地下冒出了洪水，引来成千上万的人观看。接着金刚智又以密咒法为玄宗宠爱的小公主治好了病。玄宗于是改变了对佛道两家的态度，公开提倡佛教密宗，并下诏在金刚智打算回印度的时候尽力挽留。

金刚智的密宗修行传法，也有赖于佛经翻译。他于开元十一年到十八年（730年）间，译出了《金刚顶经瑜伽修习毗卢遮那三摩地法》一卷、《千手千眼观世音菩萨大身咒本》一卷、《千手千眼观自在菩萨广大圆满无碍大悲心陀罗尼咒本》一卷、《不动使者尼罗秘密法》一卷、《瑜伽念诵法》二卷、《七俱胝陀罗尼》二卷、《曼殊室利五字心陀罗尼》一卷、《观自在瑜伽法要》一卷等。不空和一行是金刚智译场的主要助手，另有东印度婆罗门伊舍罗和嵩山佛僧岳温古参加记录笔受。

金刚智的密宗经籍译本在中国佛教界具有很高声誉。当时就有金刚智"所译总持印契凡至皆验，秘密流行为其最也"的评价。（《宋高僧传》卷一）

密宗诸菩萨之金刚萨埵菩萨，杭州飞来峰。

开元二十年（732年），金刚智71岁时在洛阳广福寺坐化，葬于龙门南伊川右山。玄宗敕谥国师之号并为其建塔以示纪念。朝廷中书侍郎杜鸿渐也是接受金刚智灌顶的弟子，为其师撰写碑纪。

在金刚智所传的佛教密宗经典中，以简称出现的《金刚顶经》和《观音菩萨大身咒》、《瑜伽念诵经》、《五字心陀罗尼经》最为流行。由他和弟子不空弘传的密宗派别称为金刚界密宗。

密宗的传承

金刚智以后，佛教密宗在唐代继续得到较广泛的传播。其中不空在玄宗、肃宗和代宗三朝都有很大影响，成为密宗传承历史上一个承上启下的人物。因为不空弘传金刚界一派密宗的活动和影响的扩散主要也在玄宗开元年间，所以后世佛教界把他与其师金刚智及善无畏并称为"开元三大士"。又因为金刚界密宗在后世传承比胎藏密宗更为隆盛，逐步取得了密宗"正统"的地位，故而后世也把不空称为密宗二祖。

不空也是印度来华僧人，出身于北天竺婆罗门家庭，梵名叫阿目佉跋折罗，汉语意译为不空金刚，简名不空。据《宋高僧传》记载，不空因幼年丧父，很小就随叔父来到唐朝，在中国长大，按现在的话说可以算作印度裔中国人。也因为从小生活在中国，不空精通梵文和汉语，15岁就跟从金刚智研习密教经典，受菩萨戒。其后长期协助金刚智翻译佛经并登坛讲法。

在从事翻译过程中，不空特别被新瑜伽五部三密法所吸引，三年之中数度研读，不通之处向老师求教。金刚智因忙于其他事务没有应承，不空便向老师提出回印度去学习。这才引起了金刚智重视，觉得不该忽略弟子的求学愿望，于是把自己所掌握的佛教密宗精义"尽传付之"，之后不久金刚智就圆寂了。

不空为老师金刚智办完所有后事，包括向朝廷上奏建议追谥金刚智国师之号，获得唐玄宗批准。之后便遵照其师的遗命，到印度和狮子国（斯里兰卡）留学求法。其时不空已经在中国佛教界享有声誉，号称三藏法师。

唐开元二十九年（741年），不空与弟子含光、慧辩等37人带着国书，乘商

密宗诸菩萨之大胜金刚抉菩萨，凤凰山壁画。

中国江南地区也具有佛教密宗传统，图为五代时期建造的密咒铁塔，杭州飞来峰。

船自广州出发前往印度。途中遇大风暴和鲸群，众商人都骇怕无助，不空即诵持《大随求经咒》令众人平静下来。风暴和鲸群随即过去，商船有惊无险，最终平安抵达狮子国。

不空等人在狮子国受到国王和僧侣的礼遇，该国高僧普贤阿阇梨特为中国来使开讲《十八会金刚顶瑜伽法门》和《毗卢遮那大悲胎藏经》，并为含光、慧辩等人行五部灌顶密法。

不空在狮子国获得佛教经论500余部，接着前往印度，遍游印度全境，寻访释迦牟尼佛迹并向各地高僧请教。印度佛教界也知道不空的名声，礼请他登坛讲法。不空当仁不让，并"屡彰瑞应"，把中国密宗诸法的效应展示给听众。（《宋高僧传》卷一）

不空这次返国留学很顺利，于唐天宝五年（746年）回到长安，为唐玄宗带回了狮子国王尸罗迷伽的书信及赠予唐朝皇帝的金宝、璎珞、珍珠、白裘等礼物和大量梵文佛经。玄宗十分高兴，敕令不空住净影寺，礼请其为自己灌顶授法。后又为不空赐号智藏，以示最高的尊重。

不空在玄宗、肃宗两朝都受到特别尊重，佛教密宗在此期间广为弘传。唐肃宗李亨也接受了不空的灌顶授法。代宗李豫即位后数次赐赠粮食衣物等，并为不空加号为大广智三藏。代宗大历九年（774年），不空在长安大兴善寺圆寂，在世70年。代宗废朝三日以示哀悼，敕令葬于少陵原。

不空自天宝五年回国至大历九年辞世，28年间主要从事佛经翻译活动，所译佛经77部共120余卷。不空还撰有《金刚顶经大瑜伽秘密心地法门义诀》、《三十七尊出生义》、《不空心要》等阐释金刚界密宗要旨的著作。由于不空与金刚智的弘传，以《金刚顶经》为主要奉持的密宗经典得以在唐朝中期广泛传播，并形成金刚界密宗的学统。

不空的弟子多数也以密宗修行诵咒名世，著名者有金阁寺含光、新罗慧超、青龙寺惠果、崇福寺慧朗、保寿寺元皎、觉超，世称"六哲"。其中慧朗直接传其法系，被称为密宗三祖。而慧果在密宗弘传方面的成就最大。

慧果，俗姓马，从小出家，先随不空的弟子昙贞学习佛教密宗初法，后直接受教于不空，由不空为其灌顶。唐代宗大历元年（766年），慧果在青龙寺剃发，在慈恩寺受具足戒，随后正式跟从不空习传《金刚顶经》，获传阿阇梨位，正式成为密教轨范师。大历二年（767年），慧果又跟从善无畏的弟子玄超学习胎藏密宗及瑜伽诸法。后又奉敕令在青龙寺东塔院设立灌顶道场化度信众，时称秘密瑜

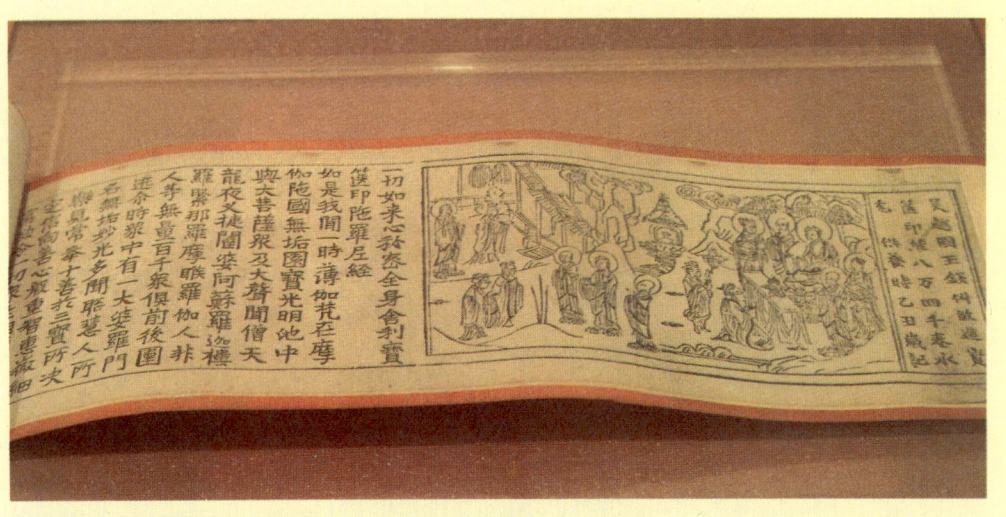

密宗经典之一陀罗尼经，杭州雷峰塔出土，现藏浙江省博物馆。

伽大师。慧果弘传密宗也受到朝廷重视，代宗、德宗、顺宗三朝皇帝都与他有交道，授予"国师"尊号。

慧果一生弘传密宗大法，门下弟子众多，知名者有义操、惠则、惟尚、法润等。当时的宰相杜黄裳、韦执谊等也受其教，接受灌顶。慧果于唐顺宗永贞元年（805年）在青龙寺圆寂，在世60年。

慧果的外国弟子也有很多，其中爪哇（今印度尼西亚）辩弘、系诃陵于唐德宗建中元年（780年）来到中国，跟从慧果学习胎藏密宗，后在汴州传法，著有《顶轮王大曼陀罗仪轨》。日本僧人空海于德宗贞元二十年（804年）持国书来华求法，跟从慧果学习《金刚顶经》及瑜伽密法，学成归国创立了日本真言宗。后又有日僧圆仁、圆珍等也来唐朝研习瑜伽密教，此后日本密宗更加盛行。

反而在中国，因唐代晚期朝廷政策限制佛教，唐武宗会昌灭法之后，密宗即告衰落，传承若断若续。但密宗主张的瑜伽修行和密咒之术，则由一般佛寺和佛教信众作为修行方法的一种传承下来，成为佛教文化传统之一。

"教法之王"《金刚顶经》

《金刚顶经》全称《金刚顶一切如来真实摄大乘现证大教王经》，又称《摄大乘现证经》、《金刚顶瑜伽真实大教王经》，佛教密宗两大根本经典之一。相传最初于公元三世纪由印度佛教学者龙树造出十万偈颂，而龙树则是在一座古代铁塔里亲受毗卢遮那佛口传的。后由金刚智等人续传并加上对偈颂的解说。

金刚智曾自述他最初见到的《金刚顶经》的大经本："经箧广长如床，厚四五尺，有无量颂，在南天竺界铁塔之中。"相传该铁塔建于释迦牟尼时代，铁塔的门关闭着，门上加有一只巨大的铁锁，释迦牟尼涅槃后几百年间，没有人能将其打开。直到公元三世纪，龙树来到此地，连续七天围绕铁塔念诵瑜伽秘咒中的大毗卢遮那真言，铁塔之门才得以开启，龙树进入后铁门又立即关闭。

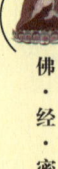

杭州三天竺的密咒。

龙树在塔内看见有长约二丈的光明香灯，还有名花宝盖在空中悬列。龙树再次念诵大毗卢遮那真言并发下弘扬佛法的大誓愿，随即见到了毗卢遮那佛的多种现身。龙树在塔内听毗卢遮那佛"于虚空中说此法门及文字章句"之后，反复诵赞并记录下来，即是后来由佛教密宗尊奉传持的《金刚顶经》，或称"毗卢遮那真言"。龙树得到真言后走出铁塔，"塔门还闭如故"。（不空《金刚顶经大瑜伽秘密心地法门义诀》）

《金刚顶经》于唐朝传到中国时便有多种版本。因为金刚智从狮子国（斯里兰卡）经海路到中国途中遭遇风暴，大部分经籍散失，《金刚顶经》由金刚智带到长安翻译成汉文的只是其中一部分。故标题为《金刚顶瑜伽略出念诵经》，简称《略出经》。但金刚智解说的部分仍保留了全经的要旨，于是作为密宗信众入坛灌顶的依据。

金刚智的弟子不空根据其师解说精义，取龙树所造十万偈颂大意，重新撰述为《金刚顶瑜伽经十八会指归》，逐步接近恢复了原经面目。其后金刚智和不空对所讲经义进行重新编译，标题为《金刚顶一切如来真实摄大乘现证大教王经》，成为中国佛教密宗金刚界尊奉的主要典籍，并得以广泛流传。

《金刚顶一切如来真实摄大乘现证大教王经》取意的根据，在全经标题中已有概括，包括如下七项：

一、横竖智杵，摧折四魔，恒常不坏，故名金刚。杵是古代印度常见的一种兵器，佛教取其威力无敌之意，喻指佛的智慧法力无边，金刚杵之名由此而来。

二、顶，意指此经为所有佛经中具有最高智慧者。

三、一切如来，意为此经汇聚三世十方一切诸佛的根本佛性，乃万法之源。

四、此经所揭示的佛教真义远离一切虚伪，所以名为真实。

五、摄大乘，意指本经总括了大乘佛教所有显密教义。

六、诵读此经即可现证佛的智慧，故名现证。

七、大教王，指本经包含了所有修行方便法门，堪称教法之王。

《金刚顶经》的主要内容，根据不空所译《金刚顶经瑜伽十八会指归》里的解说，为毗卢遮那佛与诸菩萨在"天上、人间"十八地讲说的根本大法，称为"瑜伽十万偈十八会"。此处所说的瑜伽，特指佛教密宗的修行方法；偈即偈颂，是一种以诗歌形式说理的文体；会，指概括、汇总，意为将十万偈颂概括为十八个部分或章节。这十八会分别讲说如下内容：

初会，有四大品：金刚界品、降三世（过去、现在、未来）品、遍调伏品、一切义成就品。品，是在章节（会）以下的分说，即段落。初会主要讲了六种修行法，分别为：大曼荼罗仪则说降伏法及修神通法；秘密曼荼罗金刚歌舞说引弟子仪；法曼荼罗以慈悲喜舍和微细金刚调心仪轨；羯磨曼荼罗令弟子学25种护法仪轨；四印曼荼罗成就诸药法（此法为解除俗世污染毒害，故名药）；一印曼荼罗说大佛顶及光聚佛顶真言及契印，名一字顶轮法。

第二会，毗卢遮那佛在色究竟天，讲说一切如来秘密王瑜伽，即最高密藏修行法。

第三会，金刚萨埵菩萨在法界宫殿，讲说一切教集瑜伽修行法。金刚萨埵菩萨接受了诸佛所提的108个问题，都给予了圆满回答。

第四会，金刚界等八大菩萨在须弥山顶，讲说降三世金刚瑜伽修行法，为诸天神授四种曼荼罗名号，并说秘密禁戒及秘密修行方法。

第五会，毗卢遮那佛在波罗奈国空界中，讲说世间和出世间金刚瑜伽修行法，并说引入弟子的仪轨及不同阶次的修行方法。

第六会，毗卢遮那佛在他化自在天宫，讲说大安乐真实瑜伽修行法，进一步讲解为弟子授法仪轨。

第七会，名为普贤瑜伽，是普贤菩萨在自己所住宫中，讲说修行人怎样以菩提心为先，以无为戒为本的修行方法。

第八会，普贤菩萨在普贤宫殿，续讲胜初瑜伽修行法，说实相之理。

第九会，毗卢遮那佛在真言宫中，讲说一切佛戒网瑜伽修行法。其中说到菩萨修行瑜伽的九种状态（九昧）：金刚萨埵的华丽、毗卢遮那佛的勇健、持金刚菩萨的大悲、观自在菩萨的喜笑、金刚光菩萨的嗔怒、降三世菩萨的恐怖、释迦牟尼佛的厌患、金刚笑菩萨的奇特、毗卢遮那佛在瑜伽中的寂静等（可见佛菩萨界中表情也十分丰富生动）。

第十会，普贤等十六大菩萨在法界宫中，讲说大三昧耶瑜伽修行法。

第十一会，毗卢遮那佛在阿迦尼吒天，讲说大乘现证瑜伽修行法，广说实相之理，建立曼荼罗仪则。

第十二会，毗卢遮那佛在空界菩提道场，讲说最胜瑜伽修行法，如何以"阿"字门通达清净无碍佛境。

第十三会，毗卢遮那佛在金刚界曼荼罗道场，讲说真实瑜伽，以一字真言法和羯磨印法达到不障碍速疾成就境地。

修持瑜伽密法的菩萨之一，杭州飞来峰。

第十四会，名为如来真实瑜伽，由普贤等十六大菩萨讲说法界真如佛理及真言、印契等修行方法。

第十五会，名为秘密集会瑜伽，是毗卢遮那佛在喻师婆伽般若波罗蜜宫（以秘密处著称），讲说法坛、印契、真言等修行方法。

第十六会，毗卢遮那佛在法界宫，讲说无二平等瑜伽修行法。毗卢遮那佛指出，在涅槃境界中，一切世间与出世间，自我和他人都平等无二。修行者在此真正达到色、受、想、行、识五蕴所引起的杂染思虑和乱心都得平息，与真如法界同在而无差别，最后皆成一切佛身。

第十七会，毗卢遮那佛和普贤菩萨等在住实际宫殿，讲说如虚空瑜伽修行法。此方法要求修行者"离一切万物"，充分体会"法体光明，量同虚空，无来无去"那样一种境界。之所以叫"如虚空"，是因为这种修行法不迷执于任何一种实际的物体和行为，仿佛虚空，但却是真实的。

第十八会，名金刚宝冠瑜伽。金刚萨埵菩萨在第四静虑天，请毗卢遮那佛为大梵天诸菩萨讲说五部瑜伽曼荼罗引入弟子仪。此会是对前十七会所说内容的一个总结。毗卢遮那佛认为，"修行者善达此瑜伽中大意……能顿作利乐一切有情、诸菩萨、声闻、缘觉及诸外道，是名瑜伽金刚乘教法"。即达到大乘佛教既自觉，又觉他的最高境界。

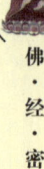

修持瑜伽密法的菩萨之二，杭州飞来峰。

修持瑜伽密法的菩萨之三，杭州飞来峰。

《金刚顶经》作为密宗主要经典，所阐述内容除了大乘佛教一般理论外，更以自己对于修行方法的特色，即瑜伽、密咒（真言）、契印等，为中国佛教在唐代的传播增加了新的内涵。其影响至今犹存。

破解《金刚经》之谜的惠能

《金刚经》讲的是彻底解放心灵奴役的大智慧，但由于文字艰涩、思想深奥，一般人很难全面透彻地领会。因此，历史上佛教各派祖师多为此作注讲解，流传最为普及的就是禅宗惠能的《六祖坛经》。在佛教中，只有佛的言论才能称之为「经」。但是，六祖惠能的言行记录却被称之为《坛经》，从中可以看出六祖惠能在佛教中的地位之高。

> 凡所有相，皆是虚妄，若见诸相非相，即见如来。
>
> ——《金刚经·如理实见分第五》

禅宗的创立

禅宗是中国佛教一个最为著名的派别，但因其正式创立的时间较晚，且在唐以后佛教各宗派都趋于衰落后，禅宗一枝独秀继续弘盛，所以一般都把禅宗排在中国佛教各大宗派之末。不过，要说禅宗对中国佛教和中国传统文化的影响，却没有一个宗派能与其相比。从菩提达摩开始的中土禅定修行主张，到五祖弘忍之下分途的"南能北秀"，以至当代遍及各地的"禅林禅寺"，禅宗在中国可谓既历史悠久，又传承有序。加之理论建树突显，人才辈出，实为佛教传播史上的一大奇观。

修禅定的如来佛，龙门石窟，公元六世纪，建于北魏。

禅宗以主张通过修习禅定达到见性成佛而得名。又因为其反对繁琐的教条论证，强调通过个人实践明心见性，直接领悟佛理，所以也称为佛心宗。

禅，或禅定，是天竺语"禅那"的音译形式，意译即为"静虑"，也叫"思惟修"。禅定就是安静地沉思，本来也是瑜伽修行的一种，后来专指禅宗的修行方式。禅定修行起源于印度，但在印度本土只有瑜伽行派

修禅定的菩萨像，大足石刻。

而没有禅宗这种佛教宗派。禅宗完全是佛教中国化发展的产物。从历史上看，禅定虽然自汉代佛教初传时已经出现，但只是作为出家人众多修行方法的一种，与印度本土的修行方法没有什么区别。但经过南北朝到隋唐，从菩提达摩起，开始出现专修禅定的"禅师"，并强调法统的继承，于是逐渐形成中国禅宗。

中国历史上的宗教界和思想界原本有学术思想师徒相承的传统，重视传承的谱系，这是与中国封建宗法制度和社会习惯相一致的。而禅宗尤其重视这个传统，是所谓"衣钵相传"的真正发明者。其学统从初祖菩提达摩到二祖慧可、三祖僧璨、四祖道信、五祖弘忍的顺次传递都有"衣钵"为证信。弘忍之后，禅宗学统分别由北方的神秀和南方的惠能继承弘扬。但因惠能持有弘忍所传的法衣为证信之物，所以后世禅宗传人多数认定惠能才算禅宗正统。加上由惠能的传记和学说构成的《坛经》成为禅宗学理根源之一，惠能作为禅宗六祖的地位便不可动摇了。所以一般也认为中国佛教禅宗的正式创立是由惠能完成的。

禅宗立宗所依经典有《楞伽经》、《金刚经》及《六祖坛经》。前二者是印度传来的佛经，除了禅宗外，其他宗派也尊奉研习。《六祖坛经》则是中国僧人专为惠能立传并记录他的言论撰写的，并赋予其"经"的地位。在此之前，中国佛僧阐释佛理的著作只有论没有经。

禅宗在佛教理论上的根本主张是佛性本有，见性成佛，尤其是"顿悟"之说。集中体现在惠能的言论里，即他在《坛经》里所说的："世人性净，犹如青天，慧如日，智如月，智慧常明……于自性中，万法皆见；一切法自在性，名为清净法身。"在修行上也反对死守戒律和教条，主张在日常生活中发现佛理，随顺自然就是佛法。

禅宗理论的出现与中国老庄哲学有一定契合。他们都主张破除现存社会规范对心灵自由的束缚，追求直接与宇宙本源（道、佛心）的结合。庄子以文学形象（寓言）来表达对道的领悟。禅宗干脆抛开了现成语言及一切固有形式，以"棒喝"、"反讽"等方式来感悟佛理。

禅宗的主张在中国佛教发展后期，迎合了普通信众厌弃繁琐教条的心理，也

是对中国儒家传统中重视现实，积极入世，反对出家和苦行等观念的一种妥协。但却在一定程度上抹煞了宗教修行和世俗伦理的界限，给佛教带来了离经叛道的危机，甚至可能否定其存在价值。后来的禅林寺庙为维持自身存在，也摒弃了一些极端主张，重新提倡静心修炼，包括诵经、持戒、禅定、面壁等。因此，现在的禅林寺庙所修的"禅"，与唐代的禅宗也不是一回事了。

从菩提达摩到弘忍的禅学

关于菩提达摩，本书第三章曾介绍过，因为他是南北朝时期佛教学界以主张修习《楞伽经》而知名的，所以当时人把他当成楞伽师。后世佛教学者也把他列入楞伽学派，并认为禅宗就是楞伽学派的继承者。作为"禅宗初祖"，菩提达摩对禅宗的贡献更多的还在他对禅宗学理的阐释，以及他独特的禅定修行实践。相传他曾在嵩山少林寺修行，独自面壁九年，即以禅定方式参悟佛理。

菩提达摩以面壁实践创造了"壁观"修行方法，他的禅定不是单纯的入定，而是通过面壁观想获得佛法真理，叫做"二入"，即修行入道的两种途径。一途是依据佛的教诲弄懂什么是真如佛性，这叫理入。另一途是行入，叫做"四行"，即根据对佛性的理解而采取的四种行为方式——报怨行、随缘行、无所求行、称法行。菩提达摩创造的"二入"、"四行"修行学说为后世禅宗确立了最初的学理。

菩提达摩的弟子道育和慧可跟从他修习禅定，其中慧可接受了菩提达摩的袈裟为证信，禅宗"衣钵相传"的法统继承由此开始。

慧可，原叫神光，俗姓姬，虎牢（今河南荥阳）人。少年出家，学习过多种佛教典籍。他在游学少林寺时遇到菩提达摩，"一见悦之，奉以为师"，跟着他修习禅定六年。菩提达摩也很看好慧可的悟性，把自己对佛教的理解和修习禅定的心得全数教给他，还为他把名字由神光改为慧可，意思是赞赏他的智慧可见佛理。菩提达摩去世后，慧可珍视老师传授的衣钵，继承其学说为众人说法。

慧可为人不事张扬，曾长期隐居在皖公山（今安徽潜山）。后来一些听过他讲经的信众愿意跟从他，请他出山传法。慧可"乃奋其奇辩，呈其心要"，

禅宗初祖菩提达摩，清代绘画，表现达摩向慧可传授象征宗派法统的衣钵信证，广东凤凰山壁画。

重新开始游方讲学,把自己修习禅定的心得告诉大家。他在邺城所开的禅学讲堂受到欢迎,把早先在此开讲禅定之学的道恒法师的听众也吸引过去。

慧可为佛教信众说法,多以老师菩提达摩传给他的《楞伽经》为据。北周武帝在建德三年(574年)发起了一次毁佛行动,佛教寺庙被毁,佛经被抢掠烧毁。慧可亲历了这次变乱,一只手臂被强盗拿斧子砍断。他尽力保护菩提达摩传给他的佛经,把《楞伽经》护在胸前,竟忘记了疼痛。后来与他一道的昙林禅师也被砍掉了手臂,通宵号叫,还怪慧可为他治伤时手脚太重。慧可对他说:"我与你一样,也失去了手臂,你对我发怒,我该向谁发怒啊?"昙林立即领悟,其后为人说法即以慧可的故事开导信众,当时人称"无臂林"。(《续高僧传》卷十六)

禅宗二祖慧可,凤凰山壁画。

慧可于隋开皇十三年(593年)在洛阳坐化,在世90岁。其禅学衣钵传给弟子僧璨。相传僧璨请慧可为他说法,以帮助他清除凡尘沾染的罪孽。慧可对他说,你把你所说的罪孽那个东西拿给我看,我就帮你清除。僧璨反顾自身,没有找到身上的罪孽。慧可就说,我已经帮你清除了,那东西本来没有形象可得,你到哪里找去?僧璨由此开悟,明白了万法皆空而佛性永恒,不可执著于具体事物的道理。

僧璨被认为是禅宗三祖,直接继承了慧可的衣钵。其依据除前述慧可为他除罪的故事外,相传还有两人探讨佛法的事迹。慧可见僧璨有悟性,要他潜心修行,奉持佛法僧三宝。僧璨又向慧可请教说,我见到老师您,尤其是听您教诲之后,知道了什么是"僧",但"佛"和"法"这两个概念我还没完全理解,请老师解释一下。慧可说:"是心是佛,是心是法。法佛无二,僧宝亦然。"僧璨立即领悟,说,我现在知道,一个人的罪性不能向自己身内身外具体的位置寻找。同样的道理,佛性也不能在任何一个具体位置寻找,所以说心就是佛,心就是法。这个心也不是具体的物体,它是一种永恒佛性。"祖(慧可)大器之……即付以信衣。"(《佛祖统纪》卷二十九)

僧璨为信众传授禅法,主要活动地区也在慧可曾经居住修行的安徽皖公山,并在那里将禅学的法统传递给弟子道信。之后僧璨即去周游各地讲学。隋大业二年(606年),僧璨在司空山(今安徽太湖县)隐居期间,为信众说法完毕,即"合掌俨立而逝"。僧璨为弟子留下一篇阐释禅宗学理的《信心铭》,为四言诗体的说理性作品。唐玄宗时代,朝廷追谥僧璨名号为镜智禅师。

道信是僧璨的衣钵传人,后世禅宗学人将其称为禅宗四祖。道信俗姓司马,河内(今河南沁阳县)人,七岁时曾跟从一位佛僧学习诵经。那位老师行为有些散漫,持戒常常违规,道信就对他提出劝谏。后来他跟从两位外地来的禅僧到皖公山修习禅法,前后十年,获得很大教益。这两位禅师中的一位就是僧璨。

相传道信最初拜见僧璨，即向其请教解脱俗尘束缚的方法。僧璨问他被哪个束缚了。道信想了想，回答说没有被谁束缚过。僧璨于是说："那你还求什么解脱呢？"道信听后，当下大悟。（《五灯会元》卷一）

两位禅师离开皖公山到罗浮山时，嘱咐道信留在皖公山继续修习禅法，并预言他以后定能弘传禅学。其后的事实果如其言，道信一直以弘扬禅学为自己的修行使命。

隋炀帝大业年间，朝廷以度僧方式访求宗教人才，道信获得资格到吉州寺（今江西吉安）出家。相传道信在吉州时碰上叛军围城，长达七十多天，并阻断了水源，百姓濒临饥渴绝境。道信设法从城外穿通水井把水引进来解了急。吉州刺史很信任道信，向他请教退兵之法。道信说："但念《般若》。"他让刺史把城里百姓集合起来，齐声诵读《金刚般若经》。万众诵经产生了神奇的效应，城外叛军仿佛看见城墙四个角都站满了力士金刚，其形象威猛绝伦。叛军士兵害怕了，一下作鸟兽散，吉州之围一举解除。

吉州解围使道信在江南一带获得了很高声望，在他离开吉州去南岳衡山途中，被江州（今江西九江）庐山大林寺佛僧和民间信众挽留讲法，长达十多年。后又受请到黄梅（今湖北黄梅县）众造寺讲法。最后留住黄梅双峰山，以此为根据地组织了一个人数多达五百的修禅僧团，直到终老，时人称他为双峰道信。

道信于唐高宗永徽二年（651年）在双峰山寺圆寂，在世72年。临终前，众弟子曾问他还有什么话要嘱咐的，道信说，这一辈

（上图）禅宗三祖僧璨，凤凰山壁画。（下图）禅宗四祖道信，凤凰山壁画

子已经说得太多了，"此语才了，奄尔便绝。"（《续高僧传》卷二十一）

道信以这样一句遗言开悟弟子，佛学真理并非语言所能真正表达的。这也是禅宗一贯的说法。

弘忍是禅宗法嗣传承体系中的第五祖，也是惠能实际创立禅宗之前最重要的人物。弘忍俗姓周，祖籍浔阳，后迁黄梅，生于隋文帝仁寿元年（601年）。弘忍七岁时遇见道信，被道信称为"非凡童也"，并预言他20年后能做成大佛事。于是劝说其父母让他出家，随即带他到双峰山修行，13岁正式剃度为僧。其后30多

年不离道信左右，最终被授以衣钵继承禅学法统。道信去世后，弘忍继续领导双峰山僧团，后来将双峰山禅寺交给别人，自己到双峰山东面的冯茂山另建道场，名东山寺，所传禅法即被称为东山法门。

弘忍74岁时于唐高宗上元元年（674年）辞世，由弟子神秀率众僧安葬于东山之冈。约百年后唐代宗敕谥尊号为大满禅师，命名弘忍葬塔叫法雨塔。

弘忍在惠能之前对禅宗的法统建设做了三件事。一是继承道信的做法组织僧团，规范了禅林寺庙主要以自己的力量发展的制度，改变以前禅僧零星散居，随遇而安的习惯，强调集体居住，劳动自立的修行新方式。

其二是在修行理论上发展了中国禅学。在菩提达摩主张尊奉《楞伽经》为主要经典之后，特别强调以《金刚经》为修行指导经典。此后的禅宗即以《金刚经》为首要经典，禅定修行者也从楞伽师变称为禅师。

禅宗五祖弘忍，凤凰山壁画。

第三件事，则是他放弃大弟子神秀而选择惠能为衣钵传人，使禅宗得以在惠能的努力下真正创立。广为流传的一个故事是：唐高宗龙朔元年（661年），弘忍通过平时对弟子们修行的考察后，改变了历来由大弟子继承法嗣的传统，向弟子们征集能够以尽可能简短的语言说明佛理的偈语。上座（大弟子）神秀很快写出了偈语贴到寺庙的墙上："身是菩提树，心如明镜台，时时勤拂拭，莫使惹尘埃。"而一个平时并不出众的碓米房弟子慧能的偈语却别显境界："菩提本无树，明镜亦非台，本来无一物，何处惹尘埃。"相较之下，惠能和神秀对佛性领悟的水平高低立即显现。弘忍于是将代表正宗法嗣的衣钵秘密传给惠能，让他连夜出走另寻安身弘法之所。惠能在南方开创了禅宗最为广大的基业。同时神秀也在北方继续弘传原有禅学，形成禅宗"南能北秀"在唐宋时期极度弘盛的局面。

听《金刚经》开悟的惠能

惠能被称为中国佛教禅宗六祖，也是禅宗的实际创立者。惠能俗姓卢，唐贞观十二年（638年）生于范阳（今北京大兴），幼年随父流放岭南新州（今广东新兴）。不久父亲亡故，母亲把家迁到更边远的南海郡。惠能很小就帮母亲理家，以卖柴为生，没读过书。

惠能与禅宗结缘是在青年时候。一天，惠能在市场上偶然听到一个游方和尚

禅宗六祖惠能，由他完成了中国禅宗立宗创举，凤凰山壁画。

念诵《金刚经》，心有所悟，于是安置好母亲的生活，北上黄梅东禅寺向五祖弘忍法师求学佛法。弘忍问他："你从岭南来，又没读过书，属于未开化的葛僚人，怎么可能修行成佛？"惠能回答说："人虽有南北，佛性本无南北；葛僚身与和尚不同，佛性有何差别？"弘忍感到他很有悟性，同意他出家为僧，却没有教他立即学诵佛经，也不跟他说话，只让他在柴房劈柴，在碓房舂米。

弘忍后来对此的解释是："吾思汝之见可用，恐有恶人害汝，遂不与汝言，汝知之否？"意思是说弘忍担心别人因为嫉妒而加害惠能。在把传法衣钵交给惠能后，弘忍即让他离开黄梅东禅寺。后来果然有弘忍的弟子为抢夺象征法嗣正统的衣钵追杀惠能。"两月中间，至大庾岭，逐后数百人来，欲夺衣钵。后至曹溪（今广东韶关境内），又被恶人寻逐。"好在惠能都躲过了追杀，隐居15年才到广州开始传法。（《六祖坛经·自序品第一》）

惠能出山说法也有一段因缘。相传惠能于唐高宗仪凤元年（676年）正月初八日来到广州法性寺。当时该寺的印宗法师正为弟子讲《涅槃经》，这时突然刮来一阵风，把讲堂外的经幡吹得哗哗声响。印宗法师的两个弟子分了心，不再听讲佛经，而对经幡舞动现象发生了争论。一个说是刮风使经幡舞动，另一个则反驳说是经幡自己在舞动。在一旁听讲的惠能这时上前说："不是风动，不是幡动，仁者心动。"意思是说，他们两人因为心中没有佛法，所以才会执著于外在物质现象的争论。印宗法师此前已经听说禅宗弘忍的法衣南传之事，听到惠能这话，猜想他可能正是"黄梅衣法"的正传，于是"告请传来衣钵，出示大众"。为他剃发授戒，并反尊惠能为师。惠能从此立足法性寺及岭南地区开始广传禅法。据说法性寺还建有纪念惠能剃度出家的埋发塔。

第二年，惠能离开广州法性寺，在曹溪宝林寺和韶关大梵寺等地为信众讲说禅宗学理。唐中宗时代，朝廷曾诏请惠能进京说法，惠能以年老有病辞谢。唐玄宗开元二年（713年），惠能在家乡新州国恩寺圆寂，后迁葬曹溪南华寺。惠能在世76年，为信众传法37年。他不识字，也没有留下著作，但他的学说却影响深远。其言行由门人弟子法海记录成书，即成被禅宗及中国佛教界唯一奉为"经"的《六祖坛经》。惠能去世时，没有再传衣钵。《坛经》记载，五祖弘忍曾对惠能说："衣为争端，止汝勿传，若传此衣，命如丝悬。"惠能遵照师嘱不再以衣钵代表法嗣。

史籍里也没有惠能创立禅宗的正式记载，但因为惠能为信众说法"以定慧为本",又"先立无念为宗",并且发展了"顿悟"之法,而被认为是中国佛教禅宗的真正创立者。《坛经》所记惠能的一句偈语颇能代表禅宗的立宗之旨。这句偈语是——"佛法在世间,不离世间觉。离世觅菩提,恰如觅兔角。"兔子本来没有角,硬要在兔子身上寻找角,当然是十分荒谬的。惠能以这样通俗的比喻阐明了禅宗对于佛教的理解,即佛法无所不在,不违逆自然与世间的客观规律,就能顿悟佛法。(《六祖坛经·般若品第二》)

不识字的惠能法师,为佛教理论从远离尘世的高深庙堂走向普通民众开辟了新的路径。在最终完成佛教中国化的漫长道路上,惠能和记录其事迹与思想的《坛经》是一个看得见的分水岭。

"一花五叶"灯灯相传

据《坛经》所记,惠能的弟子有45人,著名者有荷泽神会、南阳慧忠、永嘉玄觉、南岳怀让、青原行思及《坛经》的记录整理者法海等人。其中南岳怀让下传形成沩仰宗和临济宗两个支系;青原行思下传曹洞宗、云门宗和法眼宗三个支系。世称禅门五宗,也被誉为禅宗的"一花五叶"。

神会,俗姓高,襄阳人,小时候读《后汉书》知道佛教东传故事,于是对佛教产生兴趣。长大后放弃父母为他安排的仕途进身之路,到襄阳府国昌寺跟从颢元法师出家。后来听到惠能弘扬禅宗的传说,投奔曹溪参学。在回答惠能询问他从何而来时,神会以《金刚经》里的一句禅语表明心迹:"无所从来,亦无所去。"惠能很赏识他,临终前在已经放弃了衣钵传法的情况下,秘密向其传授心印(相当于遗嘱继承),并让他去北方传法,实际上是寄希望于他把"南能北秀"分裂的禅宗法统重新统一起来。

神会后来到南阳、洛阳、滑台(今河南滑县)等地宣传惠能的学说。经过20年努力,惠能创立的南宗顿悟法门取代神秀的渐悟学统,在中国北方树立了禅学正宗的地位。神会名声大振,被称为禅宗七祖,也受到朝廷看重。唐玄宗特地召他到长安,向其请教禅法及宗教政策建议。安史之乱期间,神会发挥自己的影响,为郭子仪的平乱

惠能的言论与实践为佛教的中国化画上了句号,其著作成为中国佛教论著唯一的佛经,凤凰山壁画。

禅林净土——五台山。

军队筹集粮饷，因而在肃宗朝受到特别尊重。肃宗李亨敕令在洛阳荷泽寺为神会建造修禅的住所，荷泽神会之号即由此而来。唐上元元年（760年），惠能93岁去世，葬于洛阳宝应寺。肃宗尊谥为真宗大师，敕号葬塔为般若塔。

慧忠也是惠能的弟子，俗姓冉，越州诸暨（今浙江诸暨）人。慧忠对于惠能学说的传播与神会不同，他讲说不多，而是以长达40余年的时间隐居在南阳白崖山党子谷，用静坐禅定的方式以身亲传弟子和信众，发挥了"坐禅就是说法"的传道方法。慧忠的修行实践也产生了很大的影响，在玄宗、肃宗和代宗三朝都受到尊重，去世后代宗李豫敕令归葬于白崖山党子谷之香严寺，敕谥号大证禅师。

玄觉，俗姓戴，永嘉（今浙江永嘉）人，幼年与其兄一齐出家，住永嘉龙兴寺。玄觉先学天台宗，后到神秀门下求学，都不满意。最后到曹溪拜谒惠能，留住一夜谈得很投机，回到永嘉后即改宗惠能禅学，世称"一宿觉"。玄觉对于禅宗的贡献表现在理论建树上，其讲说和撰述计有《禅宗悟修圆旨》、《观心十门》、《证道歌》，后由庆州刺史魏靖都编成《永嘉集》。

怀让在惠能的弟子中是一个意外出道的人物，因为他生性孤傲，惠能和其他人并不看好他。但他以坚定的意志弘扬禅宗，并培养出超越自己的门人弟子，最终由弟子们创立了两个禅宗支系——沩仰宗和临济宗，以惠能也没有想到的另一种方式使禅宗得到弘传。

怀让俗姓杜，金州安康（今陕西安康）人，十岁时就喜欢读佛教方面的书，20岁到荆州玉泉寺受戒出家，跟从恒景法师研习律宗之学，后到曹溪跟从惠能修行禅宗。惠能去世后，怀让到南岳衡山观音台修行。衡山本来没有怀让的寺庙，他自己找到一处山崖筑台修行，宣讲《金刚般若经》，逐渐吸引了一批弟子追随。有一个弟子名叫僧玄，在与官府打交道时被诬告犯了俗罪面临狱刑。僧玄向老师求救，怀让设法将他解救下来，僧玄非常感激，说怀让就是一个救苦救难的观音菩萨。人们于是把怀让修行的住处称为观音台，后来正式建起禅寺，即称般若寺。

怀让于唐玄宗天宝三年（744年）寿终于南岳衡山，在世68岁，为僧48年。20年后唐代宗李豫敕谥怀让为大慧禅师，葬塔尊号最胜轮塔。这与他弟子对禅宗的进一步弘传有关。

怀让的传法弟子中以道一最有成就。道一原姓马，世称马祖道一。因受到怀让的特别开示，获得顿悟。相传道一最初到衡山时自己造了一个草庵坐禅修行，常年不懈。怀让有心开示他，问他为什么坐禅。道一说为求佛悟道。怀让便拿一块砖在草庵外的石头上磨。道一很奇怪，问磨砖头有什么用。怀让回答说，他要用砖头磨一面镜子。道一更加奇怪了，说砖头怎么可能磨成镜子。怀让于是反问："磨砖不能成镜，坐禅又怎能成佛？"道一当下顿悟，跪拜怀让为师。

马祖道一后来在江西洪州、福建临川、南康等地立丛林禅寺说法，与众多弟子建立起了庞大的僧团弘扬禅宗。门下弟子惟宽、怀晖后来到京师长安把怀让和道一的学说广为弘传，受到朝廷重视。代宗于是追谥怀让为大慧禅师。

马祖道一的另一个弟子怀海在洪州百丈山（今江西奉新）创立禅院讲学，并制定了《禅门规式》等，对禅宗的僧团修行制度作了规范。更有众多门下弟子追随，在中国东南一带影响很大，被称为百丈怀海。

百丈怀海的弟子灵佑在潭州沩山创建同庆禅寺，并将学统传给慧寂。慧寂在江西大仰山传法也很有成就，师徒二人开创的禅宗支系称为沩仰宗。沩仰宗主要宣说世间万物皆有佛性，明心见性即可成佛的理论。

百丈怀海的另一个弟子希运，将怀让和马祖道一的学系传到义玄。义玄在镇州（今河北正定）建立临济禅院，广收门人弟子，使禅宗在华北地区迅速传播，由此形成禅宗第二支系临济宗。临济宗的主要学理主张，按照希运的说法就是："一念清净，即身是佛"，"随缘任运，不希求佛，迥然独立，不为外物所拘。"（《镇州临济慧照禅师语录》）

惠能所创禅宗的另一系由弟子行思往下发展。

行思，俗姓刘，安成武功山(今江西安福)人。行思11岁出家，24岁往曹溪拜惠能为师学习禅法，侍法15年，成为上座弟子。惠能圆寂后，行思离开曹溪回到吉州青原山净居寺弘传禅宗，使惠能的顿悟之学在江西境内得到弘盛，被尊称为青原行思。众多弟子跟从行思求学。其中包括原为惠能弟子的师兄弟希迁、神会等

五台山庞大密集的禅林寺院，成为中国佛教圣地之一。

禅林净土——天台山。

人，也遵师嘱来青原再拜行思为师。

青原行思的正法由弟子惟俨传嗣。惟俨传给昙晟，昙晟再传给良价。良价在高安（今江西高安）洞山修行，写下《宝镜三昧歌》并有《语录》一卷传世，被尊称为洞山良价。洞山良价的弟子本寂在抚州曹山（今江西临川）宣讲良价的学说，由此建立了禅宗第三个支系——曹洞宗。

青原行思的另一个弟子道悟，则把青原系学说通过几代传递，到文偃禅师之时，在韶关云门山建立了一个庞大的僧团。常年跟从文偃的信众上千人，法嗣弟子61人，形成禅宗第四个支系——云门宗。

此外，由文偃的师弟师备禅师一系传到文益。文益在金陵（今江苏南京）建立了禅宗第五个支系。因为文益曾被南唐中主李景敕谥大法眼禅师的尊号，故其所建立的禅宗支系称为法眼宗。

而此时已是唐末五代时期。中国佛教其他宗派几乎都已凋零，唯有禅宗独家发展，形成"一花五叶"继续盛开的局面。宋元明清及近代中国的佛教也一直延续了禅宗为主，净土宗次之的态势。对禅宗发展历程及其土壤的研究，也成为解开佛教中国化问题的一把关键性的钥匙。

《六祖坛经》——禅宗立宗之本

《六祖坛经》自唐末出现以来有多种版本。通行的版本全称《六祖大师法宝坛经》，简称《坛经》，禅宗六祖惠能说，弟子法海集录。目前发现的最古的敦煌手抄本，题作《南宗顿教最上大乘摩诃般若波罗蜜经六祖惠能大师于韶州大梵寺施法坛经》，也标明"兼受无相戒弘法弟子法海集记"。可知此书是惠能的弟子法海根据惠能的多次讲法，及平时与弟子的谈话记录整理而成。在中国本土产生的无以数计的佛学著作里，唯有禅宗把惠能的言论称为"经"，赋予其与释迦牟尼言论并列的地位，可见此经在佛教中国化进程中的标志性意义。

《坛经》的主要内容是以惠能的生平为线索，通过他的事迹和言论，阐释禅宗所理解的佛理。其根本主张即在惠能的言论里反复出现，如"见性成佛"，"人虽有南北，佛性本无南北"，"菩提自性，本来清净，但用此心，直了成佛"等等。禅宗认为佛性佛理作为一种终极永恒的真理，存在于宇宙万物之中，存在于所有生命体内，存在于每个人的心中。禅宗把佛教修行由外在寻求转向内心证悟，所以才说人人有"顿悟成佛"的可能。

《坛经》全书共分十品，即十个章节。这十个章节的标题分别为：自序品第一、般若品第二、决疑品第三、定慧品第四、妙行品第五、忏悔品第六、机缘品第七、顿渐品第八、护法品第九、付嘱品第十。其中第一和第八两个章节是最能体现全经要旨的，即《自序品第一》和《顿渐品第八》。

《自序品第一》，以惠能在韶州城大梵寺为一千多信众讲说佛法为缘起，叙述惠能出家求法的过程，即前面已经略述过的惠能生平主要部分。这部分的核心内容是惠能在五祖弘忍大师处证悟佛理，阐明了自菩提达摩以来禅宗的一贯主张，尤其体现在弘忍对弟子神秀与惠能那两首针锋相对的偈颂的评价上。神秀偈说："身是菩提树，心如明镜台，时时勤拂拭，莫使惹尘埃。"弘忍认为其"入门未得，不见自性。"

弘忍反过来肯定惠能所作的偈——"菩提本无树，明镜亦非台，本来无一物，何处惹尘埃。"弘忍认为神秀与惠能二人的差别，不仅在"渐悟"与"顿悟"修行途径的不同，更在于对佛性的理解上显出了高低。弘忍认为佛性只能自悟不能他悟，更不能执著于任何一个具体的事物。而神秀把具体的修行行为绝对化，显然是缘木求鱼之谬了。这个思想，后来在怀让启示马祖道一的故事里也作过阐述："磨砖不能成镜，坐禅又怎能成佛？"

在《顿渐品第八》里，惠能通过志诚的故事对禅宗顿悟和渐悟两种修行方法作了区分。志诚原本在荆南玉泉寺跟从神秀修行，后来神秀让他到曹溪宝林寺去听惠能讲法，要他把惠能讲法的要义带回来，实际是派他去当间谍。志诚到了曹溪就混在听众里，但立即被惠能识破，说："今有盗法之人，潜在此会。"并直接对志诚说："汝从玉泉来，应是细作。"志诚只好站出来承认了自己的身份，并请求惠能接受自己为徒。

惠能将计就计，让志诚把神秀教他们修行的办法说给大家听。志诚说神秀，"常指诲大众，住心观净，长坐不卧。"就是教弟子们以长时间打坐的方法修行，这本来是菩提达摩传下来的禅宗修行的传统做法。惠能对此进行了批判，说："住心观净，是病非禅；长坐拘身，于理何益？"又向志诚和弟子们以一首偈颂概括了自己的批评意见：

"生来坐不卧，死去卧不坐；一具臭骨头，何为立功课。"

这话有些尖刻，却直截了当地说明了南派禅宗的主张——任何执著于具

天台山中的幽静禅寺。

体事物的做法，哪怕是祖师提倡的修行方法，都不可能真正领悟佛法。所以惠能最后总结说："法本一宗，人有南北；法即一种，见有迟疾。何名顿渐？法无顿渐，人有利钝，故名顿渐。"

惠能认为，把对佛教修行以南北人群划分为顿悟和渐悟两派，这本来就是荒谬的。佛法真理只有一个，只有觉悟与不觉悟之分，缓慢的觉悟与快速的觉悟都是可以的，因此修行也不能拘泥于某种固定的方法。

惠能接着为志诚讲解了"戒、定、慧"的修行，以及如何真正"见性"的道理，也是禅宗南派修行主张与北派的区别之一。

在这一品里，惠能还通过志彻的故事阐述了禅宗南派的佛学主张。志彻本名张行昌，少年即喜欢模仿侠客行为，游走江湖，后来被神秀的弟子唆使到岭南行刺惠能。惠能知道他的意图后，向其显示自己修行的功力，"舒颈就之，行昌挥刃者三，悉无所损。"侠客的剑刃砍不伤惠能的脖颈，自己反被惠能感化，从此放弃杀人行侠，最后出家为僧。

这个被惠能的弟子们神化了的故事，真正想表述的是惠能关于佛性真理的一番言论。惠能后来对志彻讲说《涅槃经》时提到："一切诸法若无常者，即物物皆有自性。"惠能认为，世间一切事物从出现到消灭，虽然都具有暂时性，看上去都是所谓"无常"，但其之所以出现和消灭，却也是有佛理（规律）在其中的。"常"（佛性真理）与"无常"（暂时现象）也是互相变幻的，不能死板地理解，所以说"物物皆有自性"。因此，"学道之人，一切善念恶念应当尽除……于实性上，建立一切教门，言下便须自见。"即领悟佛性真理不能执著于教条，哪怕是"善"的教条。这就是惠能与禅宗关于佛教修行的根本主张。

解密《金刚经》

川东古禅院——梁平双桂堂，建于清顺治十年（1653年）。

《金刚经》是《能断金刚般若波罗蜜经》的简称，也称《金刚般若经》，是佛教《大般若经》中的一种，中国禅宗尊奉其为最根本经典。佛教学界有"全部佛经读到最后就是一部《金刚经》，《金刚经》读到最后就是一部《心经》"的说法。可见其重要性。因为《心经》过于简略，只有260字，一般信众要透彻理解其中的佛理并不容易。而《金刚经》则兼有佛理深刻与说理透彻的双重效应，故历来受到禅宗及佛教其他宗派的重视。

《能断金刚般若波罗蜜经》的标题表明了其大意。能断金刚，以坚硬的质地喻指佛法所向无坚不摧；般若，意为妙觉智慧；波罗蜜，意为抵达彼岸。整个经名的含义即为：佛说无坚不摧抵达彼岸的妙觉智慧。禅宗认为，依照此经修行，就能成就金刚不坏之身，获得佛的智慧，觉悟最高佛理，引导自己和众生脱离生命轮回的苦海，到达理想的彼岸。

双桂堂内景一瞥。

《金刚经》原为印度佛教经典，最早出现于什么时候已无考。虽然经文以释迦牟尼佛祖与须菩提等众弟子的讲演开始，其形式与历次佛典结集相似，但从其阐述的以空为本（须菩提在释迦牟尼十大弟子中即以"解空第一"知名）的思想来看，应该是在佛教大乘空宗出现以后，即龙树所处的公元二至三世纪。《金刚经》的汉文译本自东晋十六国时期鸠摩罗什起，相继还有南北朝菩提流支、真谛、隋朝笈多、唐朝玄奘、义净等的译本，一般以鸠摩罗什的翻译为通行本。现存最早的《金刚经》是唐懿宗咸通九年（868年）木刻雕版印刷本，全部一卷长4877毫米、高244毫米，是目前世界上有年代可考的最早的印刷物。该经于1899年发现于敦煌千佛洞，1907年被斯坦因带到英国，现藏伦敦不列颠博物馆。

《金刚经》全卷有32个章节，称为分。各分的标题据说是南朝梁昭明太子萧统所加，层次分明地概括了各分的内容。全经的主要内容是释迦牟尼反复讲解的一个道理，即大乘佛教修行所应注意的破除对自我的迷执，破除对"法"的迷执。释迦牟尼在经中创造了一个三段论式的语言范式：

佛说般若波罗蜜，即非般若波罗蜜，是名般若波罗蜜。（如法受持分第十三）

如来说庄严佛土者，即非庄严，是名庄严。（究竟无我分第十七）

所言善法者，如来说即非善法，是名善法。（无法可得分第二十二）

如来者，无所从来，亦无所去，是名如来。（威仪寂静分第二十九）

注意，这里提到的般若波罗蜜（彼岸智慧）、庄严佛土（佛国境界）、善法（佛性真理），在佛教一般词汇里都具有肯定义，但释迦牟尼通过正、反、合三段论的论说方式，对其进行了破斥性的解说。他认为那些具有肯定义的所谓"般若波罗蜜"、所谓"庄严佛土"、所谓"如来"，并不是什么真实具体的存在。所谓"善法"，也不是一般人所理解的能够立竿见影产生效果的修行方法，因而是不可执著的。这些名词只是对佛性真理的一种似是而非的描述。因为真实的佛

巴蜀古禅林——重庆华岩寺。

性真理，真实的宇宙本源，真实的菩提智慧是不可言说的。之所以还要言说，只是为了启发众生，令其自己觉悟，为了能有个解说的方法，只好对那些不可言说的对象勉强加上一个名称，所以"是名般若波罗蜜"、"是名庄严"、"是名善法"、"是名如来"。

《金刚经》在这里遭遇了人类思想史上一个共同的难题。类似的难题，中国先秦时代的老子也遇到过。他在对宇宙本源和自己的根本学说进行解说时，也认为无法用语言描述。那个最高的学理，那个宇宙本源本来是不可说的，能够说出来的已经不是那个东西了，所以说"道可道，非常道"（《老子》一章）。

而当老子面对听众（只有一个人——关尹喜，他以放老子出关为交换条件，要求他作一次讲演，并把自己的学说写成文章留下来。）要讲说自己关于"道"的思考时，只好勉强为其命个名："有物混成，先天地生。寂兮寥兮，独立而不改，周行而不殆，可以为天地母。吾不知其名，强字之曰道。"（《老子》二十五章）

那个在天地之前就已经存在，孤独寂寥，从不因世界的变化而变化，以自己的规律运行，能产生天地万物，那样一个至高无上的宇宙本源，怎么可能用只不过几百万年历史的人类的语言来加以描述呢？所以只能"强字之曰道"。

《金刚经》与《老子》一样，也采取了反诘和否定的方法对佛性真理进行描述，集中体现为《金刚经》的五首偈颂。这五首偈颂也是打开禅宗学理之门的五把有效的钥匙。

其一：凡所有相，皆是虚妄，若见诸相非相，即见如来。（如理实见分第五）

《金刚经》在这里说明了实相的非真实性。如来既是释迦牟尼说法时的自称，也是对佛性真理的表述。这里的实相，既包括物质世界具体的事物，也包括对佛祖本人的迷信，尤其是对佛像的迷信。只有当人们认清了现实事物的暂时性和虚假本质，才能真正理解佛性真理。

其二：知我说法，如筏喻者，法尚应舍，何况非法。（正信希有分第六）

释迦牟尼为弟子打了个比喻：我为众生讲说的所有话语，包括你们认为的最高佛理和我所教导的修行方法，都不是什么绝对真理。那些只不过是我给予大家的必要的启发。这就好比一个旅行者要过一条河，我就给他提供一只竹筏。竹筏再好，也就是帮助行人过河而已，过了河就没有用了。如果谁硬要把那竹筏当成宝贝，上了岸也舍不得丢弃，把它扛在肩上走路，那不是傻瓜是什么？对于佛教修行者，任何有用的方法都只具有一时一地之效，用过即应丢弃，更莫说那些本来就错误荒谬的修行方法了。

其三：过去心不可得，现在心不可得，未来心不可得。（一体同观分第十八）

这里的"心"指佛心，就是佛性真理。不可得，是说不能执著于佛心在具体事物上的验证。尽管过去已经验证过佛所说的某句话为真理，但拿到现在和未来也不见得管用。现在和未来也是一样，都不可执著。

其四：若以色见我，以音声求我，是人行邪道，不能见如来。（法身非相分第二十六）

释迦牟尼在这里说得更加坚决，甚至有些激愤。把佛教的创立者当成偶像崇拜，从具体形象到声音，包括佛祖说过的话里去寻找佛性真理，都是错误的，都是歪门邪道，不可能真正领悟佛法。

其五：一切有为法，如梦幻泡影，如露亦如电，应作如是观。"（应化非真分第三十二）

这是释迦牟尼在讲说全经后，对弟子们所作的总结。有为法，指具体的修行方法，它只有一时之效，好比梦幻非真，好比肥皂泡转瞬即灭，好比早晨花草上的露珠太阳出来就会蒸发，好比天上的闪电划

江南古禅院——灵隐寺。

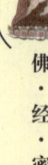

华南濒海禅院——珠海普陀寺。

破夜空后立即消失。这一切虽然看上去都很美,但其本质却是暂时的,因而并不真实。那么,佛祖所说的话,包括大家认为是真理的话,以及那些产生过一定效果的修行方法,同样也只具有暂时的效用,不可生搬硬套,也不可过于执著。

《金刚经》反复讲解的就是这个思想,如果用一句话概括,就是"不可执相"。不能执著于固定于任何一个具体的事物,去理解佛性真理,而应破除包括对佛祖本人及其所说"法"的执著和偏见。

由《金刚经》所阐述的佛理,已经超越了一般宗教训诫的范畴,而上升到哲学思维的高度。随着禅宗成为中国佛教主流宗派,自唐代以来,《金刚经》对中国哲学和思想史产生的深远影响至今仍能感受到。

汉译佛经对中国文化的影响

研究中国历史就离不开对佛经的研究。著名学者季羡林曾说，真正影响了中国文化的各方面，社会的各阶层，把宗教意识带给中国人的是从印度输入到中国来的佛教。近两千年来，佛经所传播的思想已渗透到政治、经济、文化等诸多领域，成为中国文化不可剥离的一个重要组成部分。

菩提自性，本来清净，但用此心，直了成佛。

——《六祖坛经》

佛教从印度传入中国，既是宗教扩散，也是文化传播。在长达两千年时间里，中国和印度的文化互动成为人类历史上的一件大事。

在这个过程的前期，佛教文化单向性地从印度输入中国，中后期则转为双向互动。特别是后期，佛教在印度本土被印度教和伊斯兰教挤压几近消失，中国佛教在影响整个东亚地区的同时，也返过来回馈于印度社会，对印度文化产生影响。这不仅表现在中国保存的佛经（例如《龙藏》、《中华

佛经为中国古代文学提供了素材，印度神话中的神猴哈奴曼成为孙悟空的原型。

佛教对中国古代文化及艺术传统产生了深远影响，也影响了中国人的世界观和思维习惯，图为杭州韩美林艺术馆铜雕释迦牟尼像。

大藏经》这样的佛教典籍总汇）多于印度，研究著作的数量和水平高于印度，而且历代中国旅印僧人如法显、玄奘、义净等所写的游记和传记，也帮助印度保存了历史。还有就是中国僧人对印度的访问，印度僧人来华后返国，都带去了中国的文化。譬如《大唐西域记》里记载玄奘谒见印度拘摩罗王时的一个细节：一首歌颂李世民战阵功绩的音乐作品——《秦王破阵乐》，受到拘摩罗王的称赞，说明中国文化对印度有着即时性的影响。

当然，对于中国文化的发展来说，佛教文化的传入是第一位的，反馈只是其次。在对中国传统文化的各方面影响中，除去寺庙传法和佛僧修行等实际行为对中国社会产生直接的影响外，佛经所带来的思想文化影响是更重要的。千余年间，汉译佛经不仅数量丰富，帮助中国积累了传统文化典籍，而且其中的文化信息长期浸润在中国的文学、艺术、语言、哲学、民俗诸方面，逐渐成为中国传统文化的重要组成部分。要学习和研究中国传统文化，不可能不触及佛教文化。而佛经则是其最主要的载体，也是一个十分方便的途径。

佛经与中国文学

佛经对中国文学发展的影响体现在各个方面，如题材的扩大，主题的深化，体裁的丰富，表现手法的多样等。

中国自古就是诗歌大国，诗歌创作有着悠久的历史传统。佛经则为魏晋南北朝以来中国诗歌的意境开拓产生了直接影响。陶渊明诗《饮酒·五》："结庐在人境，而无车马喧。问君何能尔，心远地自偏。采菊东篱下，悠然见南山。山气日夕佳，飞鸟相与还。此中有真意，欲辨已忘言。"可看出佛教般若空宗的影响。

江淹《吴中礼石佛》诗句："火宅敛焚炭，药草匝惠滋……誓寻青莲果，永不梵庭期。"直接取用《法华经》词语"火宅、焚炭、青莲果"等，以表明出离凡尘，向往佛境的心迹。

唐代出现大量"文人诗歌"，包括王维、李白、白居易、杜牧等大诗人，都喜欢在诗歌里谈佛论道。李白《僧伽歌》诗句："真僧法号号僧伽，有时与我论三车。问言诵咒几千遍，口道恒河沙复沙。"所用词汇几乎全部来自佛经。僧伽、诵咒、恒河沙，在各种佛经中反复出现。三车，典出《法华经》："羊车、鹿车、牛车今在门外，可以游戏。"三种车分别比喻声闻乘、缘觉乘、菩萨乘三种修行果位。其中"车"读作"差cha"，李白为我们保留下这个字在中古时代的读音，也很有意思。

王维自号摩诘，取《维摩诘经》当人名，更显出其对佛经的偏好。他的很多诗作都是对佛理的阐释。《鹿柴》："空山不见人，但闻人语响。返景入深林，复照青苔上。"所描述的宁静、悠远、空寂而又生趣盎然的意境，都是天台宗和禅宗提倡的修行境界。

唐代僧人寒山一生写了数百首诗，成为中国佛教诗歌的代表人物。宋代苏轼、黄庭坚，明清唐寅、郑燮等也有大量诗作或从佛经中取材，或借禅语抒情。

佛经对中国小说的影响可能更大些。唐代出现的变文成为中国白话小说的前驱。变文，简称"变"，是唐代出现的一种城市通俗文学，最初就是由佛教经文宣传而来。因为与图画配合讲说，将佛祖生平事迹和佛教义理演变成市井勾栏里的通俗故事，叫做变相，其讲述脚本即称变文。如《舍利弗降魔变文》、《维摩诘经变文》、《大目连冥间救母变文》等。

变文一般有两种形式，一种是韵文与散文结合，韵文说理，散文叙事，几乎完全依照佛经的体裁。还有一种是纯粹的散文形式，主要以讲故事吸引听众。后来的话本和演义也是从变文发展而成的。

大足石刻之养鸡女雕像。

唐代的变文由佛经故事开始，成为一种大众喜闻乐见的文艺形式后，又发展出历史变文，成为纯粹中国自己的文学体裁。这类变文的作品后来更成为中国小说的主流前驱，如讲述汉代宫廷故事的《刘家太子变文》、《王昭君变文》，讲述民间故事的《孟姜女变文》、《张义潮变文》等等。变文后来直接促成了宋元以后演义的出现，如《大宋宣和遗事》成为《水浒传》的前驱文本。《舍利弗降魔变文》中的内容也被《西游记》吸收。

《西游记》在中国传统小说中是佛教文化影响的一个突出代表。不仅其主要人物、主要情节来自玄奘西行求法故事，很多细节也直接取自佛经。孙悟空的猴子形象来自印度神话人物哈奴曼。龙宫取宝的细节脱胎于印度佛教学者龙树的故事——龙树年轻时四处游历求学，最后在南天竺一个以龙为图腾的部族获得了珍藏的佛经。

神猴哈奴曼像，公元十八世纪出土，现藏印度国家博物馆。

孙悟空遇到自己解决不了的难题，如与妖怪斗法失利之后，能够想到的解决办法就是到西天找如来佛祖或观音菩萨求助。其结果是或受到指点，或给予法宝，或菩萨亲自前往帮忙，之后问题便迎刃而解。这其实也是佛经里反复出现过的情节。在《观无量寿佛经》里，频毗娑罗国王被阿阇世太子囚禁，韦提希夫人情急之中向佛祖祈祷求助。释迦牟尼即带着弟子目犍连和阿难，从灵鹫山飞临频毗娑罗王宫，为韦提希夫人说法解难。

《瑜伽师地论》的写作故事也有与此类似的细节：无著菩萨在为弟子和信众讲经时遇到难题，便分身升至兜率天宫，听弥勒菩萨讲解后再回来复述，从而破解难题。

需要指出的是，《西游记》里那些看似荒诞不经的神话情节，其产生的机理不仅与佛经中的故事有关，而且其表达的思想，如关于世界本质的看法等等，也与佛经阐述的佛教宇宙观有很深的关联，似不应单纯地只把它当作小说情节的虚构来看待。例如《西游记》关于西天极乐胜境的描述，关于龙宫、地狱、人、天神、饿鬼、畜牲、花草精灵、顽石、天象等等的描写，其实正是佛教六道轮回主张、修行阶次等级、三千大千世界、过去现在未来三世，以及时空转换等基本思想的形象化展示。用心体会中国传统文学与佛经故事里那些偶然契合的魔幻情节，或许也可以在享受阅读与想象快乐的同时，收获某种灵光闪现的惊喜。

佛经与中国艺术

佛教带给中国艺术的影响十分深远。佛经中有很多偈颂，其功能是说理，如

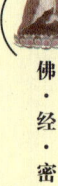

佛教故事成为中国古代绘画艺术的题材来源之一，云冈5号窟。

《金刚经》的那些偈言都有很深的佛理。为了使说理能够为更多信众所接受，加上音乐传唱就自然而然地成了传法者的选择。这个方法在印度和中国一样有效，故所有的寺庙诵经都离不开音乐。

梵呗，是梵文赞歌的音译，意思是对佛和修行的赞颂，在中国也叫梵音、佛乐。梵呗音乐以寺庙和法会为特殊表演场；以木鱼、石磬、皮鼓、铜铃等法器为伴奏乐器；以对轻风、水流、林涛、雨滴、鸟鸣、兽吼等自然声响的模仿为音乐动机；以佛经偈颂为主要内容，从而形成佛教特有的音乐形式和音乐效果。中国的佛乐自魏晋时代起就有记录。三国时的支谦和康僧会依据佛经故事创作过梵呗音乐。相传魏陈思王曹植曾在山东东阿鱼山，采用中国五声音阶法，模仿印度梵呗音乐，创作出《鱼山梵呗》流传于世。南朝梁武帝萧衍曾制作《善哉》、《神王》、《灭过恶》、《断苦轮》等十多首佛音歌曲。唐玄宗曾命宫中梨园弟子学演梵呗音乐。唐代既是佛经大量翻译到中国的时代，也是佛教音乐流行的时代。在当代，佛教音乐也在一些寺庙禅林继续存在和发展，如把《心经》谱成歌曲，以简单易行的方式反复吟唱"南无阿弥陀佛"等等，也是适合特殊环境的中国音乐形式之一。

唐代以佛教题材创作的舞蹈作品不可胜数。敦煌壁画描绘的很多舞蹈场面都以佛经故事为题材，"飞天"即为当时的佛经题材舞蹈之一。作为民族传统文化遗产的一个种类，佛经题材的舞蹈也可以为当代社会服务。如近年来由中国残疾人艺术团创作演出的舞蹈《千手观音》，便广受观众欢迎并走向世界。人们对它的赞美可能不仅在于其形式所具有的独特美感，也与舞蹈传达出的对生命本质的赞叹，对单纯美好理想境界的向往等主题有关。

构成中国雕塑、绘画很大一部分内容的传统美术作品中，也不乏表现佛经内容的。东晋画家顾恺之有佛画作品《净名居士图》、《八国分舍利图》等。相传顾恺之在洛阳瓦官寺依《维摩经》绘制佛经壁画时有这样的情景：在画好维摩诘像之后，将要画上佛像的眼睛，顾恺之便对寺里负责管理的和尚说，这幅维摩诘像画好后，参观者一定很多，可以向他们提要求，必须向寺庙认捐香火，第一天请布施十万钱，第二天五万，第三天任便。"及开户，光照一寺，施者填咽，俄而得百万钱。"（唐张彦远《历代名画记》）

顾恺之在当时已经是著名画家，追捧者众多，本不足奇。但他创作的佛画受到如此热烈的欢迎，也说明佛像绘画在东晋已经成为新的美术时尚。

南北朝时期的张僧繇、曹仲达也有大量佛经题材的绘画。其中曹仲达的画风被誉为"曹衣出水"，与后来吴道子的"吴带当风"并称中国佛教绘画艺术的两个高峰。

佛像绘画到唐代达到了大繁荣。吴道子曾在长安、洛阳的寺庙创作壁画数百幅，享有"画圣"之誉，与诗圣杜甫、草圣（书法）怀素并称唐代诗书画三大家。"吴带当风"即指他的绘画风格，他画的佛像衣裾飘举，具有立体感。其对后世的中国画影响巨大。

与佛像绘画相映成趣的是佛教书法。中国书法与佛教的结合最先是佛经翻译和抄写的需要，在此基础上产生了大量优秀的书法作品。如王羲之书《遗教经》，张旭书《心经》，柳公权书《金刚经》，苏轼书《华严经》、黄庭坚书《文益禅师语录》、赵孟頫书《佛说四十二章经》等。

这与佛教把抄写经文列入修行功课不无关系。《瑜伽师地论》把书写佛言置于"十法行"，即十种修行方法之一。《金刚经·持经功德分第十五》说："若复有人闻此经典，信心不逆，其福胜彼，何况书写、受持、读诵、为人解说。"一定程度上可以说，书法经过数千年的发展，成为中国独有的艺术形式，也与佛教对于书法的长期重视与提倡分不开。

佛教书法发展到后来，超越了单纯的佛经书写，更成为专门艺术，如历代佛僧与帝王、朝廷大臣的书信往来，以及为盛大佛事所作的序跋等等。在中国书法史上，许多名篇大作都与佛教大事相关。如留传至今的《大唐三藏圣教序》书贴，是在玄奘组织的佛经翻译浩大工程完成后，唐太宗李世民专为表彰其功绩所写的序文。因为李世民向来喜好书圣王羲之的书法，特地敕令当时的怀仁法师从王羲之留下的书法作品中，搜寻相关的字迹汇集成《大唐三藏圣教序》并刻成碑铭传世。一个书法家、一个帝王，相距三百年"合作"而成一篇内容和形式绝佳的作品，成为中国书法史上的著名篇章，这在世界艺术史上也是一个奇迹。

与绘画和书法相比，佛教雕塑为中国传统文化留下的遗产更多。主要包括摩崖造像和寺院佛像，以及种类繁多的佛教工艺美术作品。翻开中国著名建筑和艺术史学家梁思成的《中国雕塑史》，可以看到，一部中国雕塑史，自南北朝以来，所有雕塑作品实物举例，除了唐三彩马外，几乎全是佛教造像，而且占了全书的大半篇幅。佛教的

五台山菩萨顶乾隆诗碑也是中国佛教书法精品。

艺术实践为中国美术留下了1600年来最有价值的实物资料，并且规模宏大，举世无双。

举世闻名的敦煌石窟（东晋）、云冈石窟（北魏）、龙门石窟（北魏、隋唐）和大足石刻（唐宋）都是列入世界文化遗产名录的宝贵财富。其所以宝贵，则在于这些佛像雕塑无论在当时还是后世，都具有极高的艺术水准和文物价值。

梁思成的《中国雕塑史》，在讲到龙门石窟奉先寺造像卢舍那佛时，给予这样的评价："龙门诸像中之最伟大者为奉先寺……其中尤以卢舍那为最精彩……千二百年来，风雨之飘零，人力之摧敲，已将其近邻之各小像毁坏无一完整者，然大卢舍那仍巍然不动，居高临下，人类之伎俩仅及其膝，使其上部愈显庄严。且千年风雨已将其刚劲之衣褶使成软柔，其光滑之表面使成粗糙，然于形态精神毫无损伤……其雕刻之精妙，光影之分配，足以表示一种内神均平无倚之境界也。总之，此像实为宗教信仰之结晶品，不唯为龙门数万造像中之最伟大最优秀者，抑亦唐代宗教艺术之极作也。"

除了石窟艺术外，各地寺庙的佛教人物雕塑也留下很多杰作。现藏于美国大都会博物馆的比丘像，原为西安宝庆寺唐代塑像。梁思成评论认为："不唯容貌也，而其身体之结构，衣服之披垂，莫不以实写为主，其第三量之观察至精微，故成忠实表现，不亚于意大利文艺复兴时最精作品也。"（《中国雕塑史·唐》）

在中国保存至今的佛教石窟雕塑中，不仅有佛、菩萨、罗汉等的佛教人物形

云冈12窟的雕塑为中国保留下1500年前的音乐史资料。

象，而且有佛经故事的完整叙述。大足石刻中的千手观音施法像，1007只手心中的1007只菩萨眼，各不相同，据说每一种造型都有故事。其他如释迦佛本生故事雕像、释迦涅槃雕像、六道轮回雕像和百姓奉佛雕像等，都有完整而生动的故事。佛教经籍内容与中国传统美术技法的完美结合，也成为世界雕塑艺术史上的一大奇观。

以寺庙、佛塔为代表的佛教建筑实践，也对中国建筑艺术传统的形成做出了独特的贡献。

重庆梁平双桂堂的佛经书法。

中国的佛寺自汉明帝建造洛阳白马寺起，历代都留下了不少建筑艺术精品。南北朝时期由于朝廷提倡，各地寺庙建筑兴盛。北魏杨玄之所撰《洛阳伽蓝记》记载，整个洛阳城东、西、南、北、中五地，就有大寺40所，小寺无计其数，寺塔一千余幢。其中规模最大者如永宁寺，"有九层浮图一所，架木为之，举高九十丈，有刹覆高十丈，合去地一千尺，去京师百里，已遥见之。塔上有金宝瓶，宝瓶下有承露盘三十重，周匝皆垂金铎……浮图北有佛殿一所，形如太极殿……僧房楼观一千余间。雕梁粉壁，青琐绮疏。"

隋唐以前的寺庙很多还沿用印度音译称为伽蓝。这样规模的佛教寺庙建筑，因为当代没有实物能与之相比，已经很难具体想象了。不过，从距洛阳百里之外都能看见永宁寺宝塔来推测，这一点如果是真的，即使在当代，也差不多具有摩天大楼一般的高度了。

唐代建造了很多佛寺，其中以玄奘所居大慈恩寺最具规模。"寺凡十余院，总一千八百九十七间……寺西院浮图，永徽三年沙门玄奘所立，初唯五层，崇一百九十尺……奘师亲负箕畚，担运砖石，首尾二周，成此正业。"（梁思成《中国建筑史》摘引自《长安志》）

时至当代还保留下来的佛塔、寺庙建筑，据梁思成在《中国建筑史》一书里介绍，并有实物照片为证者，最早可以看到北魏孝明帝正光元年（520年）所建嵩岳寺塔，距今约1500年。除了万里长城、大运河、赵州石桥这样的地面工程性建筑外，南北朝至唐宋时期保留至今的中国历史建筑，绝大多数都是佛教塔寺。例如：

北魏时期：
山西五台山佛光寺塔（魏齐之间）；
山东历城神通寺塔（544年）；
唐代：
西安兴教寺玄奘塔（669年）；
西安荐福寺小雁塔（684年）；
西安慈恩寺大雁塔（701-704年间）；
五台山佛光寺大雄宝殿（806-824年间）；

宋辽金时期：
南京栖霞寺舍利塔（南唐至宋初之间）；
河北正定龙兴寺摩尼殿（宋太祖年间）；
杭州灵隐寺双石塔（960年）；
河南开封繁寺塔（977年）；
江苏吴县虎丘塔（982年）；
天津蓟县独乐寺观音阁（984年）；
山西榆次永寿寺雨花宫（1008年）；
山西应县佛宫寺释迦塔（通称应县木塔，1056年）；
河南登封少林寺初祖庵大殿（1125年）；
山西大同华严寺大雄宝殿（1140年）；
四川宜宾白塔（1102-1109年间）；
福建晋江镇国塔（1228-1247年间）；
湖北当阳玉泉寺铁塔（1061年）等。

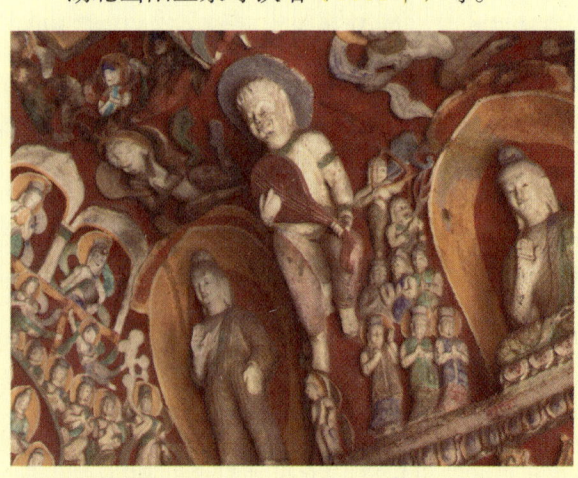

云冈石窟雕塑的琵琶乐伎像。

可以看出，这些保留下来的佛教建筑不仅在建筑风格、使用材料上多种多样，而且在那时已经遍布中国东南西北和中原各地。

佛教建筑艺术还影响到中国民居和宫殿建筑的风格选择上。如寺院建筑的山林性质所决定的宁静、清幽、与自然和谐的风格，也为一般民居所崇奉。寺院建筑由宗教修行功能决定的庄严肃穆氛围，也被宫殿和官衙所吸取。而多层佛塔的出现也为木石时代的中国高层建筑积累了技术经验。

佛经与汉语词汇

佛教经籍为汉语添加了很多新词，除了一直保留其宗教性质的词汇外，多数已经融汇于百姓生活语汇之中。那其实也是中印文化经由佛经媒介相互碰撞与融合的结果，中国传统文化所具有的开放性和包容性特征，从这些语言变化中也可见一斑。

在这些与佛教有关的词汇中，有的是直接取自佛经的，有的是从佛经中化用而成的。前者如：

名词类——佛祖、观音、菩萨、罗汉、和尚、魔鬼、罗刹、天堂、地狱、过去、现在、未来、世界、此岸、彼岸、梦幻、泡影、因果、因缘、缘分、思维、意识、慧根、刹那、瞬间、永恒、共相、殊相、真相、假象、众生相、真理、本质、语录、偈言、咒语、正道、邪念、平常心等。

　　动词类——觉悟、解脱、化身、现身、轮回、变相、教诲、说教、付嘱、遗嘱、禅定、瑜伽、皈依、颠倒、梦想、污染、报应、诅咒、忏悔等。

　　形容词类——主观，客观、悲观、乐观、真实、虚假、菩提、智慧、愚痴、烦恼、疯狂、平等、方便等。

　　一些由佛经词语演化而来的常用词，已经融入百姓的现代生活之中。其中有些原为中国佛教用语，传入日本后在日文里保留，现代汉语又由日文借词转译过来：

　　法律——由戒法和戒律演变而成。

　　方法——由佛教修行的方便法门演变而来。

　　普遍——由普度众生、遍真法界演化为一般词语。

　　同志——慧远用以指称"息心贞信之士"即净土信众的特有词引申而成。

　　观念——原指对佛境的观想与心念。

　　说法——由讲说佛法引申为普通名词。

　　转变——原指佛的转世与变身。

　　依归——由佛教专用词皈依（佛法僧三宝）引申而来。

　　寂静——由佛的圆寂归于清静引申为一般形容词。

　　还有由佛经词语生发而成的中国成语也在现代汉语中流行，如：一尘不染、一心一意、三生有幸、四大皆空、五体投地、六根清净、七情六欲、个中三昧、万法归宗、包罗万象、大千世界、唯我独尊、菩萨心肠、怒目金刚、僧多粥少、现身说法、借花献佛、天女散花、天花乱坠、泥牛入海、心猿意马、盲人摸象、清规戒律、歪门邪道、空中楼阁、功德无量、皆大欢喜、不可思议、不二法门、不破不立、镜中花水中月、种瓜得瓜种豆得豆、善有善报恶有恶报、苦海无边回

龙门石窟奉先寺造像使中国古代雕塑达到一个高峰。

头是岸、放下屠刀立地成佛、百尺竿头更进一步，等等。

佛经与传统哲学思想

　　佛教对中国传统哲学有很深的影响，渗透到哲学思维的方方面面，如对于认识论的影响，对于逻辑学的发展，对于道德范畴的扩大，对于个体人格修养的强调等等。其中对中国哲学思想的发展贡献最大者有两个方面：一是对中国哲学本体论的深化，二是对人的主体性的高扬。

　　本体论是研究世界本原的学问，回答世界是什么的问题。在佛教传入之前的中国哲学传统中历来并不重视本体论，而更重视道德哲学和知行实践。譬如儒家经典《周易》虽然也有关于宇宙模式的描述："天行健，君子以自强不息。"（乾卦）"地势坤，君子以厚德载物。"（坤卦）但因儒家思想整个着眼于人的现实生存，所以眼界仅限于所感知的天地世界，并且其目的也不是为了探索自然，而更多的是用来比喻人的道德。六十四卦象中对自然现象的描述也多有此局限，例如风雨雷电之类，至于其背后的规律究竟怎样，儒家不太关心。

　　在中国哲学先秦时期诸子百家中，只有道家对于本体论的研究是最深入的。《老子》五千言，其中一些话就是老子对世界本原的猜想和描述，如："无，名天地之始；有，名万物之母。"（一章）"有物混成，先天地生。寂兮寥兮，独立不改，周行而不殆，可以为天下母。"（二十五章）"道生一，一生二，二生三，三生万物。"（四十二章）

　　老子创造了"有"、"无"、"道"的概念，依次对他所认识的世界进行了清理，尽管也很模糊。但道家哲学的发展很快受到了限制，老子以后没有继续深入，庄子更强调的是人的精神自由而不是对世界本原的进一步探索。汉代以后，儒家思想获得独尊地位，儒家的政治哲学和伦理道德思想提倡积极入世，讲究"修齐治平"，解决现实社会问题，更加不重视对世界本原的研究。佛教传入中国后则填补了中国哲学这方面的缺失，把哲学本体论

大足石刻佛本生故事造像生动反映了唐宋时期的世俗生活。

推向了一个高峰。

佛教为使释迦牟尼的思想让大众接受，首先创造了一个宇宙模型论，即"三千大千世界"，对人类个体所处的环境进行了描述：

"佛言：比丘，如一日月所行之处，照四天下，如是等类。四天世界，有千日月所照之处，此则名为一千世界。诸比丘，千世界中，千月千日，千须弥山王，四千小洲、四千大洲，四千小海、四千大海……此千世界，犹如周罗（周罗者隋言髻），名小千世界。诸比丘，尔所周罗一千世界，是名第二中千世界。诸比丘，如此第二中千世界，以为一数，复满千界，是名三千大千世界。诸比丘，此三千大千世界，同时成立。同时成已而复散坏。同时坏已而复还立。同时立已而得安住。如是世界，周遍烧已，名为散坏。周遍起已，名为成立。周遍住已，名为安住。是为无畏一佛刹土众生所居。"（隋天竺三藏阇那崛多译《起世经》卷一）

奉先寺摩崖造之卢舍那佛说法会。

大足石刻之笛女雕像。

在这个宇宙模型中，人类所处的基本环境是：一个太阳一个月亮所照耀之处，称为"四方天下"（相当于今天所知的太阳系）。一千个这样的四方天下组成一千世界。而这个一千世界也只是宇宙中很小的一部分，所以"名小千世界"。一千个这样的小千世界构成宇宙的第二层次，"是名第二中千世界"（相当于今天所知的银河系）。一千个中千世界构成"三千大千世界"（相当于今天所说的"大爆炸"以后生成的整个宇宙，今天我们还没能认识它）。而这个大千世界也不是永远不变的，它始终处在生成，变化，毁灭；再生成，再变化，再毁灭的过程中，"成已而复散坏，坏已而复还立"。

在这个宇宙模型之中，逻辑地存在着一个支配三千大千世界成住坏灭的规律。这个规律所依据的本体，就是宇宙本原，或称世界本原。佛教将其称为"心"，或称"佛心"、"菩提心"、"真如心"、"般若波罗蜜多心"。

中国南北朝时期流传的佛教经典《大乘起信论》对这个宇宙本原作了说明："心真如者，即是一法界大总相法门体。所谓心性，不生不灭。一切诸法，唯依

妄念而有差别。若离心念，则无一切境界之相……当知一切法，不可说，不可念，故名为真如。"（《大乘起信论·次说解释分》）

《大乘起信论》原题为印度马鸣菩萨所造，南朝陈真谛所译。但据中国已故现代哲学家冯友兰所说，在印度并没有这部书的梵文原本，在真谛所译的经典目录中也没有这部书的名字，所以可能是中国僧人自己的著作，为了依傍一种宗派传统而假托为印度马鸣所造论。但其在南北朝时期就已有流传则是没有疑问的，说明那时的中国佛教已经把对教义的阐释上升到宇宙本体论的高度了，因而"是中国哲学史的一部重要史料"。（冯友兰《中国哲学史新编》第四册）

中国古制建筑代表作之灵隐寺双石塔。

灵隐寺双石塔上的浮雕。

在上引《大乘起信论》的那段话中，"一法界大总相法门"指整个宇宙世界；"体"就是本体、本原；"心真如"即"真如心"，就是宇宙世界的这个本原。作为宇宙本原，真如心的性质是永恒的，它不凭借任何别的力量而存在，它自己就是自己的因凭，因此它是不会生成也不会消灭的。这个真如心存在于宇宙世界一切现象之中，存在于所有人的心中，它本来是没有差别的。世间一切现象、人心之所以有差别，不是因为这个真如心有什么差别，而是具体的生命个体对它的理解出现了差别，"唯依妄念而有差别"。人如果消除了妄念，也就与真如心和宇宙本原同一了。

这个真如心，这个宇宙本原是如此伟大，用任何一个具体名词来称呼它都不合适，都是一种限制，它是不可言说的，它就是那个样子。所以只能叫做"真如"。真如的词义很直接——就是那个样子。这个词的解释，跟"如来"一词相似。

释迦牟尼的大弟子须菩提曾向释迦牟尼提问，怎样解释"如来"这个词，意思是问释迦牟尼的前世今生的来历和去向。这个问题一提出来就是错的，因为真正的佛法、佛心和佛身都是不可具体限制的。所以释迦牟尼回答说："无所从

来,亦无所去,故名如来",也是"就是那样来去"的意思。(《金刚经·威仪寂静分第二十九》)

对于这个宇宙本原(真如心、佛心)的存在状态,《心经》里也有类似表述:"是诸法空相,不生不灭,不垢不净,不增不减……依般若波罗蜜多故,心无挂碍。心无挂碍故,无有恐怖,远离颠倒梦想,究竟涅槃。"

可以看出,这个"心",这个世界本原,具有超越一切现存秩序,一切人为束缚,一切现实苦难的永恒性质。佛教修行的所有目标指向,都是要认识这个"心",即争取与这个世界本原相通相融,以期使生命永恒,脱离轮回苦海,到达"涅槃境"、"佛境"。所谓"极乐世界"的真正意义即在这里。

佛教关于宇宙模型的这个描述,其猜想的成分固然远大于科学观察成分,但却在中国哲学传统里空前规模地推进了对世界本原的研究,比《老子》和《周易》的猜想更具体,更深刻,更接近于真实。

在这个基础上,佛教构筑起自己的哲学本体论,并推进了人类对自然与社会环境认识能力的提高,也推进了人类对自身认识能力的提高。佛教相信人们通过佛法修行,可以达到乍看上去根本无法达到的"永生佛境"的境界。这就是佛教对于中国传统哲学的第二个重要贡献,即肯定并高扬人的主体性。

佛教之前的中国哲学传统,尤其是儒家传统,对人的社会性有较深入的探讨,但对人自身的研究却有种种限制,形成个人被社会围困,个体被群体消灭,个人常常在社会强大的压力下自我矮化,自觉渺小,陷入无能为力的境地,更谈不上个性张扬。佛教第一次提出了"佛法面前人人平等","一切众生皆有佛性"的主张,使人的主体意识得到扩张。

东晋竺道生在《法华经疏》中说:"一切众生,莫不是佛,亦皆涅槃。"鼓励了众多修行者的求法信念。中国佛教史上许多高僧大德都是从原本卑微的地

保存至今的古代寺庙很多成为中国建筑艺术的活化石,云冈石窟。

佛教塔寺建筑折射出与宇宙本源相契合的哲学观念，图为西双版纳的白塔。

位出拔为人中俊杰的。慧远庐山结社，建立起第一个自主性的佛教僧团。玄奘以一个普通和尚的身份"偷越国境"，坚定求法，历经磨难，终成一代学问大家而为帝王之师。少年时代就"因贫失学"，一生不识字的慧能在柴房碓坊长期修炼，最终悟道成为禅宗六祖。

"佛法面前人人平等"的观念在古代中国，无疑是对封建等级制度及儒家意识形态的一大挑战。不仅打破了佛法解释权由少数"精英"垄断，普通民众只能被动接受，对佛菩萨只能仰望的状态，也打破了社会文化由封建贵族世袭独享的局面。

禅宗更是将佛法修行与日常生活结合起来，在探索世界本原和人生真理方面，不仅高扬人的主体性，而且在方法论上也有新的建树。《坛经》里说："一切诸法若无常者，即物物皆有自性。""菩提自性，本来清净，但用此心，直了成佛。"禅宗一再强调自己是自己身体和心灵的主宰，一个人首先要为自己负责，有了"自觉"才能"觉他"。

现代哲学家冯友兰指出："佛教和佛学把精神不灭和生死轮回、因果报应结合起来，这就明确说明他们所说的神不灭，是个体的神。每一个体的神，都为它所作的业支配，每个个体现在的身体都是它过去所作的业的结果。一生的身体坏了，还有来生。每一个个体神都创造它自己的世界，不需要有一个公共的造物主。"（《中国哲学史》第四册）

佛教固然只是因为宗教传道的需要，在其所宣扬的诸多教义里（这些教义或许有很多违背科学真理和社会伦常的荒谬性），主张个体的神性。但历史地看，把人类个体提高到"创造它自己的世界，不需要有一个公共的造物主"这样的境界，在中国封建时代的哲学思想里，的确具有空前的革命性意义。

附录：佛经术语速查索引

A

《阿含经》 阿含，意为传承的教说或集结教说的经典，是原始佛教的基本经典。由众多小经组成，论述四谛、八正道、十二因缘、生死轮回、善恶报应、营生处世、伦理准则、王法政道及佛陀与其弟子之言行等。

阿罗汉 简称为罗汉，是依照佛的指示修习四圣谛，脱离生死轮回而成正果的人。

B

八正道 佛教教义，亦称八支正道、八支圣道或八圣道。意谓达到佛教最高理想境地（涅槃）的八种方法和途径即：正见、正思维、正语、正业、正命、正方便、正念、正定。

布施 以自己的财物，分施给别人。

比丘 出家受具足戒者的通称，男的叫比丘，女的叫比丘尼。

C

谶纬 迷信的人指将要应验的预言、预兆。

D

《地藏菩萨本愿经》 略称《地藏本愿经》，唐实叉难陀译，2卷。该经称佛于忉利天宫为母摩耶夫人说法，说地藏菩萨宿世弘誓因缘，以佛灭后众生付托地藏菩萨救度，赞叹礼拜称念地藏菩萨的本愿功德。此经在中国佛教界传诵较广。

大乘佛教 亦称"大乘教"，略称"大乘"，梵文音译"摩诃衍那"、"摩诃衍"等。因自称能运载无量众生从生死大河之此岸到达菩提涅槃之彼岸，成就佛果，故名。

《大乘起信论》 佛教论书，相传古印度马鸣著。南朝梁真谛译，1卷；唐实叉难陀重译，作2卷；以真谛译本较流行。

《大日经》 全称《大毗卢遮那成佛神变加持经》，亦称《毗卢遮那成佛经》、《大毗卢遮那经》、《大日经》等。唐善无畏与一行合译，7卷。该经称大日如来（毗卢遮那佛）在金刚法界宫宣说真言秘密法门，开示众生本有净菩提心的本觉曼荼罗。为密宗胎藏界法的主经。

《大宝积经》 又作《宝积经》。唐菩提流支等译，120卷，分49会（部），系纂辑有关菩萨修行法及授记成佛等之诸经而成。有多种异译本。宝积，即积聚法宝之意。全经内容泛论大乘佛教之各种主要法门。

《大般涅槃经》 又做《大涅槃经》、《涅槃经》。北凉昙无谶译，40卷。该经称释迦牟尼临涅槃前，宣说如来常住，一切众生皆有佛性、皆当成佛等教义，对大乘义理进行了总结性的阐述。流传颇广。

《大般若经》 全称《大般若波罗蜜多经》，唐玄奘译，600卷。般若波罗蜜多，意即"通过智慧到达彼岸"。为大乘般若系经典之集大成者，为大藏经中最大部之经典，约占全部经藏的三分之一，占般若系经典的四分之三。该经旨在说明世

俗认识及其面对之一切对象，均属因缘和合，假而不实，唯有通过"般若"对世俗真相之认识，才能把握绝对真理，达于觉悟解脱之境。

《大唐西域记》 简称《西域记》，为唐代著名高僧玄奘口述，门人辩机奉唐太宗之敕令笔受编集而成。《大唐西域记》共十二卷，成书于唐贞观二十年（646年），为玄奘游历印度、西域旅途19年间之游历见闻录。其中，包括玄奘游学五印，大破外道诸论的精彩片段，高潮迭起。

大梵天 是印度神话中世界万物的创造者，他的地位相当于中国的盘古。

度牒 唐朝官府发给佛教僧尼的证件，亦称"祠部牒"。

E

《阿弥陀经》 亦称《一切诸佛所护念经》、《小无量寿经》、《小经》。后秦鸠摩罗什译，1卷。该经称佛向舍利弗等说西方极乐世界功德庄严，执持阿弥陀佛名号一心不乱，即得往生西方极乐世界。此经在北传佛教界流传甚广，与《无量寿经》、《观无量寿经》一起，为净土宗三经之一；有多种异译本。

F

佛陀 印度古代梵文Buddha的音译，亦译作"佛驮"、"浮陀"、"浮屠"、"浮图"等。小乘佛教讲的"佛"一般是用作对释迦牟尼的尊称。大乘佛教除指释迦牟尼外，还泛指一切觉行圆满者。

《法华经》 全称《妙法莲华经》，后秦鸠摩罗什译，7卷。为大乘佛教要典之一，为古来流传最广之经。妙法，意为所说之法微妙无上；莲华，比喻经典之洁净完美。该经中的《观世音菩萨普门品》，说观世音菩萨示现三十二种身济度众生，寻声救苦，无感不应，持诵者甚为广泛。

《法句经》 古印度法救撰，三国时吴国竺将炎和支谦译，2卷。法句，意为真理的语言。该经系采取散见于早期佛经中的偈颂而分类编成。内容广泛涉及佛教教义的各方面，深入浅出，富于哲理。在古印度被作为初学佛法的入门读物，亦为南传佛教徒的必读书。

法门 指通向和通达佛法的门径；一般指为便于宣讲佛法而划分的门类，引申为弘扬佛法。

法雨 佛教语，喻佛法。佛法普度众生，如雨之润泽万物，故称。

《佛本行经》 即《佛所行赞》，内容是叙述释迦牟尼一生的事迹，在印度文学史上有重要地位。

G

皈依 指身心归向它、依靠它。皈依乃佛教徒之基础入门。所谓内道、外道之差别在于有无皈依三宝。皈依为皈投或依靠之意，也就是希望投靠三宝的力量而得到保护与解脱。三宝指佛、法、僧：佛为觉悟者，法为教义，僧为延续佛的慧命者。

甘露寺 建于金湖之畔悬崖峭壁之天然洞穴之中。洞高约80米，宽、深各为30米，洞内滴泉不绝，清澄甘冽，且有防病之效，胜似甘露，因而得名。灵岩禅师经十余年跋山涉水，四处募捐化缘，历尽艰辛，于元二十年庙宇建成。县令赐庙号曰："甘露寺"。自此名传四方，香火不断。

《观无量寿经》 亦称《观无量寿佛经》、《十六观经》、《观经》等。南朝时宋国畺良耶舍译，1卷。该经称佛为韦提希等说修三福、十六种观想而求往生西方极乐净土的法门，流传颇广。

H

《华严经》 全称《大方广佛华严

经》。大方广，即总说一心法界之体用，广大而无边；佛，即证入大方广无尽法界者；华严，即以莲花庄严、严饰之意，喻佛果之万德圆满。此经为华严宗所依的根本经典，有三个汉译本即：东晋佛陀跋陀罗译本，60卷，称"六十华严"或"旧译华严"；唐实叉难陀译本，80卷，称"八十华严"或"新译华严"；唐般若译本，40卷，称"四十华严"。

弘忍　中国禅宗第五代祖师，湖北蕲州黄梅县人，俗姓周，传法于六祖惠能，七十四岁圆寂，谥号大满禅师。

红尘　指人间俗世。

J

《金刚经》　全称《金刚般若波罗蜜经》，略称《金刚般若经》或《金刚经》。后秦鸠摩罗什译，1卷。该经称佛对须菩提说诸法无相，菩萨应以无所住心，修布施等六度及一切善法，发愿度尽一切众生，并极言持诵解说此经的功德。在北传佛教界流传甚广，被禅宗奉为根本经典。有多种异译本。

《金刚顶经》　全称《金刚顶一切如来真实摄大乘现证大教王经》，亦称《金刚顶瑜伽真实大教王经》、《大教王经》、《摄大乘现证经》、《真实摄经》、《金刚顶经》等。唐不空译，3卷。所谓"金刚顶"，即诸经中最高之意。

《解深密经》　唐玄奘译，5卷。为法相唯识宗所依之根本经典。该经论述了真如、八识、三自性、禅观、菩萨道六度及修行阶位、佛果境界等大乘深奥义理。有多种异译本。

袈裟　又作袈裟野、迦罗沙曳、迦沙、加沙。意译为坏色、不正色、赤色、染色等。为佛教僧众所穿着的法衣，以其色不正，故有此名。

寂灭　即指度脱生死，进入寂静无为之境地。此境地远离迷惑世界，含快乐之意，故称寂灭为乐。

L

鹿野苑　意即仙人论处、仙人住处、仙人堕处、仙人鹿园等，位于印度北方邦瓦拉那西以北约10公里处，在这里释迦牟尼第一次教授佛法，佛教的僧伽也在此成立。鹿野苑是佛教在古印度的四大圣地之一。

《楞严经》　全称《大佛顶如来密因修证了义诸菩萨万行首楞严经》，略称《大佛顶首楞严经》、《大佛顶经》、《楞严经》等。唐般剌蜜帝译，10卷。首楞严，为佛所得三昧之名；大佛顶、如来密因、修证了义、诸菩萨万行，皆言其境界之高深广大。

《楞伽经》　全称《楞伽阿跋多罗宝经》。南朝时宋国求那跋陀罗译，4卷。楞伽为山名，据传在斯里兰卡；阿跋多罗为入；经题意即"佛陀入楞伽山所说的宝经"。经中说五法、三自性、八识、二无我、四种禅等大乘理论，以如来藏统一空有，宣说万法唯心。

M

灭度　佛教语，灭烦恼，度苦海，涅槃的意译，亦指僧人死亡。

弥勒菩萨　弥勒菩萨是人们熟知的大菩萨之一，意思是"慈悲者"或"慈氏"，为佛教中的正觉菩萨。人们常见的多为天王殿供奉的俗称"大肚弥勒"形象，而弥勒菩萨形象并不拘泥于此形象。

N

涅槃　一般地讲，就是除尽了烦恼，到了不生不灭、永久安全和平、快乐宁静的境界。佛为了教化世人，所以才出现世间，同世人一样地生活，等到教化的事办完了，佛就离弃肉身，回到原来不生不灭、永久安全和平、快乐安宁的境界中去了，那境界就是涅槃。

P

菩提 意思是觉悟、智慧，用以指人忽如睡醒，豁然开悟，突入彻悟途径，顿悟真理，达到超凡脱俗的境界等。

菩萨 全译是"觉有情"，它包括自觉和觉他两层意思，就是说，菩萨既是已经"觉悟的众生"，又是以觉悟他人为己任的有情。除了一般菩萨外，还有像观音、地藏、文殊、普贤一类的"大菩萨"，又意译为"大士、圣士、开士"等名称。菩萨的地位仅次于佛，是协助佛传播佛法，救助众生的人物。

毗婆尸菩萨 为过去七佛的第一位，义曰胜观，种种观，种种见等。据说其出世时间，距今有九十一劫，（佛教的说法,一劫为13亿4000万年）举行过三次说法集会，第一次有十六万弟子参加，第二次十万，第三次八万。

R

入定 即入于禅定。

S

《十地经论》 略称《十地论》，世亲造，内容是解释《华严经》（十地品）的经义，收在《大正藏》第二十六册。在中国有汉、藏两种文字译本。

沙门 华译勤息，即勤修佛道和息诸烦恼的意思，为出家修道者的通称。

释迦牟尼 原名乔达摩·悉达多，古印度释迦族人，是佛教的创始人。释迦牟尼为尊称，意为释迦族的圣人。又被称为佛陀（觉者）、世尊等。"悉达多"的意思是达成目的的人，"乔达摩"是释迦牟尼宗族的名称，即释迦族祖先的姓氏。

《四十二章经》 相传为第一部汉译佛经，后汉迦叶摩腾和竺法兰译，1卷，译于汉明帝永平十年（公元67年），包括四十二篇短小经文。说善恶因果、人生苦恼、离欲绝爱、布施、持戒、禅定、四沙门果等早期佛教的基本教义，为佛教入门之书。

《四分律》 即小乘的律藏，初分所明的是比丘戒法，第二分是比丘尼戒法，第三分是安居自恣等法，第四分是房舍等法。第三分及第四分内，又分为二十犍度。

《苏悉地经》 亦称《苏悉地羯罗经》、《妙成就作业经》、《苏悉地经》等。唐输波迦罗译。3卷。"苏悉地"，意译作妙成就。该经系以阐释金刚、胎藏"两部不二"为旨趣之经，与《大日经》、《金刚顶经》同为密宗三部大经之一。

舍利 是指佛教祖师释迦牟尼佛，圆寂火化后留下的遗骨和珠状宝石样生成物。

T

天台宗 隋智顗大师所立，因居天台上，故以山名其宗，此宗以《法华经》、《涅槃经》、《大品般若经》、《大智度》论等为主，明一心三观的妙理。

天台大师 隋智顗大师，因居于天台上与后入寂于天台山，故称为天台大师。

剃度 指佛教徒剃发受戒的一种仪式。佛教认为剃发出家是接受戒条的一种规定，又度越生死之因，故名。

W

《无量寿经》 亦称《大无量寿经》、《大经》。三国时魏国康僧铠译，2卷。该经称佛向阿难等说阿弥陀佛在过去世为法藏比丘时，曾发四十八愿，愿成就极乐净土以接引念佛众生往生。经中还描述了极乐净土的清净庄严及往生条件、往生品级等。流传颇广，异译本甚多。

《维摩诘经》 全称《维摩诘所说经》，略称《维摩诘经》或《维摩经》，又名《净名经》。后秦鸠摩罗什译，3卷。为禅宗常用经典之一。有多种异译本。

文殊 文殊师利的简称，菩萨名，以大智著称，与普贤常侍于释迦如来的左右。

X

玄奘 唐朝的高僧，于唐太宗时曾到印度研究佛学十七年，回国后翻译佛经很多，人称三藏大师，或慈恩大师，为法相宗的开祖。

《心经》 全称《般若波罗蜜多心经》，略称《般若心经》或《心经》。唐玄奘译，1卷，共260字。"心"，喻核心、精要。《心经》被认为是般若经典的提要与精华。

小乘佛教 原始佛教及公元前3世纪～公元1世纪时形成的约20个佛教部派及其学说的泛称。小乘佛教又称作上座部佛教或南传佛教，是佛教最基本的两大派别之一。小乘指较小的车乘，是大乘佛教出现后才有的名称。大乘佛教自命为优胜的广大的解脱途径，以区别于它之前的佛教学说。

Y

《药师琉璃光如来本愿功德经》 略称《药师如来本愿功德经》、《药师本愿功德经》、《药师本愿经》、《药师经》等。唐玄奘译。1卷。该经说东方药师佛因地发十二大愿救拔众生疾苦，摄引众生往生净土，以说明现世利益与净土往生之思想为其特征，并具有密教性质。有多种异译本。

《圆觉经》 全称《大方广圆觉修多罗了义经》，略称《圆觉修多罗了义经》或《圆觉经》。唐佛陀多罗译，1卷。该经称佛为文殊、弥勒等菩萨说众生本来成佛、圆觉清净，破除迷妄便得开悟。为禅宗常用经典之一。

《瑜伽师地论》 印度佛教论书；又称《瑜伽论》、《十七地论》。传说弥勒口述，无著记录，100卷，唐玄奘译，为印度佛教瑜伽行派及中国法相宗的根本论书。全论主旨为揭示根本心识(阿赖耶识)总持眼耳等六识及所知境界的作用；禅观渐进的各种境界及修习所得果位；借分析名相，斥有无二见而使人悟入中道。

主要参考书目

一、佛经典籍

《阿含经》
《方广游戏经》
《佛所行经》
《大般涅槃经》
《四十二章经》
《阿弥陀经》
《无量寿经》
《观无量寿佛经》
《妙法莲华经》
《心经》
《华严经》
《大日经》
《金刚顶经》
《楞伽经》
《坛经》
《金刚经》
《起世经》
《四分律》
《中论》
《百论》
《十二门论》
《瑜伽师地论》
《大乘起信论》
《阿毗昙心论》
《成实论》
《十地经论》
《摄大乘论》

二、中国古今论著

《周易》，西周时期
《老子》，战国时代
《后汉书》，晋范晔著
《沙门不敬王者论》，晋慧远著
《不真空论》，晋僧肇著
《高僧传》，南朝梁慧皎撰
《法华玄义》，隋智顗著
《十二门论疏》，隋吉藏著
《羯磨疏》，唐道宣著
《续高僧传》，唐道宣撰
《大唐西域记》，唐玄奘撰
《大慈恩寺三藏法师传》，唐慧立、彦悰撰
《华严金狮子章》，唐法藏著
《华严经纲要》，唐澄观著
《宋高僧传》，宋通慧、赞宁等撰
《佛祖统纪》，宋志磐撰
《五灯会元》，宋普济撰
《中国佛教·一卷》，中国佛教协会编，知识出版社
《中国哲学史新编》，冯友兰著，人民出版社
《三松堂学术文集》，冯友兰著，北京大学出版社
《汤用彤学术论文集》，汤用彤著，中华书局
《中国雕塑史》，梁思成著，百花文艺出版社
《中国建筑史》，梁思成著，百花文艺出版社
《中国哲学发展史》，任继愈著，人民出版社
《汉唐佛教思想论集》，任继愈著，人民出版社
《佛陀和原始佛教思想》，郭良均著，中国社会科学出版社
《中国历代禅诗选》，西南师范大学出版社